Elisabeth Mohn

Filming Culture

Qualitative Soziologie · Band 3

Herausgegeben von
    Klaus Amann
    Jörg R. Bergmann
    Stefan Hirschauer

Die Reihe 'Qualitative Soziologie' präsentiert ausgewählte Beiträge aus der qualitativen Sozialforschung, die methodisch anspruchsvolle Untersuchungen mit einem dezidierten Interesse an der Weiterentwicklung soziologischer Theorie verbinden. Ihr Spektrum umfasst ethnographische Feldstudien wie Analysen mündlicher und schriftlicher Kommunikation, Arbeiten zur historischen Sozialforschung wie zur Visuellen Soziologie. Die Reihe versammelt ohne Beschränkung auf bestimmte Gegenstände originelle Beiträge zur Wissenssoziologie, zur Interaktions- und Organisationsanalyse, zur Sprach- und Kultursoziologie wie zur Methodologie qualitativer Sozialforschung und sie ist offen für Arbeiten aus den angrenzenden Kulturwissenschaften. Sie bietet ein Forum für Publikationen, in denen sich weltoffenes Forschen, methodologisches Reflektieren und analytisches Arbeiten wechselseitig verschränken. Nicht zuletzt soll die Reihe 'Qualitative Soziologie' den Sinn dafür schärfen, wie die Soziologie selbst an sozialer Praxis teilhat.

Filming Culture

Spielarten des Dokumentierens
nach der Repräsentationskrise

von Elisabeth Mohn

 Lucius & Lucius · Stuttgart

Anschrift der Autorin:

www.elisabethmohn.de

Die Deutsche Bibliothek - CIP-Einheitsaufnahme

Mohn, Elisabeth:
Filming Culture : Spielarten des Dokumentierens nach der Repräsentationskrise / Elisabeth Mohn. - Stuttgart : Lucius und Lucius, 2002
    (Qualitative Soziologie ; Bd. 3)
    ISBN 3-8282-0214-4

Die vorliegende Arbeit wurde unter dem Titel "Spielarten des Dokumentierens. Spielräume audiovisueller Kulturanalyse" als Dissertation von der Universität Hildesheim angenommen.

© Lucius & Lucius Verlagsgesellschaft mbH, Stuttgart 2002
   Gerokstr. 51, D-70184 Stuttgart
   www.luciusverlag.com

Für die Abbildung von René Magritte, "Ceci n'est pas une pipe" (S. 17)
© VG Bild-Kunst, Bonn 2002.

Das Werk einschließlich aller seiner Teile ist urheberrechtlich geschützt. Jede Verwertung außerhalb der engen Grenzen des Urheberrechtsgesetzes ist ohne Zustimmung des Verlages unzulässig und strafbar. Das gilt insbesondere für Vervielfältigung, Übersetzungen, Mikroverfilmungen und die Einspeicherung, Verarbeitung und Übermittlung in elektronischen Systemen.

Druck und Einband: Franz Spiegel Buch GmbH, Ulm

Printed in Germany

Vorwort

Klaus Amann
Hättest du am Beginn deiner Forschungen gedacht, dass du ein solches Interesse an kulturwissenschaftlichen Methoden entwickelst?
Elisabeth Mohn
Anfangs wollte ich schlicht und einfach ein Problem bewältigen, das sich mir als Visueller Anthropologin stellte: Wie kann ich im Anschluss an die heftige Kritik, die seit den 80er Jahren an der ethnographischen Repräsentation von Kultur geübt wurde, noch mit einer Kamera forschen? Ich wollte für mich selbst eine Lösung finden, mit der die Kluft zwischen erkenntnistheoretischen Einsichten über den fiktiven Charakter wissenschaftlicher Kulturdarstellungen und den forschungspraktischen Konventionen des Beobachtens, Aufzeichnens und Explizierens eines kulturwissenschaftlichen Feldes produktiv überbrückt werden kann. Was dann bei meiner Suche nach Lösungen alles in meinem Kopf in Bewegung geriet hat mich selbst überrascht.
KA
Ich find's erstaunlich, was für Herausforderungen nun für uns durch deine Auseinandersetzung mit dem Dokumentieren unter der Oberfläche des empirischen Forschens erkennbar werden. Jetzt liegt dieses Buch vor und fordert seine Leserinnen und Leser auf, deine intellektuellen Reiseerfahrungen nach zu erleben. Für wen, glaubst du, würde sich das Mitreisen lohnen?
EM
In erster Linie wohl für diejenigen, denen eine methodologische Reflexion ihrer eigenen kulturwissenschaftlichen Praxis ein Anliegen ist. Das Mitreisen lohnt sich für KulturwissenschaftlerInnen[1], die mit Beobachtungsmethoden arbeiten und ein praktisches Interesse an Methodologie haben; die ihre Praxis qualitativen Forschens hinterfragen, gestalten und methodologisch begründen wollen. Durch die Wahl meiner Beispiele dürfte das Buch insbesondere Forschende interessieren, die bereits audiovisuelle Strategien verfolgen oder damit liebäugeln, mit einer Kamera zu forschen. Für die eine oder andere DokumentarfilmerIn ist das Buch ein Angebot, über die Methodik ihrer Entdeckungsstrategien nachzudenken.

---

1 Als Kulturwissenschaften begreife ich geistes- und sozialwissenschaftliche Disziplinen, die sich mit dem Menschen als einem kulturellen, gesellschaftlich sich organisierenden Wesen wissenschaftlich befassen, wie Kulturanthropologie, Ethnologie, Volks- und Völkerkunde, Soziologie, Sprach- und Kommunikationswissenschaften ...

KA
Mit welcher intellektuellen Haltung ließe sich die Reise denn am besten bewältigen?
EM
Mit Praxeologie und Reflexivität. D.h. mit einer leicht distanzierten und am Gelingen von Forschungspraxis ausgerichteten pragmatischen Haltung. Untersucht werden ja sprachliche Darstellungen, in denen KulturwissenschaftlerInnen und auch dokumentarfilmisch Forschende ihre Vorstellungen des Dokumentierens zum Ausdruck bringen. Als Material verwende ich z.B. ein Konzept sozialwissenschaftlichen Registrierens oder die Beschreibung von Alltagspraxis als einer dokumentarischen Methode der Interpretation. In anderen Texten oder Gesprächsdokumenten spüre ich implizite Konzepte des Dokumentierens auf, wie z.B. in einem Buch über dokumentarisches Arbeiten, in dem unterschiedliche Dokumentarfilmer zu Wort kommen, ich aber nach einem grundlegenden Muster ihrer Vorstellungen vom Dokumentieren suche. Weiterhin werden auch Rückbezüge auf meine eigene Video-Forschungspraxis zu einer Datenquelle, über die Spielarten des Dokumentierens rekonstruierbar werden. Nicht alle Texte, die ich untersuche, liegen bereits als Konzept vor, sondern ich rekonstruiere ihre jeweilige Argumentationslogik und analysiere sie unter forschungspragmatischen Gesichtspunkten. *Dokumentieren* wird also nicht durch Beobachtungen von Forschungspraxis untersucht. Spielanleitungen werden diskutiert, nicht Spielverläufe. Um beobachtbare Forschungspraxis geht es nur in den Fällen, in denen ich meine eigenen Versuche des Dokumentierens und Nicht-mehr-Dokumentierens anhand von Notizen und Beobachtungen Dritter reflektiere.
KA
Da gibt's aber doch eine Differenz zwischen Konzepten und Praxis?
EM
Sicherlich. Trotzdem halte ich die konzeptuellen Versuche einer Ausrichtung bzw. Steuerung des eigenen Tuns für spannend und relevant im Rahmen einer methodologischen Reflexion, die letztlich auf die praktische Durchführbarkeit von Forschungsprozessen zielt. Wichtig ist mir dabei eine praxeologisch orientierte Perspektivenverschiebung: Ich bemesse die Konzepte des Dokumentierens nicht an wahrheits- oder erkenntnistheoretischen Kriterien, sondern befrage sie stattdessen daraufhin, was sie zu kulturwissenschaftlichen Forschungsprozessen beizutragen haben. Ich frage, welche Realitätsannahmen sind es genau, durch die sich die Varianten des Dokumentierens unterscheiden, und welche praktischen Effekte ergeben sich aus ihrer Befolgung? Was können diese Effekte im einzelnen zum Gelingen kulturwissenschaftlicher Erkenntnisprozesse beisteuern? Wie kann kulturwissenschaftliches „Entdecken" gelingen? Wie können Wissen und

Nichtwissen in einen konstruktiven Bezug zueinander gebracht werden? Entdeckt werden bei diesem Vorgehen Praxisdimensionen von Forschungsideologien. Mitzureisen gelingt am besten in einer reflexiven Distanz auch gegenüber den eigenen Vorstellungen, wie „richtig" zu forschen sei. Um diese Distanz bemühe ich mich als Autorin dieses Buches permanent.

KA
Du hast immer wieder vom Resistenzpotential realistischer Annahmen gesprochen. Ist das die versteckte Kapitulation einer konstruktivistischen Epistemologie vor der Wirklichkeit? Willst du nicht schon mal vorweg einen Fingerzeig geben, wie die LeserInnen die Formel vom *Realismus als nützlicher Fiktion* verstehen sollen?

EM
Ich denke nicht, dass der Konstruktivismus im Rahmen seiner eigenen Epistemologie vor „der Wirklichkeit" kapitulieren kann; er sieht ja keine soziale Wirklichkeit außerhalb von Sinngebungsprozessen. Allerdings erscheinen mir die Versuche, konstruktivistische Annahmen durch eine Dekonstruktion realistischer Eindrücke zu untermauern, an einem entscheidenden Punkt nicht weiter zu führen. Man kann zwar die Konstruktivität sozialen Sinns und Seins aufzeigen, kann aber damit noch lange nicht realistische Annahmen aus dem eigenen Forschungsprozess verabschieden. Um dies zu erfahren, braucht man bloß zur Kamera zu greifen. Hier gilt, dass ein konsequentes „Nichtrealistischsein" undurchführbar ist. Von „nützlichen Fiktionen" zu sprechen ist ein Vorschlag, die praktische Unvermeidbarkeit unterschiedlicher Wirklichkeitsannahmen neu zu verstehen. Realismus soll strategisch nutzbar werden, ohne daran glauben zu müssen. So können beim Lesen des Buches RealistInnen ihre Entwurzelung absichern und KonstruktivistInnen ihre Erdung genießen.

KA
Warum war für dich eigentlich die Auseinandersetzung mit Konzepten des Dokumentierens vorrangig vor einer Analyse von Spielarten des Interpretierens? Hat das etwas mit der Besonderheit visueller gegenüber textueller Strategien des Forschens zu tun?

EM
Beim Gebrauch einer Kamera drängt es sich geradezu auf, sich mit dem Dokumentieren zu befassen. Das hängt mit naturalistischen Rezeptionskonventionen im Umgang mit Fotografie und Film zusammen. Doch sind die Unterschiede zwischen bild- oder textorientiertem Forschen im Rahmen dieser Studie zum Dokumentieren nicht wesentlich. Die Analyse kulturwissenschaftlicher Vorstel-

lungen vom Dokumentieren offenbart die Möglichkeit unterschiedlicher methodologischer Haltungen, die – mit welchem Medium auch immer – unterschiedliche Aspekte des kulturwissenschaftlichen Forschens praktisch zu bewältigen helfen. Meine Entscheidung für den Fokus Dokumentieren hat in erster Linie etwas damit zu tun, der Versuchung zu widerstehen, zum tausendsten Male die Behauptung „alles sei ohnehin interpretativ" in die Welt zu setzen. Mir geht es ja gerade um einen nächsten Schritt: den als autoritär oder naiv verabschiedeten, aber forschungspraktisch hartnäckigen Realismus ernst zu nehmen und methodentheoretisch einzubinden. Im Übrigen lasse ich die Entgegensetzung von Interpretation und Dokumentation meinerseits fallen und definiere Dokumentieren auch nicht als ein Nichtinterpretieren. Stattdessen schaue ich mir an, wie in den von mir untersuchten Darstellungen und Konzepten damit umgegangen wird, ob und wie sie mit einer Unterscheidung zwischen Interpretation und Dokumentation operieren. Auf diese Weise können sowohl Versuche in den Blick gerückt werden, nicht mehr zu interpretieren, als auch Versuche, nur noch zu interpretieren; sowohl Konzepte, die vorschlagen, zwischen Interpretation und Dokumentation abzuwechseln, als auch solche, die weder Dokumentieren noch Interpretieren zulassen möchten und nicht zuletzt auch die Vorstellung eines Zusammenfallens von Interpretation und Dokumentation, die für die Beschreibung alltagspraktischen Dokumentierens grundlegend ist.

KA
Die von dir untersuchten Konzepte des Dokumentierens nennst du „Spielarten". Dieser Begriff lässt zunächst mal die unterschiedlichsten Assoziationen zu. Gegenüber einer wissenschaftlich konventionellen Vorstellung von *Methoden des Dokumentierens* erinnert er an Paul Feyerabends Kampfansage an Methodenzwänge. Das könnte den Verdacht einer Beliebigkeit heraufbeschwören: Heute spielen wir so, morgen so.

EM
Von Spielarten zu sprechen ist Ergebnis einer Differenzierungsstrategie. Der Ausdruck *Dokumentieren* soll geöffnet werden für die Untersuchung empirisch vorfindbarer Varianten. Dass man in lebensweltlichen Zusammenhängen immer auf solche Varianten stoßen wird, entspricht auch einer sprachphilosophischen Annahme: Das, was mit einem Ausdruck ‚gemeint' ist, konkretisiert sich erst in den jeweiligen Gebrauchskontexten. Seit Wittgenstein ist eine empirische Philosophie denkbar, die nicht mehr davon ausgeht, hinter die Phänomene blicken zu können, sondern die in der Beschreibung spezifischer (sprachlicher) Ausdrücke in ihrem Gebrauch die Möglichkeiten und Grenzen wissenschaftlichen Strebens sieht. Ähnlich verfährt Mike Lynch, indem er vorschlägt, Begriffe aus der Erkenntnistheorie als „epistopics" zu verstehen und ihren Gebrauch empirisch zu

untersuchen. Dies sind Versuche, der Spezifik wissenschaftlichen Wissens über eine Untersuchung kultureller Praxis näher zu kommen. Meine Analyse der Konzepte des Dokumentierens legt in der Tat nahe, dass Dokumentieren dies oder jenes bedeutet, also so oder so „gespielt" werden kann. Allerdings benenne ich die Differenzen im Hinblick auf unterschiedliche forschungspraktische Rahmungen, und dies schließt dann die Beliebigkeit ihres Gebrauchs geradezu aus und zugleich eine Kenntnis des eigenen Forschungsprozesses ein.

KA
Auf dem Buchrücken ist von einer Perspektive methodologischer Supervision die Rede. Im Text wird aber schnell klar, dass dich der Weg bis zu dieser Überblicksposition durch unwegsames Gelände – und vielleicht auch an manchen Abgrund – geführt hat. Damit die LeserInnen deinem Pfad folgen können: Was sind denn die Wegmarken, an denen man sich bei der Lektüre deiner Meinung nach orientieren sollte?

EM
Es gibt in der Tat unwegsames Gelände, in das die Leserschaft insofern gerät, als ich sie an meinen eigenen Versuchen und Lernprozessen in Bezug auf die Konzepte des Dokumentierens teilnehmen lasse. Aber als Autorin übernehme ich auch die Reiseleitung und biete nach jeder Erkundung von Abgründen die Perspektive einer Supervision. Rückblickend werden die LeserInnen bemerken können, wie die Reiseroute, die zunächst der Logik des geführten Methodenstreits folgt, der ein Konzept nach dem anderen verabschiedet, sich umbauen lässt in eine praxeologische Zirkulation.

Um in die Supervisionsposition zu kommen, also die Möglichkeit einer neuen Sichtweise auf das Phänomen *Dokumentieren* zu erreichen, habe ich einen methodischen Trick genutzt und eine Erfolgsprämisse formuliert. Die in meinem Untersuchungsmaterialien verborgenen Konzepte des Dokumentierens gelten zunächst ohne Ausnahme als kompetent und ich frage: Wofür liefert das, was jeweils mit *Dokumentieren* in Verbindung gebracht wird, Problemlösungen und wie sehen sie aus? Dieser strategische Verzicht auf normative Bewertungen mag befremden, wenn es um Konzepte geht, die vielen zeitgenössischen ForscherInnen als „einzig richtig" oder „überholt" vertraut sind. Einen neuen analytischen Zugang zu Konzepten zu erarbeiten, in die man selbst hochgradig verstrickt ist, erfordert – im Sinne eurer Programmatik (vgl. Amann und Hirschauer 1997) – die Erneuerung eines Befremdens. So nähert sich die Autorin dem Untersuchungsmaterial wie eine Ethnologin, die unbekannte kulturelle Phänomene – darunter auch ihre eigene Forschungspraxis – untersucht.

KA
Du spricht jetzt von dir als Autorin, die sich wie eine Ethnologin verhält...
EM
Gemeint war hier die Autorin als Forscherin. Das wird für die eine oder andere LeserIn ungewohnt erscheinen – mal ist die Autorin bloß die Moderatorin auftauchender Stimmen, mal analysiert sie die zum Dokument ernannten Quellen. Mal ist sie eine Figur, die auf ihre eigenen Erfahrungen und Experimente zurückgreift und über ihre Suche nach forschungspraktischen Lösungen berichtet, mal nimmt sie die Rolle einer Supervisorin ein, die ihren Abstand zu den untersuchten Konzepten (ihren „Feldern") ausspielt. Mal erfindet sie fiktive Dialoge oder verwebt Zitate zu „Gesprächen", die niemals stattfanden. Verschriftlichte O-Töne aus dem wissenschaftlichen Alltag führen wissenschaftliches Arbeiten in seinen sozialen Kontexten vor, bieten den LeserInnen an, sich an einem Ringen um gedankliche Lösungen zu beteiligen oder markieren kritische Stellen, die beim Weiterlesen fokussiert werden können. Das Collagieren von Materialien ist eine der Filmbearbeitung ähnelnde Erzählweise und bricht mit der Konvention wissenschaftlicher Texte, Dokumente ausschließlich als noch zu interpretierende Daten zu handhaben. Es entstehen unterschiedliche Erzählstränge: über die sich bestreitenden methodischen Konzepte und ihre Supervision, über den eigenen wissenschaftlichen Werdegang und die Lernprozesse der Autorin, über eine in Deutschland nahezu abwesende *Visuelle Anthropologie*.
KA
Und wie sieht die Leseroute der einzelnen Kapitel aus?
EM
Die ist recht überschaubar. Die Einleitung bietet zwei Rückblicke: einen auf Motivation und Perspektive, einen auf Grundzüge der kulturwissenschaftlichen Methodendebatte. Daraufhin kommen die Konzepte des Dokumentierens und ihre Varianten zu Wort: die drei professionellen Spielarten *starkes Dokumentieren, Anti-Dokumentieren* und *paradoxes Dokumentieren* (Kapitel 2, 3 und 4), gerahmt durch ein Konzept, das Alltagspraxis als *dokumentarische Methode der Interpretation* beschreibt (Kapitel 1 und 5). Entdeckt wird schließlich auch der Alltag der Wissenschaft in einer zentralen methodischen Funktion für das Gelingen von Forschung.
KA
Du verstehst dich ja als Visuelle Anthropologin. In unseren Diskussionen deiner Analysen wurde aber immer wieder klar, dass es sich bei den von dir aus visuellen Kontexten herauspräparierten Spielarten um praktisch wirksame, epistemologische Konzepte handelt, auf die wir im gesamten Spektrum kulturwissenschaftlichen Forschens stoßen. In deinem Text läuft dies dann ja auch darauf

hinaus, dass du forschungsstrategische Konsequenzen formulierst, die für kulturwissenschaftliche Forschungsprozesse schlechthin gelten sollen.
EM
Stimmt. Bei der Analyse und Neubetrachtung der verschiedenen Konzepte geraten die Positionen des kulturwissenschaftlichen Methodenstreits ins Wanken. Dies greife ich im sechsten Kapitel auf, das die Ergebnisse der „Supervision" aufarbeitet. Es stellt sich heraus, dass bei Entscheidungen für nur je eines der Konzepte des Dokumentierens unvermeidlich „Kosten" zu verbuchen sind. Daran anknüpfend wird ein Modell *instrumentellen Dokumentierens* entworfen, bei dem die nützlichen Effekte aller Konzepte des Dokumentierens wie in einem concerto grosso mit Registerwechseln zusammenklingen. Diese Sichtweise verändert die im kulturwissenschaftlichen Methodendiskurs gezeichnete Landschaft und ähnelt womöglich dem, was bei der praktischen Bewältigung kulturwissenschaftlicher Forschungsprozesse unter der Hand und in den Konzepten unberücksichtigt geschieht. Daraus lassen sich Konsequenzen ziehen, zu denen ich anregen möchte, die zu erproben und in Frage zu stellen sind. Ich erhoffe mir von den LeserInnen Feedback und gemeinsames Weiterdenken. Ich selbst habe durch die Arbeit an diesem Buch zu einem neuen Verständnis des Forschens mit der Kamera gefunden.

Dank

In den letzten Jahren hatte ich das Glück, mich in unterschiedlichen Arbeitszusammenhängen und Diskussionsforen bewegen zu können: an der Universität Bielefeld das Kolloquium *Empirische Kultursoziologie* (Klaus Amann und Stefan Hirschauer) und das DFG-Projekt *Visuelle Soziologie* (Amann); an der Universität Hildesheim das interdisziplinäre Graduiertenkolleg *Authentizität als Darstellungsform* (Jan Berg). Diese Institutionen wurden für mich zu kontinuierlichen wissenschaftlichen Kommunikationszentren und ich danke allen, mit denen ich mich streiten und mir einig sein konnte, die es möglich machten, geistige Welten zu bauen, zu teilen oder nebeneinander zu stellen. In der langjährigen Zusammenarbeit mit Klaus Amann konnte ich methodologische Kenntnisse durch eigene Erfahrungen erwerben und dabei meinen wissenschaftlichen Weg finden. Durch ihn und Stephan Wolff kam ich in den Genuss einer inspirierenden und nie bevormundenden doppelten Supervision meines Dissertationsprojektes. Das ist Luxus! Genauso wichtig war mir der wissenschaftliche Alltag, die Mensa- und Milchkaffeegespräche mit Astrid Jacobsen, Georg Jongmanns, Kathrin Keller und Carolin Länger; gemeinsames Denken im Zentrum und am Rande des Graduiertenkollegs mit Geesche Wartemann und Christian Strub; ermutigende und anregende Kommentare auf dem Weg vom Kolloquium ins „Westend" z.B. von Herbert Kalthoff, Katharina Peters oder Georg Breidenstein, von Holger Braun und Alexandru Preda; und nicht zuletzt die scharfsinnigen Pointierungen, die Stefan Hirschauer mir regelmäßig auf Kolloquiumssitzungen lieferte: „Implizit sagst du, es gibt einen notwendigen epistemologischen Opportunismus. Es muss etwas Chamäleonhaftes sein im Forschungsprozess oder in der Reflektion des Forschungsprozesses, sonst gibt's die und die Kosten. Das scheint mir die starke These zu sein. Man muss wechseln. Es ist ein Inkonsistenzgebot. So scharf ist es eigentlich" (Hirschauer 19.11.1999). Birgit Griesecke danke ich für intelligentes Korrekturlesen und die Ermutigung, kurz vor dem Druck noch den Buchtitel zu verändern, und Ingrid Mohn danke ich für ihre unermessliche Rückendeckung. Ein Buch herzustellen ist nicht zuletzt eine technische Herausforderung. Helge Mohn hat mit seinem hilfsbereiten und kompetenten PC-Support und dem Einbau der Bilder in den Text einen wesentlichen Anteil an der Fertigstellung – merci, Helge! Für die Genehmigung zum Abdrucken ihrer Fotos danke ich Rainer Komers und Detlef Horster.

Inhalt

Vorwort V
Inhalt XIII
Schlüssel zur Textgestaltung XV

Einleitung
Biographische Kulisse: Agitpropfilm versus Beobachtung 1
Interpretation versus Dokumentation: Kulturwissenschaftliche
Methodologien im Streit 6

1 Alltagspraxis.
Dokumentarische Methode der Interpretation I 13
1.1 Dokumentarische Methode der Interpretation nach Garfinkel 14
Einigkeit: Die Differenz zur Alltagspraxis 22

2 Starkes Dokumentieren.
Dokumentieren als Sinnstiftungsaskese 25
2.1 Transzendenz des Gegenstandes.
Konzepte von Dokumentarfilmern 25
2.2 Technische Reproduktion. Aufzeichnungspostulate in der
ethnomethodologisch orientierten Soziologie 50
2.3 Was leistet starkes Dokumentieren? 63
Streitpunkt: Das Verbergen der Autorschaft 66

3 Anti-Dokumentieren.
Konstruieren als Dokumentationsaskese 67
3.1 Empirische Reflexivität. Exemplarische Analyse reflexiver
Erforschung visueller Ethnographie 69
3.2 Legitime Autorschaft: Repräsentieren ohne Re 100
3.3 Doing Fiction. Reflexivität von Darstellungen als Darstellungen 109
3.4 Was leistet Anti-Dokumentieren? 120
Streitpunkt: Das Scheitern der reinen Paradigmen 123

4 Paradoxes Dokumentieren.
   Dokumentieren als Dilemma — 125

4.1 Weder-noch-Spielen: „speaking nearby".
   Eine Methode des Verschiebens — 125
4.2 Sowohl-als-auch-Spielen: Konzepte der Oszillation — 133
   Ethnomethodologie. „Natürliche Einstellungen" — 133
   Ethnographie. Physische Präsenz — 138
4.3 Was leistet paradoxes Dokumentieren? — 155
   Streitpunkt: Wohin mit der Alltagspraxis? — 156

5 Alltag der Wissenschaft.
   Dokumentarische Methode der Interpretation II — 159

5.1 Dokumentarische Methode der Interpretation als Regelverletzung — 160
5.2 DMI im wissenschaftlichen Alltag. Ein empirisches Beispiel — 168
5.3 Was leistet die dokumentarische Methode der Interpretation? — 194
5.4 Instrumentelle DMI — 195
   Streitpunkt: Die Unvermeidbarkeit methodologischer Wechsel — 198

6 Realimus als nützliche Fiktion.
   Instrumentelles Dokumentieren — 199

6.1 Orthodoxiekosten von Forschungsideologien — 200
6.2 Methodologische Registerwechsel als Methode: Instrumentelles
   Dokumentieren — 213
6.3 Schluss — 225

Quellenverzeichnis

Literatur — 229
Mündliche Quellen — 238
Videos und Filme — 240

Schlüssel zur Textgestaltung

Die Hinterlegung einer Grauschattierung soll den fiktiven Charakter eines Absatzes hervorheben, z.B. wenn es um erfundene Dialoge geht oder um eine Zitat-Collage, die nicht beansprucht, den Ursprungstext wieder zu geben.

Texteinzug soll Zitate, verschriftlichte Audioaufzeichnungen oder Bilder dokumentarisieren. Eingerückt erscheinen sie als Fenster im Text, die sich im Hinblick auf Quellen öffnen, die für den Text zum Ereignis werden.

Zitate werden *kursiv* gedruckt, wenn sie vom Tonband abgeschrieben wurden und auf gesprochene Sprache verweisen sollen. Darüber hinaus wird *Kursiv* benutzt, um die konzeptuellen und methodologischen Dimensionen des Dokumentierens hervorzuheben (von *starkem* oder *paradoxem Dokumentieren* ist z.B. die Rede) oder um daran zu erinnern, dass *Dokumentieren* dieses oder jenes bedeuten kann.

An einigen Stellen werden Formulierungen **fett** markiert, um Analysen im Text besser zurückverfolgen zu können.

Auf eine mündliche Quelle verweisen Angaben mit einem konkreten Datum, z.B. (Müller 22.2.2002).

Frauen und Männer werden meist zu ....Innen zusammengefasst (AutorInnen). Allerdings halte ich diese Schreibweise bei zusammengesetzten Wörtern nicht mehr durch (wir sind alle Alltagsteilnehmer).

Einleitung

Die Wurzeln des Buches reichen in die 70er Jahre zurück. Daher beginne ich mit einem Rückblick auf Erfahrungen aus dieser Zeit, die etwas mit Wissen und Dokumentieren zu tun haben und auf die festgefahrenen Kontroversen verweisen, die das Motiv für diese Studie darstellen.

Biographische Kulisse: Agitpropfilm versus Beobachtung

> Unser Realismus-Begriff muss breit und politisch sein, freiheitlich im Ästhetischen, souverän gegenüber den Konventionen. *Realistisch* heißt: den gesellschaftlichen Kausalkomplex aufdeckend/ die herrschenden Gesichtspunkte als die Gesichtspunkte der Herrschenden entlarvend/ vom Standpunkt der Klasse aus schreibend, welche für die dringendsten Schwierigkeiten, in denen die menschliche Gesellschaft steckt, die breitesten Lösungen bereit hält/ das Moment der Entwicklung betonend/ konkret und das Abstrahieren ermöglichend. (Brecht 1963: 154f.)[1]

Dokumentarisches Material begegnete mir Anfang der 70er Jahre in einem politischen Zusammenhang. An einem 16mm-Schneidetisch der Londoner Filmgruppe *Cinema Action* nahm ich Einblick in eine mir fremde Welt der britischen Arbeiterbewegung und des politischen Filmschaffens. Durch *Working Class Films* lernte ich Stimmen, Lieder und Parolen kennen, Gesichter, Aktionsformen, politische Standpunkte und alltagsrelevantes Englisch: *The miners. Fighting the bill! Shiftwork and overtime ... .*

Es war ein dokumentarisches Verfahren, das mich einerseits mit einer Realität in Kontakt brachte, die wirklicher schien als meine eigene, bürgerlich privilegierte. Anderseits zielten die Darstellungsregeln dieses politischen Filmschaffens nicht auf Realismus im Sinne einer Repräsentation von Realität. Es ging um strategisch-propagandistische Dokumente, um den *richtigen Standpunkt* der filmischen Darstellung als Beitrag zur gesellschaftlichen Veränderung (siehe Brecht-Zitat). Dokumentarfilmisches Arbeiten war in politisierten Kreisen zu dieser Zeit gedacht als ein Eingriff in den gesellschaftspolitischen Prozess und als ein Sich-zur-Verfügung-Stellen der AutorInnen. Film sollte den Unterdrückten zugäng-

---

1 Schriften zum Theater 4 1933-1947

lich gemacht werden und ihren Stimmen Gehör verschaffen. 1974 gründeten wir die Dokumentarfilmgruppe *Arbeit Und Film (AUF)* und legten Wert darauf, nicht Autorenfilme sondern Filme der Arbeiter zu produzieren. Folglich tauchten auch unsere Namen nicht im Abspann der Filme auf.[2] Ohne von der *Visuellen Anthropologie* gehört zu haben, die in dieser Zeit den wissenschaftlichen Kommentar verabschiedete und durch die Stimmen der Beforschten ersetzte, experimentierten auch wir mit einer filmischen Darstellungsform, die anstelle des Kommentars auf die direktere Wirkung von gefilmter Aktion und deren Stimmen setzte.

Die Dichotomie von Aktivität und Passivität (eingreifen und gleichzeitig sich enthalten) ist zu betonen, denn beide Komponenten führten in eine Krise: Der bestimmenden, eingreifenden Seite fehlte es an Offenheit und Einfühlung gegenüber dem filmisch bearbeiteten Gegenstand.[3] Der sich „dem Volke" zur Verfügung stellenden Seite mangelte es an eigener Identität und Selbstbehauptung. 1979 kam es auf der Duisburger Dokumentarfilmwoche zu einer Kontroverse über dokumentarfilmische Verfahren, die daran orientiert war, entweder die eine oder die andere Seite des Konflikts konzeptuell zu beheben, d.h. entweder den beobachtenden Situationsbezug (und die eigene ideologische Zurückhaltung) oder die Autorschaft (und das eigene persönliche Eingreifen) auszubauen. Eine Debatte kam ins Rollen mit den Protagonisten Klaus Wildenhahn (KW) und Klaus Kreimeier (KK), einem Dokumentarfilmpraktiker und einem Dokumentarfilmtheoretiker. In der folgenden Zitat-Collage werden sie gegenübergestellt:

> **Klaus Wildenhahn**
> Wir alle müssen radikaler und genauer in unserer Beobachtung und Erfahrung auf beschränktem Raum und im Detail werden, und dabei gleichzeitig ausufern (1980: 15).
> **Klaus Kreimeier**
> Dann besteht dabei aber die Gefahr, dass die Grenze zwischen Einfühlung ins Einzelschicksal und Desinteresse für politische Zusammenhänge sanft verschwimmt (vgl. 1980: 17).
> **KW**
> Der modische Gebrauch des Wörtchens *eingreifen* mit seinen vielfach klingelnden Okay-Bedeutungen unter Eingeweihten (operativ usw.) verweist auf eine ungenügende Kenntnis der Organisation von künstlerischer Pro-

---

2 Das Kollektiv *Arbeit Und Film (AUF)* wurde 1974 von Petra Vasile, Gernot Steinweg, Elisabeth Mohn und Enzio Edschmid gegründet mit dem Ziel, das Medium Film für die politische Bildungsarbeit zu erschließen. Die 16mm-Filmproduktionen und -vorführungen dienten dem Erfahrungsaustausch von Arbeitern und Angestellten, die das Angebot annahmen, sich die Filme zu eigen zu machen. „Ein Film der IGM-Vertrauensleute der VFW-Fokker, Speyer. Unter Mitarbeit von Arbeit Und Film" heißt es z.B. in dem 1977 fertig gestellten Dokumentarfilm *Wachsam Tag und Nacht* über den Kampf der VFW-Belegschaft um ihre Arbeitsplätze.

3 Die dogmatische Suche nach *dem historischen Subjekt* erschwerte einen nüchternen Blick auf bundesdeutschen Arbeitsalltag. Unliebsame Aussagen galten als nicht zu propagierendes Material. So blockierten politische Absichten einen Blick auf bestehende Verhältnisse.

duktion. Zunächst einmal kommt es darauf an, die Erfahrungen von Menschen überhaupt so ernst zu nehmen, dass der Filmmacher sie sich über den Produktionsprozess zu eigen macht (1980: 14).
KK
Nein – es ist die hohe Kunst der Anordnung, der Bau der Dinge, die künstliche Komposition der verschiedensten Elemente (zu denen natürlich auch die „wirklichen" Schauplätze und die „wirklichen" Menschen gehören), die den Bildern überhaupt erst die „Abbildungsfunktion der Kunst", wie du es nennst, verleihen (vgl. 1981: 47).
KW
Das Freisetzen von Fantasie und Assoziation setzt einen starken Bezug zur Wirklichkeit, ja ich meine, ein Realität-Unterworfensein voraus, soll sie nicht in der Selbstherrlichkeit des Autors enden. Und diese Selbstherrlichkeit scheint mir ein Klassenmerkmal innerhalb jeder romantischen Bewegung zu sein (1980: 11).
KK
Die Theoretisierung des Dokumentarfilms und seiner Probleme – dies zeigten die Duisburger Diskussionen – hat einen Tiefpunkt erreicht und du, der in Theorie und Praxis die neueren Strömungen zweifellos beeinflusst hat, kannst, meine ich, mit deinen Epigonen nicht zufrieden sein. Die Abdankung des Filmemachers als Autor und der Kult der Unmittelbarkeit sind doch eine Depravierung deiner Ansätze (vgl. 1980: 18).
KW
Ich denke, dass die von dir als schädlich apostrophierte „Unterwerfungsbereitschaft gegenüber der Welt vor der Kamera", die „Zurückhaltung" und „Behutsamkeit" notwendige Ausgangstugenden für jeden Dokumentaristen sind (vgl. 1980: 15).

1975 entschied ich mich für die Variante der ideologischen Zurückhaltung und wählte einen radikalen Situationsbezug: sieben Jahre als Facharbeiterin in der Metallindustrie. Meine Lehre betraf sowohl die Feinmechanik als auch das *going native*. Ich genoss die Spuren der Metallspäne in der Hornhaut meiner Hände und verschwand dabei als potentielle Autorin. In die Fabrik zu gehen radikalisierte mein Teilnehmen – nicht mein Beobachten. Beim Sprung über den kulturellen Graben verlor ich beobachtende Distanz zu der mir fremden Welt und auch Nähe zu mir selbst. Die Gefahr des *going native* ist ein Verlust kultureller Differenz. Meine Konsequenz daraus bestand darin, den Rahmen zu wechseln und Zugänge zur Welterfahrung, -darstellung und -gestaltung in einem wissenschaftlichen Kontext zu suchen. Das Studium der Kulturanthropologie konfrontierte mich mit einem beobachtenden und erfahrenden Zugang zu Wissen bei gleichzeitiger Thematisierung der eigenen subjektiven Perspektive. Forschung anstelle von Politik zu betreiben, verzögert ungewollt, Entscheidungen zu treffen zwischen einer passiven und einer aktiven Seite, zwischen Zurückhaltung und Gestaltung, Erfahrung und Darstellung, Materialität und Sinn. Es geht um Wissensprozesse, und die scheinen sich irgendwo dazwischen zu ergeben.

Dieser persönliche Hintergrund gibt Hinweise auf eine Zeit, in der die kulturwissenschaftlichen Vorstellungen vom Dokumentieren an Aktualität gewonnen haben. Unabhängig voneinander markieren in Anthropologie und Soziologie die 60er bis zur Mitte der 70er Jahre einen Zeitraum der Entstehung neuer methodischer Schwerpunkte.

> From 1960 onwards, changes in camera and sound-recorder technology allowed the simultaneous recording of image and speech by one or two persons using equipment so light that it could be hand-held, and known colloquially as synch-sound shooting. The speaking subjects could now be followed and filmed in relatively informal, spontaneous contexts, and when a little later their speech could be translated into another language via the medium of subtitles, any people, no matter how obscure their language, could "speak to" people they had never seen, and who would never learn their tongue. The impact of these changes was profound. (Loizos 1993: 11)

Technologische Errungenschaften veränderten das kulturwissenschaftliche Beobachten und ermöglichten eine genauere Beschäftigung mit alltäglichen Phänomenen. Kulturanthropologie und Soziologie haben auf unterschiedliche Weisen von den neuen Aufzeichnungstechnologien Gebrauch gemacht. Paul Hockings (21.6.2001) spricht von den Jahren 1967-1974 als einer Kernperiode der rapiden Entwicklung *Visueller Anthroplogie*, die sich in diesem Zeitraum als eine Subdisziplin anthropologischer Forschung etablieren konnte.[4] *Visuelle Anthropologie* bringt Hör- und Sichtbares zur Wiederaufführung. Sie wird als Beitrag zu einer Entmachtung der Autorität wissenschaftlichen Sprechens über fremde Kulturen gefeiert. Gleichzeitig provoziert der Einsatz eines filmischen Darstellungsmittels auch eine Reflektion wissenschaftlicher Konventionen. Über die 60er Jahre berichtet David MacDougall (24.6.2001): „*One of the key texts of our studies was Rouch and Morin's film, Chronique d'un été, which challenged all the unspoken rules of film-*

---

[4] Ermöglicht wurde dies durch einen interdisziplinären Ansatz, bei dem Anthropologie und Film voneinander lernten: Ende 1966 wurde z.B. an der University of California, Los Angeles ein interdisziplinäres Trainingsprogramm zum ethnographischen Film gestartet in der Absicht, Film- und Anthropologiestudenten sich ein Jahr lang über ihre Disziplinen austauschen zu lassen. AnthropologInnen, FilmemacherInnen und SoziologInnen trafen dort aufeinander, darunter auch Harold Garfinkel, Begründer der soziologischen Ethnomethodologie. Das Erscheinen des Buches *Principles of Visual Anthroplogy* (Hockings (Hg.) 1975) manifestiert die Gründung *Visueller Anthropologie* als Subdisziplin. Crawford 1993 sowie MacDougall 1998 führen in neuere Debatten und Dimensionen *Visueller Anthropologie* ein.

making. It suggested that something could be both fact and fiction at the same time, that the camera created a new reality, that perhaps people were more honest when being recorded than when they were not. Above all, it suggested that filmmakers could share with the audience the problems of the filmmaking process". Tausche ich den Begriff *filmmaking process* gegen *kulturwissenschaftlichen Wissensprozess*, so erhalte ich ein Statement, das in die kulturanthropologischen Methodendebatten der 80er und 90er Jahre passen würde, in der die Nachvollziehbarkeit des Forschungsprozesses gefordert wird. Neben der *Visuellen Anthropologie* bildete sich seit den 60er Jahren in der Soziologie die konversationsanalytische Forschungsrichtung heraus:

> Als Sacks, Schegloff und Mitarbeiter damit begannen, sich für Alltagsgespräche zu interessieren, standen ihnen keine einfach anwendbaren Methoden zur Verfügung. Unter Bezug auf vielfältige theoretische Überlegungen entwickelten sie diese Methoden im Umgang mit Ton- und Bildaufzeichnungen von Allerweltshandlungen, die in ihrer rohen Form belassen, also noch nicht unter didaktischen oder ästhetischen Gesichtspunkten zu Lehr- oder Dokumentarzwecken geschnitten und montiert worden waren. Materialien dieser Art den Status relevanter Daten zuzuerkennen, war zu diesem Zeitpunkt höchst ungewöhnlich. (Bergmann 2000: 530)

Die *soziologische Konversationsanalyse* steht in Zusammenhang mit der *Ethnomethodologie*, der es darum geht, „den im Handeln selbst sich dokumentierenden Prozess des Verstehens-und-sich-verständlich-Machens zu beobachten und im Hinblick auf seine Strukturprinzipien zu beschreiben" (Bergmann 2000: 125). Hier dienen Audio- und Videoaufzeichnungen weniger dem Sprecherwechsel zwischen Forschenden und Beforschten, sondern gelten als Situationsdokumente, die einem mikro-soziologischen Blick zugrunde gelegt werden.

Zeitgleich gewannen konstruktivistische Theorien an Einfluss, die seit den 50er und 60er Jahren in den USA entwickelt wurden und das wissenschaftliche Realitätsverständnis bis heute veränderten.[5] Schon Alfred Schütz hob hervor, dass die Bildung des Wissens über die Welt in einem aktiven Herstellungsprozess konstruiert wird und nicht als reine Abbildung gegebener Fakten zu verstehen sei

---

5 Heinz von Foerster gründete 1957 das *Biological Computer Laboratorium (BCL)*. „An diesem Institut führte er Avantgardisten und Querdenker aus aller Welt zusammen. Philosophen und Elektrotechniker, Biologen (wie Humberto R. Maturana und Francisco J. Varela), Anthropologen und Mathematiker, Künstler und Logiker diskutierten in der inspirierenden Atmosphäre des BCL erkenntnistheoretische Fragen aus einer natur- und geisteswissenschaftlichen Perspektive. Sie befassten sich mit den Gesetzen des Rechnens in Menschen und Maschinen und analysierten die logischen und methodischen Probleme, die das Erkennen des Erkennens und die Beobachtung des Beobachters notwendig mit sich bringt" (Pörksen 2001: 20).

(vgl. 1971: 5). Der *Radikale Konstruktivismus* gibt die Vorstellung völlig auf, dass Erkenntnis die objektive Welt abbilde und insofern „wahr" sein könne und verlangt stattdessen lediglich, dass Wissen in die Erfahrungswelt des Wissenden *passen* soll (vgl. Glasersfeld 1992: 30). „Inwieweit eine bestimmte Erklärung der Welt oder des Selbst über die Zeit aufrechterhalten wird, hängt nicht von der objektiven Validität der Erklärung, sondern von den Eventualitäten sozialer Prozesse ab" (Gergen 1994: 49).

Im vorliegenden Buch wird *Dokumentieren* zu etwas, das in einem aktiven Herstellungsprozess konstruiert wird, eine unerwartete Entwicklung nehmen kann und in die Erfahrungswelt der Wissenden passen soll.

Bei aller Differenz teilen die neueren ethnologischen und soziologischen Ansätze eine Hinwendung zu alltäglichen Praktiken, die frühere Entdeckungen des Alltags radikalisiert: Die Herstellung und Darstellung sozialer Realität wird den Alltagsteilnehmern selbst zugeschrieben; sie sind die Experten, die zu verstehen hermeneutisch orientierte Kulturforschung antritt, bzw. deren Praxis ethnomethodologische Forschung beschreiben möchte.

Interpretation versus Dokumentation.
Kulturwissenschaftliche Methodologien im Streit

Den Dokumentarfilmdebatten der 70er und 80er Jahre nicht unähnlich, geht es auch beim Streiten um kulturwissenschaftliche Forschungsmethoden einerseits um den Akzent des „Bauens" kulturwissenschaftlicher Darstellungen und andererseits um eine „Unterwerfungsbereitschaft" gegenüber dem, was sich vor Kameras, Tonbändern oder Notizbüchern abspielt. Gestritten wird um *Interpretation versus Dokumentation*, was in der Forschungspraxis auch die Dimension von *Eingriff versus Zurückhaltung* hat. Die Frage nach dem *Dokumentieren*, und damit verbunden auch die Frage eines Kameraeinsatzes im Forschungsprozess, wird bei ethnographischen und ethnomethodologischen Konzepten unterschiedlich akzentuiert.

Ethnographie bekennt sich zur Interpretation
Von einer *Krise der ethnographischen Repräsentation* (vgl. Berg und Fuchs 1993) ist seit den 80er Jahren in der schreibenden Kulturanthropologie die Rede. Hinterfragt wurden die Herstellungsweisen ethnographischer Kulturdarstellungen und deren erkenntnistheoretischer Status. Die wissenschaftliche AutorIn geriet ins

Rampenlicht einer ideologiekritischen Betrachtung.⁶ Einige Worte zum Hintergrund dieser für das heutige kulturwissenschaftliche Forschungsverständnis bedeutenden Debatte: Clifford (1983/1988) und Berg und Fuchs (1993) zufolge ist die Trennung zwischen Beschreibenden vor Ort und Denkern am Schreibtisch ein Phänomen des 19. Jahrhunderts. Die Geschichte der modernen Ethnographie wird als ein dreistufiger Prozess geschildert. Verkürzt könnte man sagen: von Malinowski über Geertz hin zur reflexiven textualistischen Debatte. James Clifford begreift die Jahre 1900 bis 1960 als den Zeitraum, in dem sich ein neues Feldforschungskonzept international etablierte. Was in der ersten Hälfte des 20. Jahrhunderts mit dem Erfolg der professionellen Feldforschung zu Tage trat, war eine Verschmelzung von allgemeiner Theorie und empirischer Forschung, von kultureller Analyse und ethnographischer Beschreibung. „Diese besondere Verbindung aus intensiver persönlicher Erfahrung und wissenschaftlicher Analyse trat als Methode auf: **teilnehmende Beobachtung**" (Clifford 1988: 15). Malinowski, Mead, Griaule und Evans-Pritchard wurden zu Symbolfiguren einer neuen Ethnographengeneration. Nach Clifford inszenierte die schriftliche Ethnographie in dieser Phase einen besonderen Autoritätsmodus als „ ... eine sowohl wissenschaftlich abgesicherte als auch auf einer einzigartigen persönlichen Erfahrung beruhende Autorität" (vgl. Clifford 1988: 6f.). Als wissenschaftliches und literarisches Genre wurde Ethnographie zur auf *teilnehmender Beobachtung* basierenden Kulturbeschreibung.

Zunächst basierte also wissenschaftliche Autorität auf Erfahrung. Doch in den 70er Jahren verlagerte sich die Aufmerksamkeit auf das Element der Interpretation. Clifford beschreibt teilnehmende Beobachtung als eine Dialektik von Erfahrung und Interpretation. Ethnographie wurde schließlich als die Interpretation von Kulturen verstanden. Ein Ergebnis dieses Prozesses ist das **Konzept der dichten Beschreibung**.⁷ *Dichte Beschreibungen* sind Ergebnisse einer interpretativen Anthropologie, für die Kultur derjenige Kontext ist, in dem Handlungen verständlich – nämlich dicht – beschreibbar sind.

Auch dieser Trend wurde mit neuen Ansprüchen an ethnographisches Repräsentieren konfrontiert. Dazu Clifford: „Es wird notwendig, Ethnographie nicht als die Erfahrung und Deutung einer eingegrenzten ‚anderen' Realität zu konzipieren, sondern vielmehr als ein konstruktives Verhandeln, an dem mindestens zwei – und gewöhnlich mehr – bewusste, politisch bedeutsame Subjekte

---

6 Vgl. Writing Culture (Clifford/Marcus 1986), Observers Observed (Stocking 1983), Fieldnotes (Sanjek 1990), Die künstlichen Wilden. Anthropologen als Schriftsteller (Geertz 1988/1990).
7 Siehe Geertz 1983: Dichte Beschreibung. Beiträge zum Verstehen kultureller Systeme.

beteiligt sind. Paradigmen der Erfahrung und Interpretation weichen Paradigmen des Diskurses, des Dialogs und des Vielklangs" (Clifford 1988: 21). Damit war das Feld eröffnet für die **Reflexivitätsdebatte**, bei der die ethnographische Kulturdarstellung selbst zu einem wissenschaftlichen Gegenstand wurde: „Die Tendenz zu einer Ethnographie des ethnographischen Erkenntnisprozesses, die Anthropologisierung der Anthropologie bildet das vorläufige Ergebnis eines längeren Prozesses der Auseinandersetzung mit Verfahren und Formen der Repräsentation" (Berg/Fuchs 1993: 15).

Ein Paradigmenwechsel besteht darin, Ethnographien als wissenschaftliche Fiktionen[8] von Kultur zu betrachten und daraus Konsequenzen zu ziehen. Clifford schlägt vor, ethnographisches Darstellen als ein Geschichtenerzählen zu betreiben (Clifford 1993: 204), und Stephen Tyler möchte das Repräsentieren gegen ein Evozieren eintauschen (Tyler 1993: 293). Die Reflexivitätsdebatte hat vorrangig die literarische Gestaltung wissenschaftlicher Publikationen, nicht aber den Forschungsprozess, verändert: Spiele mit unterschiedlichen Stimmen oder Entwürfe fiktiver Dialoge sollen die monologische Schreibweise unterbrechen und auf die Konstruiertheit wissenschaftlicher Dokumente und deren Interpretation verweisen. Allwissende Erklärungen werden zugunsten von Beschreibungsvarianten vermieden. Hier gibt es eine Analogie zu ethnographischen Filmen, die den erklärenden wissenschaftlichen Kommentar aufgeben zugunsten einer Collage der *indigenous voices* des Feldes oder eines *interior commentary* (MacDougall) der Beforschten selbst.[9]

Die kulturanthropologische Reflexivitätsdebatte ermutigt zum Experiment, sei es in der Wahl der Aufzeichnungstechnologien, in der Art der Thematisierung eigener Erfahrung oder bei der Suche und Reflektion methodischer Zugänge. Ina-Maria Greverus vertritt als Kulturanthropologin ein Collage-Prinzip:

> „Collage-Technik ist die systematische Ausbeutung des zufälligen oder künstlich provozierten Zusammentreffens von zwei oder mehr wesensfremden Realitäten auf einer augenscheinlich dazu ungeeigneten Ebene – und der Funke Poesie, welcher bei der Annäherung dieser Realitäten überspringt", heißt es bei Max Ernst. Wenn ich den Begriff Collage – wie schon bei den surrealistischen Künstlern und Ethnographen – über den technischen Vorgang hinaus auf kulturelles Handeln erweitere, dann wären einer gekonnten Collage verschiedene Phasen inhärent: die Dekonstruktion verfestigter kultureller Selbstverständlichkeiten, die Gegenüberstellung anderer Möglichkeiten, die Ironisierung der Zentralität und Har-

---

8 Fiktion (abgeleitet von fingere) bezeichnet das Gemachte. In diesem wörtlichen Sinn kann Wissenschaft als Science Fiction betrachtet werden.

9 Ein prominentes Beispiel: "Timothy Ash's *The Ax Fight* (1975), a film simultaneously about Yanomamö social conflict and anthropological method, uses five segments to provide sep arate perspectives on an event and its ethnographic interpretation" (MacDougall 1998: 195).

Interpretation versus Dokumentation

monie des (westlichen) Menschen und seiner Weltherrschaft, die Zusammenführung verschiedener Realitäten und die Schöpfung eines kulturell Neuen mit eben jenem Funken Poesie. (Greverus 1990: 224f.)

Darstellungsideen der Reflexivitätsdebatte greife auch ich auf, indem fiktive Dialoge inszeniert werden oder z.b. Stimmen aus dem Forschungsprozess im Buch zur Wiederaufführung gebracht werden. Meine Studie soll nicht als ein Produkt reinen Denkens erscheinen, sondern als ein Ergebnis von Auseinandersetzungen und Widersprüchen in einem konkreten Forschungsumfeld erkennbar bleiben.[10] Kulturanthropologie und Soziologie haben durchaus Berührungspunkte: Kulturanthropologie forderte(e) eine Ethnographie der Ethnographie, eine Wissenschaftsforschung also, die nicht bei einer Dekonstruktion der Rhetorik wissenschaftlicher Darstellungen stehen bleibt. Die neuere Wissenschaftssoziologie erklärt die alltägliche Konstruktion (natur)wissenschaftlicher Erkenntnis zu ihrem Gegenstand und nutzt dabei auch kulturanthropologische Methoden und Konzepte,[11] wie das teilnehmende Beobachten oder die kulturvergleichende Forschung. Ein Kulturvergleich bietet die Chance, Aussagen an Differenzen zu entfalten, ohne sie absolut zu setzen. So verfährt z.b. Karin Knorr Cetina, wenn sie unterschiedliche Methoden wissenschaftlicher Wissenserzeugung – „epistemic cultures" – vergleicht.

> I compare the communitarian science of physics with the individual, bodily, lab-bench science of molecular biology.(...) Using a comparative optics as a framework for seeing, one may look at one science through the lens of the other. This "visibilizes" the invisible; each pattern detailed in one science serves as a sensor for identifying and mapping (equivalent, analog, conflicting) patterns in the other. (Knorr Cetina 1999: 4)

Über ethnographische und ethnomethodologische Strategien der Vor-Ort-Beobachtung eines Laboralltags werden unterschiedliche Wissenskulturen entdeckt und voneinander unterscheidbar.

---

10 Als konkrete Forschungsumfelder spielten bei der Erarbeitung dieser Studie neben den Disziplinen Kulturanthropologie und Wissenschaftssoziologie eine wichtige Rolle: an der Universität Bielefeld das DFG-Projekt *Visuelle Soziologie* (Klaus Amann), sowie das Kolloquium *Empirische Kultursoziologie* (Klaus Amann und Stefan Hirschauer); an der Universität Hildesheim das Graduiertenkolleg *Authentizität als Darstellungsform* (Jan Berg), sowie die Dissertationsbetreuung durch Stephan Wolff. Sich in diesen Arbeitszusammenhängen und Diskussionsforen zu bewegen ermöglichte genau diese Studie.
11 Siehe z.B. die Studien von Latour und Woolgar 1979, Lynch 1985 und Knorr Cetina 1981/1984.

Diese alltagssoziologische und kulturalistische Wende im Verständnis wissenschaftlicher Wissensprozesse geht einher mit der Auflösung des Glaubens an die notwendige Einheit der Wissenschaften. Wissenschaftssoziologische Studien rekonstruieren nun die *disunity of science*. Und zwar nicht als beliebige, sondern als eine kulturell geordnete Vielfalt.
(Amann 16.7.1999)

Soziologische Wissenschaftsstudien haben bisher eher natur- als sozialwissenschaftliche Forschung zum empirischen Gegenstand erhoben. Als Kulturanthropologin, die sich mit der Methodologie des eigenen Faches befasst, fand ich dennoch in der Bielefelder Wissenssoziologie passendes Know How: Theorien und Methoden einer kulturwissenschaftlich orientierten Wissenschaftsforschung.

Klaus Amann schlägt vor, die in der Wissenschaftssoziologie erprobten Verfahren auch im Interesse einer *Visuellen Soziologie* zu nutzen. Aufzeichnungstechnologien versteht er als „instrumentelle Kulturtechniken, die eine kollektive Praxis des Sichtbarmachens und Sehens der kulturspezifischen Gegenstände ermöglichen" (16.7.1999). Dieses Buch beschäftigt sich mit solchen Kulturtechniken einer methodischen Herstellung von Sichtbarkeit. Eine ethnomethodologische Perspektive auf die interaktive Herstellung wissenschaftlicher Fakten beim Wissenschafttreiben soll auf die eigenen kulturwissenschaftlichen Forschungskontexte angewendet werden.

Ethnomethodologie braucht Dokumentation

Die Ethnographie-Diskussion betont den kreativen Prozess wissenschaftlicher Kulturdarstellungen. Dabei bleiben die Realismusaspekte ethnographischer Forschungspraxis unreflektiert (siehe Kapitel 3 und 4). Eine solche Problematik stellt sich mit umgekehrtem Vorzeichen der ethnomethodologisch orientierten Mikrosoziologie. Dort beharrt man auf dem validen Dokument, auch wenn konstruktivistische Grundannahmen nicht aufgegeben werden sollen. Dies führt dazu, dass die Konstruktivität der eigenen Forschungspraxis unterbelichtet bleibt (siehe Kapitel 2 und 4).

Die Flüchtigkeit des Sozialen
Situationsverläufe mikrosoziologisch untersuchen zu wollen, führt direkt zu einem Dokumentationsbedarf. Aufgrund der Flüchtigkeit des Sozialen wird dieser Untersuchungsgegenstand erst handhabbar und wissenschaftlicher Analyse zugänglich, wenn es gelingt, Flüchtigkeit in Festigkeit zu überführen. Audio- und Videoaufzeichnungen übernehmen diese Funktion und gelten in der Ethnomethodologie als genaue, den Verlauf der Situation wiedergebende Dokumente, ohne die nicht mikrosoziologisch geforscht werden kann. Hier stellt sich ein

Interpretation versus Dokumentation

ganz anderes Problem als beim Ethnographieren, wo die Beobachtungen über einen längeren Zeitraum auf komplexere Zusammenhänge zielen und von daher nur hochselektiv angegangen werden können. Das ethnomethodologische *Dokumentieren* zielt auf eine mikrosoziologische Rekonstruktion sozialer Praxis, nicht auf die dichte Beschreibung von Kultur. Aus diesem Grund findet sich hier ein beharrlich konservativ erscheinender Dokumentbegriff im Sinne einer materiellen Fixierung, die etwas zu belegen oder zu beweisen hat.

Die Flüchtigkeit des Dokuments

Bei einem ethnomethodologischen Verständnis von sozialer Wirklichkeit werden alltägliche Phänomene jeweils als dasjenige betrachtet, als was sie im Verlauf sozialer Situationen hervorgebracht werden. „Unter dem Blick der Ethnomethodologie verwandelt sich eine dinghaft unabänderliche Tatsache in ein Geschehen, das über die Zeit abläuft, sich ändern und eine unerwartete Entwicklung nehmen kann" (Bergmann 2000: 124).

Wendet man diese ethnomethodologische Annahme zur sozialen Konstruktion von Realität auch auf den eigenen Dokumentbegriff an, so gibt es keine definitiven Dokumente, sondern allein situativ erzeugte. Ein Dokumentarfilm z.B. wird erst durch seine Rezeption zu etwas Dokumentarischem – oder auch nicht. In diesem Sinne gibt es keine Dinge, die unabhängig von ihrer Rezeption Dokumente wären, sondern es gibt allein soziale Praktiken, etwas als Dokument zu betrachten. Am sogenannten Dokument selbst ist nichts Dokumentierendes. Dieser Theorie nach hat das Dokument seine Festigkeit verloren. Dokumente sind flüchtige Ergebnisse der Momente ihrer sozialen Konstruktion. Sie sind an eine soziale Praxis des *Dokumentierens* gebunden. Wie wir sehen werden, geht im Falle der *dokumentarischen Methode der Interpretation* der flüchtige Charakter des Dokumentierens sogar so weit, dass es nicht einmal ein materielles Dokument als Ergebnis des Dokumentierens zu geben braucht. *Dokumentieren* wird zu einer Prozesskategorie sozialer Interaktion. Es geht bei den untersuchten Konzepten des Dokumentierens um verschiedene Vorgänge des Verwirklichens. In den Kulturwissenschaften werden Beobachtungen, Daten, Analysen, Präsentationen und Reflexionen *realisiert*. In welchen Varianten dies aus der Sicht von Forschenden geschehen soll und wie sich diese zueinander verhalten, ist Gegenstand des Buches.

1 Alltagspraxis.
Dokumentarische Methode der Interpretation

Dokumentieren wird in den folgenden Kapiteln ausgehend von kontroversen, sich scheinbar gegenseitig ausschließenden Konzepten vorgestellt. Dennoch gibt es einen gemeinsamen Bezugspunkt der untereinander streitenden Positionen – man könnte auch sagen, es wird dieselbe Ungleichung vertreten: Forschungspraxis ist ungleich Alltagspraxis. In Forschungskontexten geht es um Wissensprozesse. Von besonderem Interesse ist das, was man noch nicht weiß. In alltäglichen Situationen ist es jedoch gerade das Selbstverständliche, durch das eine Verständigung erst möglich wird. Wie wir sehen werden, kann die Erzeugung dieser Selbstverständlichkeiten mit dem Begriff *Dokumentieren* in Verbindung gebracht werden. In der ethnomethodologischen Forschung[1] wird Alltagspraxis als eine *dokumentarische Methode der Interpretation (DMI)* beschrieben. Keine der von mir untersuchten Forschungskonzeptionen propagiert diese methodische Vorstellung im Rahmen ihrer Profession. Sie soll nun den sich bestreitenden Konzepten des Dokumentierens vorangestellt werden, da sie einen Punkt markiert, von dem aus sich alle professionellen DokumentaristInnen zu entfernen suchen.

Der Begriff *dokumentarische Methode der Interpretation* wurde von Karl Mannheim geprägt und steht im Zusammenhang seines grundlagentheoretischen Konzeptes einer existenziellen Bestimmtheit (Seinsverbundenheit) von Wissen. Lynch screibt über Mannheim:

> Mannheim argued for a 'relationist' concept of knowledge. Rather than opting for a radically individualist conception of knowledge, he suggested that particular ideas are situated in historical and social circumstances. (...) 'Relational' knowledge – knowledge cultivated in a living community of understandings – could be dynamic without necessarily being arbitrary. (Lynch 1993: 44)

Harold Garfinkel spricht im Zusammenhang mit der *DMI* auch von „fact production" und sieht in Mannheims Ausführungen einen Versuch, den Prozess des Zustandekommens von Beschreibungen kultureller Ereignisse in den Blick zu

---

1 Ethnomethodologische Forschung befasst sich damit, wie im Verlauf alltäglicher Situationen über sogenannte *Ethnomethoden* der Teilnehmenden (deren spezifischen Alltagspraktiken), Inhalt, Form, Verlauf und Ergebnis der Situation interaktiv erst hergestellt werden.

bekommen. *DMI* ist ein Erklärungsversuch für die Frage, wie Alltagsteilnehmer erfolgreich miteinander interagieren können, wo sich doch ihre individuellen Perspektiven prinzipiell voneinander unterscheiden. Ich werde Garfinkel als Zugang zur *DMI* wählen, da sein Blick auf Praktiken im Situationsverlauf es erleichtert, die *DMI* auch im Hinblick auf Forschungsprozesse zu diskutieren.[2] Was versteht Garfinkel darunter, wenn er behauptet, dass Alltagsteilnehmer *dokumentieren?* Handelt es sich bei der *DMI* überhaupt um eine anwendbare Methode?[3]

1.1 Dokumentarische Methode der Interpretation nach Garfinkel

Garfinkel sieht in der *dokumentarischen Methode*[4] das interpretative Verfahren zur Bewältigung der wesensmäßigen Vagheit von Darstellungen und ihrer Indexikalität. Der Sinn eines indexikalischen Ausdrucks ist vom Kontext abhängig, in dem er auftritt. Garfinkel und Harvey Sacks (1976/1979) schreiben, dass ethnomethodologische Studien erstens nachweisen konnten, „dass die Eigenschaften indexikalischer Ausdrücke geordnete Eigenschaften sind, d.h. gesellschaftlich organisiert sind." Von formalen Strukturen wird als hervorgebrachten Leistungen gesprochen. „Und dass sie zweitens geordnete Eigenschaften sind, ist eine andauernde praktische Leistung jeder tatsächlichen Situation des alltäglichen Sprechens und Sich-Verhaltens" (1979: 133). Garfinkel und Sacks beziehen sich auf Bertrand Russell (1940: 102ff.), der „zeigte, dass Beschreibungen, die sich auf indexikalische Ausdrücke beziehen, sich in jeder Anwendungssituation nur auf eine Sache beziehen, aber auf verschiedene Sachen in verschiedenen Situationen" (Garfinkel und Sacks 1979: 144). Diese Zitate geben Hinweise auf Aspekte der *DMI*:

- gesellschaftliche Organisation der Eigenschaften indexikalischer Ausdrücke

---

[2] Siehe 5. Kapitel Alltag der Wissenschaft.
[3] Stephan Wolff gibt zu bedenken: „Die dokumentarische Methode ist keine Spielart des Dokumentierens. Sie behauptet, dass es elementar ist, dokumentarisch zu sehen und zu handeln. Sie liefert also die Begründung dafür, warum wir um das Dokumentieren nicht drum herum kommen. Sie ist nicht als Methode wählbar oder abwählbar. Sie ist ein a priori, das man nur aufweisen kann" (Wolff 1.10.1999).
[4] Der Ausdruck *dokumentarische Methode der Interpretation* wird häufig verkürzt zu der Bezeichnung *dokumentarische Methode*, so z.B. bei Garfinkel und Bohnsack. Dieser Ethnomethodologen-Slang verwischt die inhaltliche Pointe des Konzepts.

- Hervorbringung formaler Strukturen
- permanente Ordnungsleistung jeder Situation
- situationsspezifische Festlegungen von Deutungsmustern

DMI wird als Lösung eines Problems behandelt: Die wesensmäßige Vagheit von verbalen oder nonverbalen Ausdrucksweisen kann durch die *DMI* in der aktuellen Situation und für die aktuelle Situation bewältigt werden. Mit dem Phänomen der Indexikalität meint Garfinkel die Beziehung zwischen Erscheinungen und zugrundeliegenden Mustern (vgl. Weingarten und Sack 1979: 16). Auf der Suche nach und bei der Bestimmung von Mustern, die z.b. einem laufenden Gesprächsereignis zugrundegelegt werden können, werden im Vollzug der Situation von den Teilnehmenden Deutungen etabliert, getestet, hinterfragt, beibehalten, ausgebessert oder umgewandelt.⁵

Garfinkel setzte sich zum Ziel, etwas zu untersuchen, was nur in seinem Vollzug in Erscheinung tritt und sprach davon, „to catch the work of 'fact production' in flight". Er benutzte sogenannte *Krisenexperimente*, um an die flüchtigen Phänomene praktischer Handlungen im Vollzug heranzukommen, an Phänomene, die sich nicht per Interview vor oder nach der Situation erfragen lassen würden. Eine Krise wird z.b. gezielt verursacht, indem die ForscherIn sich weigert, im Gespräch mit ihren Forschungssubjekten Äußerungen auf ein gemeinsames Kontextwissen zu beziehen. Daraufhin entstehen Anstrengungen seitens der Beforschten, die Situation gelingen zu lassen. Garfinkels Krisenexperimente gehen von der Annahme aus, dass Sinnproduktion in dem und durch den Moment zustande kommt, in dem sie geschieht. Anhand der Ergebnisse eines seiner Experimente soll nun nach Spielregeln der *DMI* gesucht werden.

---

5 Die „flüchtige" Praxis sei nicht von ihrem vermeintlichen Resultat au s als eine angefertigte Interpretation oder ein aufgeführtes Dokument zu begreifen, schreibt Klaus Amann, sondern das Augenmerk sei auf die sich entfaltende kulturelle „Ordentlichkeit", auf das Interpretieren selbst zu richten (vgl. 1997: 302). Um dies dur chführen zu können, schlägt Amann vor, „den hermene utisch besetzten Interpretationsbegriff wegen seiner primär sinnrekonstruktiven Konnotation au fzugeben und statt dessen in ethnomethodologischer Weise von Darstellungswe isen zu sprechen, sobald die kulturelle Praxis als Produktionsform von Sinn betrachtet wird. Das soziologische Geheimnis soz ialer und kultureller Ordnung muss sich bei dieser Betrachtungsweise nicht hinter, so ndern in und an den Aktivitäten zeigen lassen" (304). Was Amann als Darstellungswei sen in den Blick nimmt, scheint mit dem vergleichbar, was Garfinkel als *dokumentarische Methode der Interpretation* betrachtet. Amann spricht davon, dass durch die Fokussierung der flüchtigen sozialen Pr ozesse „nicht nur die rekonstruktive Dimension" interp retierter Dokumente, sondern auch die sinnko nstruierende und konstruktive Dimension wissenschaftsalltäglicher Darstellungen zugänglich wird" (vgl. 317). Um dieses miteinander verknüpfte Konstruieren und Rekonstruieren geht es bei der *DMI*. Amann weist bei seiner Untersuchung molekularbiologischer Repräsentationspraxis unterschiedliche Da rstellungsrepertoires nach, in denen je nach Situationskontext auf spezif ische Weise Sinn generiert und performiert wird. Im Falle seiner Studie geht es um die Kontexte Textp ublikation, wissenschaftsalltägliche Darstellungspraxis, Repräsentationsarbeit am Labor, öffentl iche Performance und Umgang mit Fremden.

Ein Krisenexperiment zur DMI

Zu einer angeblichen Beratung werden 10 unterschiedliche Personen eingeladen. Der vorgebliche Berater sitzt in einem anderen Raum und antwortet auf Fragen der Versuchsperson nur mit „ja" oder „nein" und dies nach einem von den Fragen unabhängigen, vorab bestimmten Plan. Die Fragenden haben abwechselnd zwei Handlungsphasen durchzuführen: 1. Sie stellen eine Frage und hören sich die ‚Antwort' des angeblichen Beraters an. 2. Sie sprechen ihre Einschätzung der erhaltenen Äußerungen des Experimentators auf Band, bevor sie zur nächsten Frage übergehen. Anhand dieses Datenmaterials analysiert Garfinkel Merkmale der *DMI*, wie sie im Verlauf der gestörten Situation in Erscheinung treten (vgl. Garfinkel 1967: 89-94). Wie werden Dokumentieren und Interpretieren dabei konzipiert?

Garfinkel nennt als Ergebnisse seiner Studie: Es gelingt allen Teilnehmenden, aus der experimentellen Situation für sich eine ‚Beratung' zu machen und deren Inhalte auch zusammenzufassen und zu bewerten. Dabei werden die zusammenhanglosen Antworten des angeblichen Beraters als Antworten auf Fragen wahrgenommen, und es wird unterstellt, dass diese Antworten durch die vorangehende Frage motiviert sei. Direkt wird auf etwas geschlossen, was der ‚Berater' im Sinn habe. Die Teilnehmenden gehen bei ihren Entscheidungen davon aus, dass es zu erhaltende Antworten gibt und ihr Sinn durch aktive Suche zu finden sei. Sie unterstellen dem, was in der Situation getan wird, einen Sinn. Aus beliebigen Ja-oder-nein-Antworten machen die Teilnehmenden beim Managen der Situation ‚Ratgeben'.

Teilnehmende wiesen den in ihrer eigenen Frage formulierten Gedanken dem Berater als dessen Rat zu. So fragte beispielsweise jemand: „Sollte ich jeden Abend nach dem Abendbrot zur Schule kommen und studieren?" Experimentator: „Meine Antwort ist nein." Kommentar der TeilnehmerIn: „Er sagte, ich solle nicht zur Schule kommen und studieren." Daran wird nach Garfinkel sichtbar, dass Antworten ein **szenischer Ursprung** zugesprochen wird. D.h. es wird unterstellt, dass sich in dem was getan wird, ein sinnvoll zusammenhängendes Geschehen zeigt.

Weitere Fragen gehen aus einer Reflektion des vorherigen Situationsverlaufs und einer angenommenen zugrundeliegenden Problematik hervor. Fragen entstehen durch **Rück- und Vorausschau** auf die Möglichkeiten der momentanen Situation, wobei momentane Antworten den Sinn des vorangegangenen Austausches ändern können. Durch **Herausarbeitung eines zugrundeliegenden Musters**, das in jede Antwort eingebracht wurde, konnte der Verlauf der ‚Beratung' erhalten und herausgearbeitet werden, was ‚wirklich' geraten wurde. Situationsteilnehmer nehmen Bezug auf soziale Strukturen, die sie als tatsächlich oder potentiell in Gemeinsamkeit mit dem ‚Berater' bekannt behandeln und ziehen sie als Interpretationsschema zu Rate. Indem dem Sprechen des ‚Beraters' ein dokumentarischer Status der Evidenz jener normativen Merkmale zugeschrieben wird, auf die sich die Interessen der Fragenden beziehen, findet ein Bezug auf das angenommene Muster statt.

L'usage de la parole I   Rene Magritte: 1928-29

Als geteiltes Wissen vorausgesetzte Merkmale der Gemeinschaft werden als ein gemeinsamer Wissenskorpus angenommen, dem sich Fragende wie Antwortende zurechnen. So ist die Aufgabe, über das Gesagte des ‚Beraters' zu entscheiden, identisch mit der Aufgabe, seinen Worten eine als normal wahrgenommene Bewertung zuzuschreiben. Die *DMI* erzeugt in diesem Fall ‚Ratgeben' in Form eines kontinuierlichen Sich-zugehörig-Machens. Garfinkel spricht auch von „common sense situations of choice" und von einer wechselseitigen **„Unterstellung von Übereinstimmung"** (pretense of agreement) (vgl. Garfinkel 1973: 205).
Bei der Handhabung von ‚Antworten', die unvollständig, unpassend oder widersprüchlich erscheinen, gibt es eine Bereitschaft, auf spätere Antworten zu warten, um über den Sinn von vorherigen zu entscheiden. Unvollständigkeit von Antworten wird der mangelhaften Beratungsmethode zugeschrieben. Bei unpas-

senden Antworten wird angenommen, dass es Gründe dafür gibt; dem Berater wird Wissen und Absicht unterstellt. Antworten, die Sinn zu machen scheinen, werden dagegen als das, was der Antwortende rät, betrachtet. Bei widersprüchlichen Antworten können die Teilnehmenden die ‚Beratung' fortsetzen, indem sie entscheiden, der ‚Berater' habe inzwischen dazugelernt, bzw. sich entschieden, seine Meinung zu ändern oder der Fehler läge in der Art des Fragens und ein Nachfragen sei erforderlich.

Wenn Situationsteilnehmern die Möglichkeit der Täuschung erscheint, dokumentiert die Äußerung des ‚Beraters' das Muster *Betrug* anstatt das Muster *Beratung*. Die Beziehung zwischen einer Äußerung und einem zugeschriebenen zugrunde-liegenden Muster bleibt bestehen. Joseph Weizenbaum berichtet über sein Sprachanalyseprogramm *ELIZA*:

> Ich hatte damals ein Computerprogramm entworfen, mit dem man auf Englisch eine ‚Unterhaltung' führen konnte. Der menschliche Gesprächspartner tippte seinen Beitrag zur Unterhaltung auf einer mit dem Computer verbundenen Schreibmaschine, und der Computer, unter der Kontrolle meines Programms, analysierte die ihm auf diese Weise übermittelte Botschaft und stellte auf Englisch eine Antwort zusammen, die wiederum über die Schreibmaschine ausgedruckt wurde. (Weizenbaum 1977: 14f.)

Weizenbaum arbeitete an *ELIZA's* Sprechfähigkeiten:

> Da es in Gesprächen immer um irgend etwas gehen muss, d.h., da sie innerhalb eines bestimmten Kontextes stattfinden müssen, war das Programm als Zwei-Bänder-Anordnung konstruiert, wobei das erste Band aus dem Sprachanalysator und das zweite aus einem Skript bestand. (1977: 15)

Im Zusammenhang mit Garfinkels Experiment zur *DMI* ist weniger von Interesse, wie gut es *ELIZA* gelingt, anhand eines Skripts z.B. einen an Rogers orientierten Psychotherapeuten zu spielen, als vielmehr die Fähigkeiten der menschlichen DialogpartnerIn, daraus für sich eine psychotherapeutische Beratung zu machen. Beispiel aus dem ‚Gespräch' zwischen einer jungen Frau und *ELIZA* (Großbuchstaben) in der Rolle des Arztes (1977: 16):

> Na ja, die Idee zu diesem Gespräch stammt von meinem Freund.
> DIE IDEE ZU DIESEM GESPRÄCH STAMMT VON IHREM FREUND
> Er sagt, dass ich oft deprimiert bin.
> ES TUT MIR LEID VON IHNEN ZU HÖREN DASS SIE DEPRIMIERT SIND

Das stimmt, ich bin unglücklich.
GLAUBEN SIE DASS DIESES GESPRÄCH IHNEN HILFT NICHT MEHR UNGLÜCKLICH ZU SEIN
Ich brauche jedenfalls Hilfe, das steht fest.
WAS WÜRDE ES FÜR SIE BEDEUTEN HILFE ZU BEKOMMEN
Vielleicht könnte ich lernen, mit meiner Mutter auszukommen.
ERZÄHLEN SIE MIR MEHR ÜBER IHRE FAMILIE
Meine Mutter erledigt immer alles für mich.
WER IN IHRER FAMILIE ERLEDIGT NOCH ALLES FÜR SIE
Mein Vater.
IHR VATER.
Sie sind ein wenig wie mein Vater.
WELCHE ÄHNLICHKEITEN SEHEN SIE
Sie sind nicht besonders aggressiv, aber ich glaube, Sie möchten nicht, dass ich das beachte.
WAS LÄSST SIE VERMUTEN DASS ICH NICHT SEHR AGGRESSIV BIN
Sie streiten nicht mit mir.

Weizenbaums Anliegen war es, anhand ELIZA zu zeigen, wie wichtig der Kontext für das Verstehen einer Sprache ist.[6] Angenommen, die *dokumentarische Methode der Interpretation* sei eine Spielart des Dokumentierens, welche Hinweise auf Spielregeln liefern Garfinkels Ergebnisse? Die Spielzüge kreisen darum, eine Beziehung herzustellen zwischen einem verbalen oder körperlichen Ausdruck und der Zuschreibung eines Interpretationsmusters, von dem gesagt wird, es läge dem Vorgang zugrunde. Garfinkel schreibt mit Bezug auf Karl Mannheim:

> Gemäß Karl Mannheim beinhaltet die *Dokumentarische Methode* die Suche nach ‚einem identischen, homologen Muster, das einer weitgestreuten Fülle total unterschiedlicher Sinnverwirklichungen zu Grunde liegt'. Dies bedeutet die Behandlung einer Erscheinung als ‚das Dokument von', als ‚Hinweis auf', als etwas, das anstelle und im Namen des vorausgesetzten zugrundeliegenden Musters steht. Nicht nur wird einerseits das zugrundeliegende Muster von seinen individuellen dokumentarischen Belegen abgeleitet, sondern umgekehrt auch werden die individuellen dokumentarischen Zeugnisse auf der Grundlage dessen interpretiert, ‚was bekannt ist' über das zugrundeliegende Muster. Jede der beiden Seiten wird benutzt, um die je andere auszuarbeiten. (Garfinkel 1973: 199)

---

[6] Weizenbaum steht der Euphorie kritisch gegenüber, die dieses Experiment seinerzeit auslöste und die Überlegungen zu einer automatisierten Form der Psychotherapie beförderte. Mit Bestürzung stellte er fest, wie Personen „eine emotionale Beziehung zum Computer herstellten und wie sie ihm eindeutig menschliche Eigenschaften zuschrieben" (1977: 19).

DMI ist nicht als Interpretations- statt Dokumentationsmethode zu betrachten. Sie funktioniert durch ein situatives Ineinandergreifen von Dokumentieren und Interpretieren. *Dokumentarisches Interpretieren*[7] im Situationsvollzug operiert gleichzeitig mit Wissensbeständen („was bekannt ist" s.o.) und (re)produziert Wissen („von dokumentarischen Belegen abgeleitet" s.o.). Grundlegend scheint die Regel: **Jede der beiden Seiten wird benutzt, um die je andere auszuarbeiten.** Dies stellt ein *Sowohl-als-auch* dar, begründet jedoch keine paradoxe Struktur: Dokumentieren und Interpretieren werden nicht als sich widersprechend gedacht, sondern bedingen sich völlig und ohne Widerspruch. Indem sie sich wechselseitig erzeugen verschmelzen sie zu einem Deutungspaar. Alltagspraxis besteht in ihrem Kern darin, Darstellung und Dargestelltes zusammenfallen zu lassen.

Dies ist ein interessantes Phänomen: Elementare Alltagspraxis erzeugt keine Differenz zwischen Dargestelltem und Darstellung und produziert somit auch keinerlei Authentizitätsproblem. *Magische Authentizität* (Mohn, Strub und Wartemann 1998) nannten wir diese Kategorie des Darstellens, welche die Existenz einer autonomen Darstellungsebene nicht ins Spiel bringt und daher keinen Zweifel an der Darstellungstransparenz aufkommen lässt. Was wie ein Konzept aus lange vergangenen Zeiten anmutet, ist bei der *DMI* wieder zu entdecken als eine aktuelle und allgegenwärtige Praxis. *Dokumentarische Methode der Interpretation* erzeugt den praktischen Effekt des Selbstverständlichen. Alltägliche Verständigung gelingt, indem die in einer Situation erforderlichen Sinnstiftungsprozesse im Handumdrehen zu momentanen Abschlüssen gebracht werden. Die *DMI* leistet *schnelles Dokumentieren*. Aus der Sicht professioneller Forschungsstrategien ergibt sich dabei ein Gegenstandsbezug zu schnell, zu naiv. *DMI* anzuwenden bewirkt Gestaltschließungstendenzen, denn es werden Entscheidungen für jeweils nur ein Muster getroffen, über das Figur und Grund zusammengeführt werden. Dem Charakter der *DMI* entsprechend sind ihre Merkmale keine Frage einer methodischen Wahl, sondern sind bloß aufzuweisen als eine Art elementare Software des Gelingens sozialer Situationen. Messe ich die *DMI* dennoch an einer Spielart, so erscheint sie als ein „Interaktionsspiel", das von imperativen Regeln beherrscht wird.

---

7 Der Ausdruck *dokumentarisches Interpretieren*, den ich aus dem Konzept *DMI* ableite, fällt bei Garfinkel nicht. Garfinkel löst bei seinen Beobachtungen die *DMI* in diverse Praktiken auf. Mein Interesse ist es, diese Praktiken mit anderen Konzepten des Dokumentierens vergleichen zu können. Daher spreche ich von Regeln statt Merkmalen und von *dokumentarischem Interpretieren* als einem Verfahren. Ich provoziere damit bewusst die problematische Vorstellung, diese elementare Methode „anwenden" zu können.

DMI transformiert in Spielregeln

- Arbeite beim Spielen ein zugrundeliegendes Muster heraus.
- Bringe dieses Muster in alles, was beim Spielen geschieht ein, um den Spielverlauf abzusichern und um permanent herausfinden zu können, was gerade ‚wirklich' gespielt wird.
- Gehe davon aus, dass die Spielzüge aller Teilnehmenden das Muster des Spiels darstellen und herstellen.
- Unterstelle jedem Spielzug einen szenischen Ursprung, der ihn in dieser Form hervorbringt.
- Sollten die Mitspielenden sich gemessen an deinem Muster regelwidrig verhalten, so erhalte den Bezug ihres Tuns zu deinem zugrundegelegten Muster bei, und interpretiere ihre Äußerungen als Dokumente von Regelwidrigkeit.
- Spielzüge sollen durch Rück- und Vorausschau auf die Möglichkeiten des momentanen Spielstandes ausgewählt werden.
- Bei unklarem Spielstand ist es ratsam, einige Spielzüge abzuwarten, um über den bisherigen Spielverlauf rückblickend zu entscheiden.
- Nicht nachvollziehbare Spielhandlungen sind zunächst als absichtsvolle Strategien oder Strategiewechsel zu interpretieren bzw. als Reaktionen auf eigene unverständliche Spielzüge.
- Gehe davon aus, dass alle Mitspielenden einen gemeinsamen Wissensvorrat verfügen und treffe deine spielstrategischen Entscheidungen mit Bezug auf dieses geteilte Wissen.
- Spiele sozial, indem deine Spielhandlungen ein kontinuierliches Sich-zugehörig-Machen sind. Unterstelle und erwarte Übereinstimmung im Umgang mit dem Spiel.
- Achte bei der Beurteilung der Spielzüge deiner Mitspielenden darauf, dass deine Bewertung identisch ist mit der Entscheidung für ein Interpretationsschema aus geteiltem Alltagsverständnis.
- Im Spiel geht es um *common sense situations of choice*. Wer dies nicht beachtet, verliert seine Mitspielkompetenzen.

Erfolgreich *DMI* zu spielen, erfordert zweierlei: Zusammenspielen zu können und sich eignende Deutungsmuster anzuwenden, die während des Spielverlaufs aufrechterhalten und modifiziert zu werden: ein interaktives Gemeinschaftsspiel. Sein Titel könnte „Musterung" heißen, wobei jeder den anderen und alle gemeinsam den Situationsverlauf bemustern. Garfinkel stellt fest, dass die TeilnehmerInnen seiner Krisenexperimente weniger damit befasst waren, sich ein Hindurchsehen durch zu untersuchende Oberflächen vorzustellen, als vielmehr mit einer Situation zurechtzukommen (vgl. Garfinkel 1967: 96). Die an der Situation Teilnehmenden sind mit einem Managen von Deutungsmöglichkeiten befasst. Der Ausdruck *managen* verweist darauf, dass Sinnstiftung durch und durch mit konkreter Situationsbewältigung zu tun hat und insofern keine Angelegenheit einer allein am Gegenstand ausgerichteten Entscheidung ist.

Der Blick auf die *dokumentarische Methode der Interpretation* führt zu einer Variante des Dokumentierens, bei der es als Ergebnis keine Dokumente im Sinne einer materiellen Fixierung gibt. Dokumentieren bedeutet in diesem Rahmen, Sinn als außerhalb jeder Frage stehend zu erzeugen. Es handelt sich um eine Sozialform des Dokumentierens. Dieses elementare „Spiel" hat das Gelingen seines eigenen Ablaufs zum Ziel. Die Spielzüge ermöglichen es, trotz der Vagheit von Darstellungen zu kommunizieren. Sie funktionieren anhand wechselseitigen Dokumentierens und Interpretierens und anhand der gegenseitigen Unterstellung von Übereinstimmung. So kommt ein nicht reflektiertes Immer-schon-Wissen zustande und erweist sich als strategisch sinnvoll.

> The actors must be able to view the world in the same terms if they are to be able to co-ordinate their activities in relation to one another. At the end of the day, neither co-operation nor conflict can be managed by actors who cannot engage in co-ordinated activity. (Heritage 1984: 305)

Einigkeit: Die Differenz zur Alltagspraxis

Alltagspraxis wurde als ein *schnelles Dokumentieren* beschrieben. Die im Folgenden untersuchten Konzepte des Dokumentierens sind bemüht, diesem alltäglichen „fast realism" durch kulturwissenschaftliche Methodenlehre zu entkommen. Sie laufen dabei Gefahr, die Relevanz einer Alltagspraxis des Forschens aus dem Blick zu verlieren und geraten in einen Widerspruch zwischen ihren methodischen Gegenstrategien einerseits und den auch für kulturwissenschaftlich Forschende geltenden elementaren Praktiken andererseits. Dies wird im Kapitel *Alltag der Wissenschaft* zur Sprache kommen. Festzuhalten bleibt an dieser Stelle, dass *DMI* gleichermaßen unverzichtbar wie Anlass zu Gegenstrategien ist.

Die markante Differenz zwischen der *dokumentarischen Methode der Interpretation* und den kulturwissenschaftlichen Konzepten des Dokumentierens besteht darin, dass alltagspraktisches Handeln nicht von einer Authentizitätsproblematik ausgeht. Alltagspraxis macht sich kein Darstellungsproblem.[8] Eine Unschuld der AutorIn an der Darstellung muss von daher auch nicht bewiesen werden. Nicht einmal wird daran gearbeitet, die Autorschaft zu vergessen, sie tritt erst gar nicht ins Bewusstsein des Common Sense.

Während die eigene Alltagspraxis unter KulturwissenschaftlerInnen kein relevanter Gegenstand methodologischer Auseinandersetzungen zu sein scheint, stellen die als *starkes Dokumentieren* charakterisierten Vorstellungen Positionen dar, über die explizit gestritten wird. *Starkes Dokumentieren* scheint um die Unschuld der AutorIn an ihrer Darstellung zu ringen vor dem Hintergrund eines Wissens um ein prinzipielles Auseinanderfallen von Darstellungen gegenüber dem Dargestellten. *Starkes Dokumentieren* setzt dem schnellen ein langsames Dokumentieren entgegen und markiert auf diese Weise eine Differenz zum Alltagswissen.

---

8 Nach Christian Strub entsteht die Möglichkeit eines Authentizitätsproblems genau dann, wenn Darstellung keine Magie, d.h. reale Teilhabe am Dargestellten mehr ist. „Ursprünglich fallen Magie und Darstellung zusammen: Man bemächtigt sich des Gegenstandes durch die Darstellung. Die westliche Kultur kann (u.a.) dadurch definiert werden, dass sie in einem äußerst mühsamen Prozess Magie und Darstellung trennt" (Strub 1997: 7). Diese Betrachtungsweise kann ergänzt werden: Alltagspraktiken scheinen diese Standards westlicher Kultur zu hintergehen und sich mühelos einer Differenzierung von Magie und Darstellung zu verweigern. Die kulturwissenschaftlichen Konzepte des Dokumentierens hingegen sind nach wie vor in diesen mühsamen Trennungsprozess verwickelt.

2 Starkes Dokumentieren. Dokumentieren als Sinnstiftungsaskese

Beim *starken Dokumentieren* geht es im Gegensatz zum alltagspraktischen Dokumentieren nicht um die Herstellung von Selbstverständlichkeiten. Es geht um neues, ungewohntes, nicht selbstverständliches Wissen. Dies zu erzielen bedarf eines besonderen Aufwandes. Beim *starken Dokumentieren* besteht dieser Aufwand in dem Versuch, alltagspraktisches Wissen durch Interpretationsverzicht zu überbieten. Wie bei den anderen Konzepten des Dokumentierens soll auch bei diesem davon ausgegangen werden, dass es eine Lösung für bestimmte forschungspraktische Probleme darstellt. Zu untersuchen ist daher, was genau *starkes Dokumentieren* im Einzelnen ausmacht und wofür dies eine Lösung zu sein scheint.

Merkmale *starken Dokumentierens* werden zunächst anhand einiger Selbstdarstellungen von Dokumentarfilmschaffenden über ihre Vorstellung vom Dokumentieren herausgearbeitet. Dies mag im Rahmen einer Studie über kulturwissenschaftliche Methodik verwundern. Doch halte ich das dokumentarfilmische Arbeiten für eine Form empirischen Forschens. Beim Dokumentarfilm, auf den ich gewissermaßen anstelle der in Deutschland fehlenden *Visuellen Anthropologie* zurückgreife, treffe ich auf eine Professionalität im Dokumentieren, die bei den textproduzierenden Wissenschaften so nicht vorliegt und die zu untersuchen sich lohnt. In einem nächsten Schritt wird *starkes Dokumentieren* bei den Aufzeichnungsstrategien ethnomethodologisch orientierter Soziologie in Varianten wiederzuerkennen sein. Dort werden automatisierte Videoaufzeichnungen als Datengrundlage eingesetzt.

2.1 Transzendenz des Gegenstandes. Konzepte von Dokumentarfilmern

Das Buch *Dokumentarisch Arbeiten* (Voss 1996) dient als *Feldzugang* zu Konzepten von Dokumentarfilmschaffenden. Es handelt sich bei dieser Publikation um eine von DokumentaristInnen selbst hergestellte Publikation über ihr eigenes Tun, also um ein Teilnehmerdokument. Die Herausgeberin des Buches, Gabriele Voss, selbst Dokumentarfilmerin, gibt in der editorischen Notiz an, „die gesamten Gespräche in ihrer Originallänge" vertextet und dabei „nur unwesentlich bearbeitet" zu haben. Für unseren Zweck können wir die Herausgeberin vernachlässigen und uns mit den 7 Gesprächsdokumenten befassen. Geführt wurden die Gespräche mit europäischen Dokumentarfilmern[1] von Christoph Hübner, ebenfalls Dokumentarfilmer. Seine Gesprächsführung charakterisiert er als „Offenheit für das, was sich ergibt". In der Rolle eines Entdeckers hat sich Hübner von den Gesprächen überraschen lassen, z.b. davon, „wie sehr die dokumentarische Arbeit auch eine Arbeit von Autoren ist." Auch. In dieses Buch tauche ich im folgenden Abschnitt ein und bewege mich darin, um die Diskurse einer Dokumentarismuskultur in Erfahrung zu bringen und zu analysieren. Das Diskursmaterial wird befragt – es antworten Zitate. So entsteht eine Lesart des Buches, die ich literarisch komponiere. Ich führe meinen Interpretationsprozess vor. Zitate werden zum empirischen Material, werden selektiert, umgeordnet und anderen Zitaten gegenübergestellt, um den eigenen Wissensprozess voranzutreiben. Mit Videomaterial würde ich ähnlich verfahren.[2] Fragen an das Textmaterial sind: Wie stellen es sich die betreffenden Dokumentarfilmer vor, aus beobachtbaren Wirklichkeiten filmische Realitäten herzustellen? Wie lauten ihre Regeln dokumentarischen Arbeitens? Woran lassen sich Regelwidrigkeiten festmachen und was soll demzufolge gespielt werden?

Lesart des Buches ‚Dokumentarisch Arbeiten'

Ganz dem Klischee ethnologischer Forschungsmotive entsprechend, informiert mich beim Lesen ein Teilnehmer des untersuchten Stammes vorab: „Wir gehören einer aussterbenden Rasse an. Wir Dokumentaristen" (Dindo in Voss 1996: 29). Um was für eine Kultur handelt es sich? Was soll in welcher Form der nachdokumentarischen Welt überliefert werden? Mir begegnen Filmemacher im Diskurs. Es tut mir leid, ihnen nicht bei ihrem Tun über die Schulter schauen zu können. „Wenn meine Haltung in Ordnung ist, wird man das am Ende schon zusammenkriegen" (van der Keuken in Voss 1996: 89), schnappe ich nebenbei auf. Wie genau sieht die Ordnung einer Haltung aus, die „in Ordnung" ist?

Mein erster Eindruck im Diskurs-Feld: Aus den Selbstbeschreibungen der sieben Dokumentaristen lässt sich eine Art Verhaltenscodex herauslesen. Es geht um eine offene Haltung und um eine bestimmte Form, nicht zu wissen. Mein

---

[1] In diesem Fall sieben Männer. Es wird daher in diesem Teil von Dokumentaristen statt DokumentaristInnen gesprochen.
[2] Wissensprozesse durch Gestaltung von Videomaterial voranzutreiben, wird insbesondere im Kapitel *Alltag der Wissenschaft,* im Zusammenhang mit der Idee eines soziologischen Visualisierungslabors, Thema.

Transzendenz des Gegenstands 27

Lesen verbringe ich zunächst damit, den Geschichten zu folgen, die Dokumentarfilmer über sich und ihre Kultur erzählen. Zu Darstellungszwecken werde ich eine Moderatorin erfinden, die Gesprächsrunden arrangiert, bei denen sich Dokumentarfilmer (im Zitatformat) mit ihr zu unterhalten scheinen.[3]

Fiktive Gesprächsrunde 1: In der Rolle von Abenteurern und Entdeckern, Kindern und Flaneuren

Moderatorin:	*Heute bin ich zu Gast bei 7 der letzten Dokumentaristen und begrüße zunächst die Abenteurer und Entdecker.*
Koep 117:	*Jedes Mal ist es auch ein Experiment, ob das aufgeht, was man sich vorgestellt hat. (...) Man hat jedes Mal, bei jedem neuen Film, den man anfängt, eine Art von **Grundangst**. Es ist eben ein **Abenteuer**. Und das muss man versuchen zu erhalten.*
Koep 106:	*Wenn man irgendwo anfängt, weiß man nie, wo man am Ende sein wird. Wenn man sich genügend **offen** hält dafür, dass man etwas **erlebt** und nicht schon alles weiß.*
Wild 162:	*Man muss sich sehr anstrengen bei dieser Methode, dass man alles fernhält, das in etwa an einen Aufsatz erinnert, an ein journalistisches Konzept sich anschließt. (...) Ich habe versucht, mich und das Team, mit dem ich gearbeitet habe, offen zu halten, jeden Tag eine neue **Entdeckung** zu machen.*
Moderatorin:	*Es haben sich auch Kinder angekündigt zur Gesprächsrunde?*
Fran 77:	*Ich bin achtundsechzig Jahre alt, aber jedes Mal, wenn mir eine neue Idee kommt, bin ich wie ein **Anfänger**, wie ein **Schüler**. Ich habe keine Ahnung, wie man etwas machen muss. Ich suche und forsche. Und das ist das Beste, was ich von meinem Leben sagen kann.*
Koep 118:	*Man möchte natürlich, dass alles gut gelingt. Aber man muss sich wieder auf eine gewisse Naivität zurückschrauben. Es geht nicht anders. Man braucht jedes Mal auch eine gewisse Art von **Staunen**-Können.*
Moderatorin:	*Dort melden sich weitere Kinder und ein Flaneur zu Wort.*
Wild 180:	*Im Grunde genommen entspricht es nicht dem professionellen Verständnis, denn so darf Arbeit eigentlich nicht aussehen. Arbeit muss sich anders definieren und die Produkte auch. Wir **spielen** und machen obendrein noch ein Produkt, das dann Abnehmer findet. Das ist irgendwie frech.*

---

3 „Gesprächsteilnehmer" sind Jürgen Böttcher als (Bött), Richard Dindo (Dind), Herz Frank (Fran), Christoph Hübner (Hübn), Johan van der Keuken (Keuk), Volker Koepp (Koep), Peter Nestler (Nest) und Klaus Wildenhahn (Wild). Die Seitenangabe der Zitate bezieht sich auf Voss 1996.

Koep 114:	*Es geht darum 'sich treiben zu lassen'. Man schafft sich erst Mal einen filmischen Raum. Es kann eine Stadt sein oder ein Betrieb. Man **durchstreift** diesen Raum während der Filmarbeiten.*
Moderatorin:	*Lassen sie uns das Gespräch kurz unterbrechen und eine Warteminute einlegen.*

- Pause -

Die Zitatcollage führt einige der Rollen vor, in denen sich Dokumentarfilmschaffende *formatieren*. Abenteurer, Entdecker, Kinder und Flaneure haben gemeinsam, auf gewisse Weise überraschbar und aufgeschlossen für Neues zu sein. Es sind Rollen, in denen sie **die Noch-nicht-Wissenden** sind. Erzählen diese *starken Dokumentaristen* ihre Lebensgeschichten, so entsteht der Eindruck, diese Rollen seien ihnen auf den Leib geschrieben.[4] Die untersuchten Dokumentarfilmer heben erforderliche Eigenschaften hervor, die im Zusammenhang mit den obigen Formaten stehen: z.B. Unsicherheit aufrecht erhalten können; Staunen nicht verlernen; darauf verzichten, die Dinge fest im Griff zu haben; etwas mit sich geschehen lassen können.

Fiktive Gesprächsrunde 2: Der Augenblick als Kult

Moderatorin:	*Mir wurde erzählt, dass in Ihrer Kultur die Anbetung des Augenblicks von großer Bedeutung ist, dass sich um den Augenblick Gebete und Gebote, Erzählungen und Auslegungen ranken.*
Bött 15/16 (ein Gebet vortragend):	

*Dokumentarfilm ist so etwas wie **unmittelbare Realisation**.*
Beim Dokumentarfilm, wie ich ihn verstehe, gibt es nur den Moment.
Es ist das Verhältnis von enormem Leben, von momentanem Herzschlag,
und gleichzeitig die Übersetzung zum Dokument.
Diesen Schnittpunkt nenne ich magisch.
Ich nenne das den Klebstoff, der einen an die Sache bindet.

Wild 195:	*Rudolf Körösi war so angeregt von der ganzen Sache, dass er mit der Kamera Nahaufnahmen machte. Er begann auf ihrem Profil, mit einer Nahaufnahme, glitt auf das Klavier, auf ihre Hände runter, ging dann über das Klavier, über die Kante hoch auf die Tänzer, und dann ging er in die Unschärfe. Und er begleitete mit Kamerabewegungen, die sich der Musik anpassten, in der Unschärfe, die Bewegungen der Tänzer. Ein hochästhetisier-*

---

4 Vgl. Voss 1996 (Hg.): 40, 58, 77, 117, 152, 162 ff. und 195 f..

tes Bild, das er in dem Augenblick so empfand. Die Übungen waren nie sehr lang, dann wurden gewisse Akkorde angeschlagen, und man ahnte, sie näherte sich dem Ende. Dann ging er zurück in die Schärfe und war am Ende wieder bei der Klavierspielerin. *Das ist im Augenblick entstanden.* Da hat er das gemacht.

Moderatorin: *Dürfen Dokumentaristen im Namen des Augenblicks hoch-ästhetisierte Bilder produzieren?*

Wild 191: *Manchmal hatten wir dann im Auto das Radio an, vom BBC wurde irgendeine Pop-Sendung übertragen, und da lief eine Nummer von The Slade: We all join in, glaube ich. Ich habe den Ton eingeschaltet, um die Radiomusik aufzunehmen. Wir standen auf einer Eisenbahnbrücke. Und dann habe ich Wolfgang Jost, den Kameramann, förmlich gezwungen, von der Brücke auf die Gleise zu filmen. Das war der erste Blick, den wir hatten. Dann kam ein Zug. Also eine relativ bekannte Einstellung. Die ist im Film in ganzer Länge. Die Einstellung deckt sich dann auf, damit man nicht denkt, das sei Filmmusik, die wir reingebastelt haben.*

Moderatorin: *Sie filmen einen Zug bei Radiomusik*

Wild: *(...) das ist ein relativ einfaches Beispiel für die **Emotionalität des Autors**, der sich nicht ausdrückt, sondern in der Situation tut, was er gerade empfindet.*

Moderatorin: *Wir unterbrechen die Gesprächsrunde für einen Augenblick und konzentrieren uns auf den momentanen Herzschlag.*

- Pause -

Den Augenblick zu betonen, spielt eine gewichtige Rolle bei den Selbstbeschreibungen dieser Dokumentaristen. Wo Offenheit und Augenblick sich begegnen, entstehen ihrer Vorstellung nach authentische Dokumente. Mystifiziert wird der Augenblick durch Berichte, in denen die zeitliche Differenz zwischen einem sozialen Geschehen und seiner Darstellung auf Null gesetzt wird.[5] Das Zusammenfallen von Darstellung und Dargestelltem – bei der *DMI* wird es als eine alltagspraktische Konstruktion beschrieben – ist beim *starken Dokumentieren* eine Legende der Nichtkonstruktion, die Autorenunschuld erzeugt. Von Nichtkonstruktion zu sprechen wird in der Auseinandersetzung um erkenntnistheoretische

---

5 Vgl. Jürgen Böttcher (in Voss 1996: 15f.), der von enormem Leben, momentanem Herzschlag und der gleichzeitigen Übersetzung zum Dokument spricht. Dieses Ideal ähnelt einer automatisierten Aufzeichnung hinsichtlich der Unmittelbarkeitsvorstellung.

Annahmen als unrichtig oder naiv disqualifiziert, soll nun aber im Rahmen der praxeologisch-analytischen Betrachtung von Konzepten des Dokumentierens ernst genommen werden: Welchen Effekt übt es auf den eigenen Wissensprozess aus, nicht von der Vorstellung eigener Autorschaft auszugehen?

Ein Blick auf den Augenblick

Beispiel 1: Dreharbeiten
Klaus Wildenhahn beschreibt, wie sein Kameramann Rudolf Korösi aus einer Empfindung des Augenblicks heraus eine hochästhetisierte Einstellung dreht (vgl. Voss 1996: 195). Die Filmsequenz wird im Sinne eines *starken Dokumentierens* dokumentarisch, weil ihr ein bestimmter Herstellungsprozess unterstellt wird: die Entstehung in einer Art situationsgelenkter Trance und ihre Realisierung durch Improvisation. Unter einer Zeitlupe betrachtet, kann der Mythos des Augenblicks als eine interaktiv genutzte Zeitspanne rekonstruiert werden. Es handelt sich um eine zeitliche Sequenz, die zwischen Kameramann und dem Beobachteten gestaltet wird: Der Kameramann beobachtet **in** der Situation, dass die Übungen nie sehr lang sind und gegen Ende gewisse Akkorde angeschlagen werden. Er nutzt diese Taktung, seine Kameraführung kurzfristig zu planen und setzt Elemente der Situation als Regieanweisungen ein. Im Bewusstsein der ungefähren Dauer der Szene taktet er seine Nahaufnahmen und seinen Schwenk. Er orientiert seine Kamerabewegungen an der Musik und an den Bewegungen der Tänzer. Korösi produziert seine Idee in einem Zusammenspiel mit den beobachteten Tänzern. Improvisierend. Die Bezugnahme auf das Beobachtete, also sein In-der-Situation-Sein, soll die konkrete Idee der thematischen und ästhetischen Umsetzung hervorrufen. Demnach geht es nicht in einem wörtlichen Sinn um ein Nichtkonstruieren, sondern eher um ein Nicht-schon-Kennen der Inhalte, die durch dieses Verfahren zur Darstellung gebracht werden.

Beispiel 2: Filmschnitt
Auch im Schnittraum wird um den Zugang zu etwas gerungen, dessen Ursprung nicht das bereits Gewusste, nicht die vorab entwickelte Idee sein soll. Gabriele Voss beschreibt den Umgang mit dokumentarischem Material am Montagetisch als einen Versuch, sich seine Ordnungsvorschläge und Wahrnehmungskonventionen zu versagen und statt dessen die Bilder und Töne gewähren zu lassen. „Wenn sie sprechen könnten, die Teilchen, zu ihm, dem Monteur, dann würde es tönen: ‚Ich bin ich, nur für mich selber da, Niemandes Diener'..." (Voss 1998: 8). Auch der Filmschnitt wird aus einer Position des Nichtwissens heraus gedacht. Beim Schneiden werden alle Register gezogen, die sich eignen, das Materi-

al an sich selbst auszurichten und an den Augenblicken, in denen es abgespielt wird. Eher spielerisch als strategisch, eher durch Zufallseffekte als anhand von Bauplänen soll verfahren werden:

> Es wird ausgemustert, hinzugenommen, ein Haufen bunter Steine, geschüttelt, geworfen, bis wieder ein Muster fällt. Und auch darin wird noch herumgeschoben – der Versuch, dem Material gerecht zu werden – nicht den eigenen Absichten. Doch die Absichten sind stark und mächtig, drängeln sich immer wieder vor, mischen sich ein – und werden verjagt, bekämpft, befragt. Am Ende bleiben sie doch, die Absichten des Monteurs, selbst das Absichtslose ist nicht absichtslos. (Voss 1998: 8)

Dieses Zitat sagt etwas über den Charakter *starken Dokumentierens* aus: Es geht um den **Versuch**, dem Material gerecht zu werden, um eine Bemühung, Absichten zu verjagen.[6]

> Sich als Projektionsfläche hinhalten in die Welt, und durch die auftreffenden, versprengten Wahrnehmungsquanten leuchten Punkte auf der inneren Mattscheibe auf. Manche leuchten nach, heller oder dunkler, manche verglühen beim Aufprall und leuchten nicht zurück. (Voss 1998: 9)

Voss stellt sich DokumentaristInnen als eine subjektiv sensibilisierte Aufzeichnungsapparatur vor. Die Teilchen, aus denen Wirklichkeit besteht, werden nicht aufgeladen mit Sinn, sondern allein bestmöglich aufgefangen. Dabei gibt es Verluste, nicht aber Transformationen. Diese Vision wird beim Schnitt fortgeführt: „Der Monteur als Platzanweiser, weniger als Sinnstifter, schon gar nicht als Oberlehrer, der besser über die Teilchen/Quanten Bescheid weiß, als sie selbst" (Voss 1998: 9). Es wird daran gearbeitet, nicht zu früh Wissen über den Gegenstand zu behaupten. Dabei entstehen Filme, die Voss mit Bauwerken aus Steinen vergleicht, die „nicht mehr ungeschliffen, doch auch nicht ganz gefügig gemacht" wurden.

Der Augenblick der Beobachtung wird zu einer normativen Instanz *starken Dokumentierens*. Entwürfe, die nicht dem Augenblick des Drehens entspringen, also zeitlich **vor** dem Augenblick des Dokumentierens entstehen, gelten als illegitim. Dokumentarfilmer setzen ihre Kritik am Journalismus an diesem Punkt an: Das ihrem Konzept nach regelwidrige Verhalten von Journalisten besteht darin, Recherchen an Exposés auszurichten, die **vor** der zu dokumentierenden Situati-

---

6 Konzepte des Dokumentierens zu befolgen, kann eine „nützliche Fiktion" sein, so die These im 6. Kapitel.

on entworfen wurden.[7] Neue Ideen sollen stattdessen auf eine intuitive, spontane, emotionale Art und Weise in der Situation entstehen. Der Dokumentarfilmer Jürgen Böttcher spricht im Zusammenhang seiner Beschwörung des Augenblicks von einem „Klebstoff, der einen an die Sache bindet" und diese „Sache" scheint in jedem Fall etwas zu sein, das man noch nicht kennt.

Ideen am Schneidetisch, also **nach** dem Augenblick, gelten ebenfalls als suspekt. Jede Sinnstiftung könnte den imaginierten Eigensinn des Materials ersticken. Ideenproduktion soll demnach beeinflusst, wenn nicht sogar bestimmt sein durch etwas, das sich außerhalb des eigenen Kopfes ereignet. Ich werde im Folgenden vom „Jenseits-der-Idee" sprechen, das durch die Regeln *starken Dokumentierens* permanent als Vorstellung erzeugt wird.[8]

In den Beschreibungen der 7 Dokumentarfilmer verbergen sich klassische, auf Authentizität zielende Argumentationsfiguren. Volker Wortmann unterscheidet in seiner Dissertation *Authentisches Bild und authentisierende Form* drei Authentizitätsmodelle, die bereits in den vor-technischen Medien seit der Spätantike ausgebildet wurden: die acheiropoietische Bildentstehung, die asketische Transparenz des Malers und das gefundene Bild. Bei den acheiropoietischen Legenden einer Bildentstehung geht es um die Abwesenheit des Menschen im Darstellungsprozess, während die Transparenz des Malers in einem Bemühen besteht, eigene Darstellungsinteressen durch Askese von sich zu weisen (siehe Wortmann 1999: 67ff.).

> Zeitgleich mit den acheiropoietischen Legenden entwickelt sich ein zweites, alternierendes Konzept, bei dem Authentizität einer Darstellung nicht durch den Ausschluss des Malers, sondern gerade durch *ihn* und seine Integrität, also durch eine personifizierbare Urheberschaft garantiert werden soll. Die Grundidee beider Legendenstränge allerdings ist identisch. Sollte ein Bild, das offenkundig gemalt zu sein scheint, Authentizität für seine Darstellung beanspruchen, dann darf sein Maler nicht als willkürlicher Kunstproduzent in Erscheinung treten, sondern ausschließlich in der selbstlosen Funktion eines *transparenten Mediums*. (Wortmann 1999: 36)

---

7 Vgl. *Der Dokumentarfilm als Autorenfilm. Eine Umfrage des Hauses des Dokumentarfilms*, Stuttgart 1999. Darin zitiert Peter Zimmermann Harun Farocki: „Feature ist Bezeichnung geworden für das Verfahren, Dokumenten den Sinn abzupressen, den man am bequemsten gebrauchen kann; für das Verfahren, Bild- und Tonmaterial entweder so aufzunehmen oder so zu organisieren, dass man nur erfahren kann, was man schon wusste" (1999: 112).

8 Tilmann Borsche gab mir den Hinweis, besser von einem *Diesseits der Idee* zu sprechen. Starke DokumentaristInnen sehen ihre Dokumente in der Welt, und jede Sinnstiftung als eine Entfernung davon; Ideen sind jenseits des Gegenstandes gedacht. Dennoch entscheide ich mich für den Ausdruck *Jenseits der Idee*, um die Ferne zu betonen, in die durch starkes Dokumentieren der noch zu entdeckende Gegenstand gerückt wird. Mir geht es um eine Perspektive auf die Generierung von Wissen.

Der von den Dokumentarfilmern betriebene Augenblickskult steht im Zusammenhang einer asketischen Bemühung: der Zurückweisung vorab definierter Darstellungsabsichten. Implizit werden Beobachten und Aufzeichnen zu theorielosen und unmittelbaren Darstellungsweisen stilisiert. Kehrseite dieses Bestrebens ist eine Ignoranz gegenüber den eigenen konstruktiven Leistungen. Doch welchen Sinn macht genau diese Ignoranz im Rahmen ihres Konzeptes?

Fiktive Gesprächsrunde 3: Asketische Gebote

Moderatorin:	*Ihren Erzählungen nach gibt es einen Verhaltenskodex: Wissen und Wollen, Planen und Erwarten sind bis zu einem gewissen Grad zu unterlassen. Andererseits habe ich den Eindruck, dass es anstrengend ist, ja, dass sogar hart daran gearbeitet werden muss, diese Gebote zu bewerkstelligen. Lassen Sie uns zunächst über die **Begrenzung des Wissens** sprechen.*
Nest 136:	*Ich versuche, mehr zu wissen über die Sache, die ich filmen will, als ich später unterbringen kann in den wenigen Minuten. Und wenn man anfängt zu drehen, muss dieses **Wissen im Hinterkopf** sitzen, und man muss **offen sein** für alles, was man sieht und in Erfahrung bringt, entweder im Kontakt mit den Menschen oder mit dem Material.*
Moderatorin:	*Das ist interessant. Sie geben eine genaue Stelle des Körpers an, den Hinterkopf, an der das nicht aktivierte Wissen abgelegt werden kann, damit es den Empfang neuer Eindrücke nicht stört.*
Fran 77:	*Ich bin dankbar, dass ich kein Professioneller geworden bin. Professionell sein heißt: Es ist klar, wie man etwas machen muss, wie man montieren muss, wie man drehen muss. Eins zwei drei – und der Film ist fertig. Ich bin achtundsechzig Jahre alt, aber jedes Mal, wenn mir eine neue Idee kommt, bin ich wie ein Anfänger, wie ein Schüler. Ich habe **keine Ahnung, wie** man etwas machen muss.*
Koep 118	*2Man möchte natürlich, dass alles gut gelingt. Aber man muss sich wieder auf eine gewisse **Naivität** zurückschrauben. Es geht nicht anders. Man braucht jedes Mal auch eine gewisse Art von Staunen-Können.*
Moderatorin:	*Ihre Beiträge wiederholen sich. Sie bringen wieder die Rollen ins Spiel, in denen Sie sich vorgestellt haben und bei denen Unwissenheit Trumpf ist.*
Keuk 95:	*Man soll **nicht akademisch** sein. Stabiles Experimentieren. Oder in stabile Konventionalität.*
Wild 159:	*Das Moment der Improvisation muss in irgendeiner Form erhalten bleiben.*

Moderatorin:	*Kommen wir zum nächsten Punkt:* **Begrenztes Planen.**
Wild 161/162:	*Ich habe natürlich* **keine Pläne.** *Ich habe nur ein Thema und habe Menschen gefunden, mit denen ich dieses Thema realisieren will. Der Rest ist offen. Die Improvisation steht dem Planen geradezu entgegen. Ich lasse mich in der Situation, was sehr schwer ist,* **treiben.** *Mit der Zeit* **wächst** *dann die Gewissheit, weil sich Schwerpunkte ergeben. (...) Es ist aber beileibe nicht so, dass ich schon alles weiß, wenn ich in den Schneideraum komme.*
Keuk 89:	*Und jetzt denke ich, wenn meine Haltung in Ordnung ist, wird man das am Ende schon zusammenkriegen.(...) (ein Beispiel): Das Programm war nur: jeden Tag filmen wir etwas. Und erst später haben wir die* **Linie gefunden.**
Wild 160:	*Wenn man es von Anfang an nur darauf anlegt, das zu bekommen, was ich als Charme bezeichnet habe, als Artistik, Zauber, als meditative Momente, dann kippt man über in eine Form der Eitelkeit. Dann widerlegt man sich, oder das, worauf man abzielt, rutscht einem unter den Händen weg.(...)* **Ich ziele untergründig darauf ab,** *aber ich lege es nicht darauf an.*
Moderatorin:	*Stellen Pläne Ihrer Meinung nach den Augenblick in Frage?*
Fran 73:	*Die Karte (des Ptolomäus) wurde vor zweitausend Jahren verfasst. Ptolomäus hat* **keine Ahnung** *gehabt, dass die Erde eine Kugel ist. Dass Amerika irgendwo existiert. Dennoch hat man nach dieser Karte die Entdeckungen gemacht. Genauso ist es in unserer Arbeit. Wenn wir einen Dokumentarfilm machen wollen, dann haben wir eine Drehvorlage. Aber die Drehvorlage ist nur wie eine Karte des Ptolomäus. Im* **Prozess des Drehens** *entdecken wir unser Amerika, unser Land.*
Moderatorin:	*Vorläufiges Wissen und provisorische Pläne tolerieren Sie, wenn die Bereitschaft vorhanden ist, sie auch wieder zu verwerfen?*
Koep 115:	*Die relativ ungenauen Exposés, die ich vorher aufschreibe, sind eine Mischung zwischen Tagebuch und Beschreibung von Gesprächen über bestimmte Dinge des Lebens oder der Zustände. Meist mit irgendwelchen historischen Exkursen verbunden. Das bringe ich dann in einer Art Montage zusammen. Einfach auch, um mich ein bisschen zu konzentrieren.(...) Wenn wir zu drehen beginnen,* **dann benutze ich das nicht mehr.** *Es ist oft erstaunlich, wenn man es hinterher noch einmal liest, dass sich bestimmte Dinge, die man sich im Kopf vorgestellt hat, auch realisiert haben.*
Moderatorin:	*Hinterkopfwissen geht also untergründig in die filmische Darstellung ein. Mir ist aufgefallen, dass eines ihrer Gebote nicht als Unterlassung formu-*

	*liert ist: **das Warten.** Gehört diese Aktivität auch zu dem Know How des Nicht-Wissens?*
Hübn 8:	*Das Wartenkönnen auf den richtigen Moment, auf das richtige Licht, auf die Situation, in der sich etwas zeigt, das Wartenkönnen auf die kurzen **Augenblicke der Wahrheit**, nach denen man immer wieder sucht – ohne das ist dokumentarische Arbeit nicht vorstellbar.*
Moderatorin:	*Lassen sie uns das Gespräch für eine Weile unterbrechen und ein Hinterkopftraining durchführen.*

- Pause -

Die **asketischen Ideale** erzeugen die Vorstellung, sich in einer Situation treiben lassen zu können. Wildenhahn hebt hervor, dass dies schwierig ist. Die Metapher des Treibens verdeutlicht, worum es geht: in ein Element so eintauchen, dass man **durch es** bewegt wird. Das Treiben beschreibt eine Haltung, bei der es eher um den Körper in der Situation geht, als um den Kopf in der Interaktion. Enthaltsamkeit richtet sich in diesem Fall nicht auf die Körperlichkeit – um etwa den Geist zu sich selbst zu befreien — sondern geübt wird eine Art Geistesenthaltsamkeit: Der Körper soll von einem leiblichen Subjekt in ein Medium überführt werden, durch das sich der Geist des beforschten Gegenstandes zeigen möge. Diese Figur ähnelt dem asketisch selbstlosen Ikonenmaler, dessen heiligen Bilder als nicht von Menschenhand geschaffen erscheinen sollen: Sie „scheinen von Menschenhand, aber insgeheim ist Gott ihr Künstler..." (Belting 1991: 587 in Wortmann 1999: 46).

Der Bischof Palladius berichtet in seiner *Historia Lausiaca* – einer Vitensammlung östlicher Asketen aus dem frühen vierten Jahrhundert – von einem Mann namens Elpidius, der es zu einer solchen Leidenschaftslosigkeit gebracht hatte und am Leib von Kasteiungen derart „abgezehrt" war, „dass ihm die Sonne durch die Knochen schien" (Palladius 1912: 104; vgl. Angenedt 1994: 59) – und diese Transparenz muss man wörtlich nehmen. Ein Malermönch war lediglich Vermittler, der im Hinblick auf seinen Darstellungsgegenstand durchlässig zu sein hatte und dieses Ideal mit seiner asketischen Lebensführung einlösen musste. Nur so blieb die Kopie unverdorben, denn es konnte wohl sein, dass durch die „eigenen Phantastereien" und „abenteuerlichen Vorstellungen die Göttlichkeit" auf den Ikonen nicht dargestellt werde (zitiert nach Thon 1979: 105). (Wortmann 1999: 45)

Als Regeln zur Realisierung einer asketischen Haltung empfehlen die zitierten Dokumentarfilmer: Wissen vom Vorderkopf in den Hinterkopf verlagern. Absichten vom Vordergrund in den Untergrund verschieben. Die Rolle eines Unwissenden einnehmen. Exposés nur ungenau entwerfen und beim Drehen nicht benutzen. Warten auf Darstellungen, welche die Situation liefert: auf die *richtigen* Momente.⁹ Zufallsbeschwörungen sind ein weiteres Element der untersuchten Kultur des Dokumentierens: Du sollst nicht wollen. Lass es dir zufallen!

Fiktive Gesprächsrunde 4: Erleuchtungserlebnisse

Moderatorin:	*Ihrem Wunsch entsprechend soll es nun um Überraschungen gehen, sozusagen um die Ergebnisse asketischer Einstellungen und Verfahren. Sie haben das Wort!!*
Bött 17:	*Ganz wichtige Filme kommen auch vom Unterbewussten. Wie von einem Signalsystem. Ich will nicht sagen im Traum, aber in schlaflosen Nächten.* **Auf einmal leuchtet auf:** *Du wirst über Rangierer etwas machen.*
Dind 44:	*In dem Film Che Guevara habe ich eine Frau interviewt in der Schule, in der Che Guevara erschossen wurde. Das war die letzte Person, die mit ihm gesprochen hat. (...) Einen Tag bevor wir filmten, ist ihr Onkel gestorben, mit dem sie eine enge Beziehung hatte. Sie war traurig und kam in Schwarz. Das war dann sehr schön, dass diese Frau in Schwarz dasteht und vom Tod, von der Erschießung Che Guevaras erzählt. Das war eben ein* **Zufall.** *Es wäre mir nicht in den Sinn gekommen, der Frau zu sagen: "Kommen sie in Schwarz!"*
Moderatorin:	*RezipientInnen Ihres Films könnten nicht unterscheiden, ob sie wegen ihrem Onkel, wegen Che Guevara oder wegen ihrer Regieanweisung in schwarz kommt. Wenn ich Sie richtig verstehe, legen Sie Wert auf darstellerische Effekte, die nicht auf ihre Regie zurückzuführen sind. Ein weiterer Fan des Zufalls meldet sich zu Wort:*
Wild 170:	*Die Art und Weise, wie Cage seine Geschichten erzählt und sie gleichzeitig auch vertont, wie er alltägliches, banales Material als Musikmaterial betrachtet, wie er auf den Zufall setzt, wie er in ein Konzert Zufälle mit ein-*

---

9 Susan Sontag zitiert in einem Kapitel mit der Überschrift *Fotografische Evangelien* Cartier-Bresson: „'Das Denken sollte vorher und nachher stattfinden', sagt er, ‚niemals jedoch unmittelbar während des Fotografierens.' Denken wird als Trübung des Bewusstseins des Fotografen betrachtet und als Verletzung der Autonomie dessen, was fotografiert wird. Entschlossen zu beweisen, dass Fotografien das getreue Abbild der Wirklichkeit transzendieren können - und es, sofern sie ‚gut' sind, auch in jedem Fall tun -, haben viele ernstzunehmende Fotografen die Fotografie zum intellektuellen Paradoxon gemacht. Fortschrittliche Fotografie ist eine Form des Wissens ohne zu wissen: eine Methode die Welt zu überlisten, statt sie frontal zu attackieren" (Sontag 1977/1995: 112).

	baut, unterschiedliche Störungen, wie er Einbrüche zulässt, das alles gefiel mir sehr.
Moderatorin:	*Ich habe von Erleuchtungserlebnissen im Schnittraum gehört. Wie gehen Sie mit dem gefilmten Material um?*
Wild 161/162:	*Dann sichte ich noch Mal das Material, versuche, mich **ganz offen** zu halten. Wenn ich es drei-, vier-, fünf-, ein halbes Dutzend Mal gesichtet habe, dann auch mit der Cutterin, dann heben sich **plötzlich Strukturen** heraus. Dann tritt etwas an die Oberfläche. Eine Insel durchbricht die Meeresoberfläche. Das sind die Spitzen, die man eher blitzschnell erfasst. Und dann hat man **plötzlich ein Konzept**, stellt einen Rohschnitt her. Und daran feile ich dann herum. Man muss sich sehr anstrengen bei dieser Methode, dass man alles fernhält, das in etwa an einen Aufsatz erinnert, an ein journalistisches Konzept sich anschließt.*
Moderatorin:	*Ich möchte die Gesprächsrunden für heute beenden und freue mich auf das morgige Zusammentreffen mit Ihnen.*

In einer Verfassung des Noch-nicht-Wissens konzipieren die untersuchten Dokumentarfilmer ihren Zugang zum Gegenstand als permanenten Zufall. Es ist von Bedeutung, *plötzlich* ein Konzept zu haben. Die Berichte führen eine *Methodizität des Zufalls* vor.[10] Damit ist gemeint, dass die Bedingungen dafür, dass Zufälle passieren können, systematisch erzeugt werden. Das, was man tut, muss von einer Form sein, bei der sich Zufall als Zufall ereignen kann. Eine elementare Form der Zufallskonstruktion könnte sein: „Ich machte gerade X, da geschah plötzlich Y." Bei *starken Dokumentaristen* wird Zufall vor dem Hintergrund einer disziplinierten Offenheit wahrgenommen. Die Kunst, sich offen zu halten und warten zu können, ist eine Vorbedingung des Zufalls. Als zufallsgenerierendes Format könnten Formulierungen in Frage kommen wie: „Ich befand mich in konzentriertem Halbschlaf – nichts beabsichtigend, ziellos suchend – als plötzlich...".

Es geht bei den asketischen Praktiken nicht allein um Unterlassungen, sondern um ein Know How: Zu warten ist ein Warten-Können. Sich offen zu halten ist anstrengend. Es erfordert Arbeit, das Sinnstiften hinauszuzögern. Noch nicht

---

10 Jörg Bergmann analysiert in seiner Studie *Alarmiertes Verstehen: Kommunikation in Feuerwehrnotrufen* (1993) Konversationsformate, die Authentisierung betreiben. Formate wie „Und wir sitzen abends. Mit einmal bumst es..." erzeugen methodisch Zufall und ein Unbeteiligtsein an der Hervorrufung des Ereignisses. Auch Alois Hahn beschäftigt sich mit organisiertem Zufall, so bei seinem Vortrag *Über die Inszenierung von Unabsichtlichkeit* (3.7.1999, Graduiertenkolleg *Authentizität als Darstellungsform*, Universität Hildesheim).

zu wissen wird als eine Leerstelle entworfen, in die sich etwas einschreiben kann. Dieser Inskriptionsvorgang, bei dem sich Dokumentarfilmer von ihrem Feld be(ein)drucken lassen, soll nicht durch Pläne und Absichten gestört werden. Unterlassungen sind eine Technik, sich auf Empfang zu schalten.

Das Foto aus dem Wildenhahn-Film *Bandoneon I* zeigt Klaus Wildenhahn in der Haltung, die er als Dokumentarist vertritt: Tonband und Mikrofon sind eins mit seinem Körper und unaufdringlich aufnahmebereit gegenüber dem Bandoneonspieler Karl Oriwohl. *Starke DokumentaristInnen* entwerfen sich als etwas Offenes, Leeres, das auf etwas wartet.[11]

---

11 Voss widerspricht es, ein Konzept starken Dokumentierens zu formulieren: "Das ist nicht der Arbeitsprozess, nach Konzepten vorzugehen. Studenten bringen wir nicht Konzepte bei, sondern dass man ins kalte Wasser springen muss. (...) Wir sagen nicht: ‚Ich verfolge das Prinzip Offenheit.' Konzept klingt so nach Konsistenz. Es geht eher um Chaostheorie" (15.11.2000). Als starke Dokumentaristin verweigert Voss den Gedanken, kein Konzept zu haben könne ein Konzept sein und wehrt meinen Versuch, die Argumentationslogik von Konzepten des Dokumentierens in Schärfe zu beschreiben, vehement ab. „Da muss auch Unschärfe sein. Es geht um die Wahrnehmung des Lebens, nicht um Methode." Am Prinzip Konzeptlosigkeit scheiterte mein Versuch einer gemeinsamen Meta-Reflexion.

Auf Empfang sein

Indem sich die beforschten Dokumentarfilmer wie eine Empfangsstation beschreiben, erschaffen sie gleichzeitig eine Außenwelt. Das Warten und auf Empfang gestellt sein impliziert eine Form von Autorlosigkeit: Du sollst nicht senden. Eine einseitige Interaktion mit dem Beobachtungsgegenstand wird entworfen: Das Andere soll sich entfalten können, das ferne Jenseits-der-Idee. Dies ähnelt einer Beschreibung von Jaber Gubrium und James Holstein, die sich am Beispiel der Studie *Street Corner Society* (Whyte 1943) mit *Naturalismus* befassen. "Whyte believes that his informants can figuratively cross the border, bringing with them reports that describe accurately and authentically what is on the other side" (1997: 103). Die Problematik des Auseinanderfallens von Darstellung und Dargestelltem wird anhand der Vorstellung überbrückt, dass InformantInnen ihre Berichte über die Grenze zwischen Realität und Repräsentation tragen.

Fiktive Gesprächsrunde 5: Vergötterung der Welt

Moderatorin	(liest auf ihrem Spickzettel die Notiz Autor-loser[12], sagt dann aber:) *Ich freue mich, dass Sie sich heute die Zeit nehmen, mir ihre Gottheit näher zu bringen, die Wirklichkeit.*
Fran 68:	*Ich will das Leben strömen lassen **ohne meine Hilfe**. Ich muss nur an dem Ort und in der Zeit sein, wenn etwas sehr Wichtiges im menschlichen Leben passiert. Dann kann man schon einen großen Fisch fangen.*
Moderatorin:	*Meinen Sie damit, dass das Feld zum Autor wird?*
Fran 75:	*Nimm z.B. den Film „10 Minuten Älter". Es gibt keinen Schnitt in diesem Film – die Realität hat **ihren eigenen künstlerischen Wert**.*
Moderatorin:	*Sie wollen mich davon überzeugen, dass die wahren Künstler vor und nicht hinter der Kamera sind?*

---

12 Starke DokumentaristInnen als „Autor-loser" zu bezeichnen ist ein Vorwurf von außen, der den Kern ihres Anliegens verfehlt, sich für ihren Beobachtungsgegenstand zu öffnen. Im Rahmen ihrer eigenen Strategie betrachtet, sind sie keine LoserInnen, indem sie ihre Autorschaft zurückstellen, sondern in Bezug auf ihre Spielart erfolgreich! Die in den Texten aufgespürten naturalistischen Konnotationen sollen nicht dazu verleiten, die SprecherInnen durchweg als naive NaturalistInnen zu denunzieren, wie es im kulturwissenschaftlichen Methodenstreit üblich ist. An dieser Stelle geht es um den strategischen Nutzen einer Methodologie starken Dokumentierens, die im Übrigen virtuos von Leuten vertreten wird, die auch andere Spielarten des Dokumentierens beherrschen (vgl. 6. Kapitel).

Bött 23:	Es ist ein **schöpferischer Akt**, sich in einer bestimmten Weise filmen zu lassen.
Moderatorin:	Sie z.B. sprechen den Personen vor der Kamera artistischen Zauber zu, Herr W.
Wild 160:	Wobei das nicht die Artistik des Bällewerfens ist, sondern **das artistische Moment der Person**. Sei es ein Landarbeiter, der jeden Morgen seine Uhr rausholt, es ist eine Uraltuhr, die legt er auf den Tisch und klappt sie auf. Dann sammelt er einen Augenblick für sich noch Mal Ruhe, bevor er zur Arbeit geht. Das nenne ich die artistischen Momente der Person. Das ist für mich das Wichtigste am Filmemachen. Das zu entdecken und das zu finden.
Moderatorin:	Hinter der Kamera scheinen Sie mir Suchtrupps zu sein, die – ich zitiere aus ihren Erzählungen – "strömen lassen, einkreisen, hervorholen, aufdecken".
Nest 133:	Nicht mit der Kamera etwas Neues schaffen!
Bött 24:	Es ist so, als ginge man an einen Fluss mit einer **Schöpfkelle** und sondiere, was man in dieser Kelle hat. Eine Kaulquappe, ein Stück verwesendes Papier, eine Alge.
Moderatorin:	Sie sind ja selber auch Beobachter und Autoren, vielleicht auch Künstler. Wie treten Sie denn zu dieser Wirklichkeit, die sie so stark machen, in Bezug? Aus Ihren Berichten weiß ich, dass Sie reine und unreine Dokumentaristen unterscheiden. Wie ist das gemeint?
Keuk 86:	Kompositorisch gesehen handelt es sich nur um Fiktion. Wir haben nur, was auf dem Bildschirm ist. Es ist eine **unreine Komposition**, weil die anderen Dinge aus dem Leben mit hineinspielen. Das macht es auch so spannend. Dass es auch da nicht stabil ist.
Wild 179:	Ich vermute, dass das, was ich Kulturfilm nenne, die Überhand gewinnt im dokumentarischen Machen gegenüber dem anderen, **schmutzigen, etwas verdunkelten, improvisierenden, manchmal dilettantisch aussehenden** cinéma vérité.
Moderatorin:	An "Kulturfilmen" stört sie was genau?
Wild 179:	Kulturfilme in dem Sinne, dass der Regisseur oder Autor doch wieder **seinen Stoff** beherrscht und ihn schön macht. Nur schwindet dadurch das Moment, das ich versucht habe zu beschreiben, das Improvisieren, die Spontaneität, das Einfangen der Unmittelbarkeit.
Moderatorin:	"Unreine Kompositionen" sind also nicht völlig vom Autor beherrscht.
Wild 165:	Das journalistische Herstellen von Realität war für mich wie das Herstellen kleiner Spielfilme.

Dind 23:	*Meine ganze Arbeit dreht sich um dieses Problem der Wiederherstellung des Vergangenen. Deshalb bin ich ein **unreiner Dokumentarist**. Dokumentieren heißt eigentlich: filmen, was sich vor der Kamera abspielt im Augenblick.*
Moderatorin:	*Gibt es Vorbilder, an denen sich ein Dokumentarist orientieren könnte, um in angemessener Form als Autor zurückzutreten?*
Bött 24:	*Van Gogh hat alte Schuhe gemalt und ein paar Kartoffeln auf dem Tisch. Er hat das Geringste durch seine große Empfindungskraft kunstfähig gemacht. Das hat ganz viel mit Dokumentarfilm zu tun. (...)Diese Beziehung zur lebendigen Welt, diese Fähigkeit, fast bis an die Sterne zu rühren und gleichzeitig **die Füße im Dreck zu haben**. Ich liebe alle Kunst, die diese Dialektik nicht außer acht lässt.*

Unterbrechung der Gesprächsrunden durch eine Pause, in der man entweder seine Füße in ein Schlammbad taucht oder an einer Kompositionsübung teilnimmt, bei der permanent gestört wird. Beides wird mit einem Erfahrungsaustausch abgeschlossen. Die Moderatorin entschied sich für das erste Angebot und hörte neben sich Herrn B. zu seinem Nachbarn sagen:

Bött 14:	*Ich hätte im Dokumentarfilm nicht durchgehalten, wenn ich nicht die Malerei gehabt hätte. Insofern hat die Malerei für mich die Bedeutung einer Batterie. Ich bin da auf einem Terrain, wo ich **ganz und gar ich selbst bin**.*

Das Dokumentarische gilt als *kompositorisch unrein*. Im Gegenzug gilt als *dokumentarisch unrein*, wenn eine Komposition anstelle eines Registrierens des Augenblicklichen tritt. Untersagt ist die Beherrschung des Gegenstandes durch die Autorschaft. Dies zu erfüllen, kann als ein Zuviel an Selbstlosigkeit empfunden werden.[13] Die Spielart *starkes Dokumentieren* spricht gewissermaßen dem Feld der Beobachtung eine Autorschaft zu, die jedoch ohne die starke DokumentaristIn nicht zur Darstellung kommt. Dies erinnert an das Authentizitätsmodell der gefundenen Bilder, das Wortmann am Beispiel verborgener Darstellungsstrukturen erläutert, „die man in Steinformationen, Marmorierungen oder verfallenen Wänden zu finden glaubt. Hier werden die Ebenen authentischer Darstellung

---

13 Um dem hohen Maß an geforderter Zurückhaltung zu entkommen, liebäugeln Dokumentarfilmautoren hin und wieder damit, das Genre zu verlassen und sich als Künstler zu verstehen. Kunst wird dabei in Opposition zum Dokumentarfilm gesehen.

und künstlerischer Kreation ineinander verschränkt und notwendig aufeinander bezogen. Denn es braucht den Künstler, um die zufälligen Strukturen seiner Umgebung als das latent schon vorhandene Bild der Natur zu entdecken und die natürlich geformte Darstellung ästhetisch auszuformulieren. Die so evozierte Darstellung ist nicht allein Bilderfindung des Malers, also kein unverwechselbarer Ausdruck seines Gestaltungswillens, jedoch auch nicht authentisches Bild in Form kunstloser Darstellung" (Wortmann 1999: 69).

Gegenstandsvorlieben
Soll das Feld Autorschaft ausüben, muss es sich folglich auch dazu eignen. Dokumentarfilme – und insbesondere ethnographische Filme – sind traditionell an Gegenstandsbereichen orientiert, die *starkes Dokumentieren* ermöglichen. Sie kreisen häufig um Themen, die mitsamt ihrer Geschichte vorzufinden sind. Klassische Themen des ethnographischen Films sind Rituale, Zeremonien und Feste. Ritualisierte Geschehnisse liefern eine Art autopoietisches Skript, an dem sich eine filmische Aufzeichnung orientieren kann. „Wenn man ein Ritual filmt, zeichnet man in gewisser Hinsicht Theater auf. Der Text existiert schon und ebenso die Besetzung und die Bühne. Die Aufgabe der Kamera besteht ganz einfach darin, die Schauspieler dabei zu filmen, wie sie ihre öffentlich vorgeschriebenen Rollen in dem Ritual ausagieren" (Ivo Strecker 1984: 88). Ethnographie zu betreiben gleiche dem Versuch, ein Manuskript zu lesen, das nicht in Lautzeichen, sondern in vergänglichen Beispielen geformten Verhaltens geschrieben sei, schreibt Clifford Geertz (vgl. 1983: 159).

Eine andere beliebte Methode besteht darin, sich von InformantInnen der beforschten Kultur die gesuchte Geschichte im O-Ton erzählen zu lassen. Es gibt beim dokumentarischen Filmen eine Vorliebe für darstellungsdichte Momente. Gelauert wird auf ein Ereignis, dessen Eigendramaturgie eine Regie bei der Aufzeichnung weitgehend überflüssig macht und das durch eine lange Kamera-Einstellung eingefangen werden kann. Herz Frank beispielsweise bevorzugt Themen, bei denen sich seine Protagonisten in Extremsituationen befinden. Ihre Emotionen sorgen für anhaltend spannende Szenen.[14] Die in diesem Kapitel diskutierten film-dokumentarischen Aufzeichnungsstrategien interessieren sich jedoch hauptsächlich für einen anderen Gegenstandsbereich: für das Alltägliche. Bevorzugt werden Themen, die von den Mainstream-Darstellungen in Wissenschaft und Medien nicht erfasst werden. Es geht um alltägliche Lebensbedingungen; um die raffinierten Konstruktionen alltäglichen Handelns.

---

14 Vgl. Voss 1996: 67f..

Transzendenz des Gegenstands

aus: *Ein kleiner Film für Bonn*, Wildenhahn 2000

Egon Netenjakob, der an einer Dokumentarfilmproduktion Wildenhahns teilnahm, berichtet: „Der Zwang, dem ich mich an diesem Tage habe unterwerfen lassen, besteht darin, ein ganz schäbiges, unscheinbares Stückchen Alltag, wie es millionenfach vorkommt, zu beobachten. Und mit solch permanenter Anspannung und Neugier, mit solcher Intensität, als ob es sich um einen Bühnenvorgang handelte" (Netenjakob 1984: 15).

Die situationsoffenen Verfahren *starken Dokumentierens* eignen sich für eine Erforschung von Produktionsprozessen, sei es auf einer Baustelle, im Tanzstudio oder bei einer Gerichtsverhandlung.[15] Es geht darum, einem Gegenstand und seiner als verborgen angenommenen Geschichte auf die Spur zu kommen.

---

15 Über Filme von Wildenhahn schreibt Netenjakob: „498, Third Avenue: der Film über Künstler. In der Fremde: der Film über Arbeiter. Zwei Grundthemen in zwei parallel entstandenen Filmen. Vielleicht: die ‚Klassiker' des Klaus Wildenhahn. Sie zeigen – in strenger Chronologie – Menschen, die produzieren: eine Choreographie, einen Silo" (Netenjakob 1984: 205). *Studies of Work* gehören zu den Gegenstandsvorlieben ethnomethodologischer Forschung (siehe Bergmann in Flick u.a. (Hg.) 1991: 269f.). Thematisiert wird dabei anstelle von Lehrbuchwissen die „gelebte Ordnung" (Garfinkel) von Arbeitsabläufen.

aus: *Ein kleiner Film für Bonn*, Wildenhahn 2000

Interaktionen mit dem Feld-als-Autor

Um zu überprüfen, wie sich die untersuchten Dokumentarfilmer eine Bezugnahme auf ihren Gegenstand vorstellen, wird die Metapher *Empfangsstation* an dieser Stelle ausgewechselt gegen die Metapher *Beziehung*. Der Beobachtungsgegenstand wurde über die asketischen Praktiken als ein starkes Gegenüber etabliert. Dies eröffnet ein ungleiches Beobachtungsverhältnis, bei dem der Gegenstand als dominanter Part der Beziehung immer das zu Beobachtende vorgibt. Die Diskursbeobachtung deutet darauf hin, dass Dokumentarfilmer sich eine Beziehung zu ihrem Beobachtungsgegenstand vorstellen.

Fiktive Gesprächsrunde 6: Beziehungsformen

Moderatorin:	*Sie haben mir mittlerweile viel über die Werte Ihrer Kultur erzählt, insbesondere über Ihre Religion. Mich interessiert abschließend, wie Sie Ihren Glauben leben.*
Dind 38:	*Die Leute, die ich porträtiere, sind wie meine Familie. (...) Ich konstituiere mich als Sohn oder Bruder meiner Darsteller. Ich habe immer eine familiäre Beziehung zu ihnen, identifiziere mich mit ihnen.*

Transzendenz des Gegenstands 45

Dind 39: *Wenn ich jetzt den Film mache mit dem Dichter in Südafrika, und wenn ich seine Bücher lese, habe ich den Eindruck, dass auch er wieder meine Philosophie definiert. Alles, was er sagt, denke ich auch. Verstehe es, glaube, es zu verstehen. Und das gibt mir die Möglichkeit, ihn richtig darzustellen, damit auch er sich erkennt und seine Wahrheit wiederfindet in meinem Film.*

Moderatorin: *Das sieht mir nach einer Symbiose aus: es gibt keine Differenz mehr zwischen dem, was Sie denken und sagen und Ihrem Beobachtungsgegenstand?*

Dind 39: *Ich versuche nicht nur, unter den Augen meiner manchmal toten Darsteller zu filmen, ich versuche auch, ihren erloschenen Blick wieder zum Leben zu erwecken. Ich gehe also an Örtlichkeiten ihres Lebens, an die tatsächlichen Schauplätze, und versuche, **mit ihren Augen** diese Örtlichkeiten zu filmen. Ihren Blick zu reproduzieren.*

Moderatorin: *Die Autorschaften verschmelzen: Sie sehen durch seine Augen?*

Dind 32: *Dieser Mann, diese Frau, die ich im Begriff bin zu filmen, die überleben dank meines Films.*

Fran 71: *Sein Leben wurde verlängert, weil Dokumentaristen da waren.*

Moderatorin: *Wenn das so ist, dann besteht eine Symbiose zwischen Leben und Film. Die Darstellung verschmilzt mit dem Dargestellten. Hier wird Magie ins Spiel gebracht.*

Bött 15: *Der Dokumentarfilm, wie ich ihn verstehe, kann diesen Kristallisationspunkt zeigen, wo Menschen aufeinandertreffen und eine Fremdheit überwunden wird durch ein staunendes Gegenüber, indem jeder etwas gibt und zurückhält.*

Moderatorin: *Aha, es scheint Widerspruch in der Runde zu geben. Begegnung ist ein anderes Konzept als Symbiose.*

Fran 71: *Man kann einen Film auch wie einen Tanz machen, indem man improvisiert und das Leben eines anderen Menschen miterlebt, auch in den tragischen Momenten.*

Wild 196/197: *In dem Moment, wo ich über eine Musik an Menschen denke, mit denen ich zusammen war, stellen sich plötzlich viele Figuren her, die ich gefilmt habe. Und plötzlich bin ich mit ihnen in einer Form von Reigen. Plötzlich umgeben sie mich, und es ist, als ob man gemeinsam die Figur eines Tanzes entwickelt. Plötzlich ordne ich, der Beobachter, mich ein. (...) Ich habe mit ihnen sehr intensiv gelebt und bin weitergegangen, wie ja jeder weitergeht.*

Moderatorin: *Es gibt in Ihrer Kultur Tanzpartnerschaften und Lebensabschnittspartner.*

Bött 15:	*Es kommt darauf an, wie man zusammen empfindet. In welcher Weise nicht nur der Kameramann, sondern auch der Assistent und der Tonmeister inspiriert sind, dass sie gefühlsmäßig nicht nur nicht stören, sondern mitklingen. Klaus Wildenhahn hat einmal gesagt, im besten Falle sei Film für ihn wie **eine Art gemeinsamer Tanz.***

Kleine Unterbrechung der Gesprächsrunden, bei der Jazzmusik im Hintergrund erklingt und Handspiegel ausgeteilt werden.

Moderatorin:	*Bis jetzt haben Sie mir unterschiedliche Beziehungsmodelle vorgestellt. Was mich darüber hinaus interessiert – wie gehen sie denn konkret mit ihrem Gegenüber um?*
Keuk 82/83:	*„**To take something at face value**" meint, etwas nehmen, wie es kommt, ohne es einzuordnen. Es ist so etwas wie ein fast unbelasteter Blick. Für einen Moment akzeptiert man, das, was man sieht, sei so. (...) Was es zunächst gibt, das ist bloß dieses „face value", diese taktile materielle Anwesenheit. (...) Konstruktion ist sehr wichtig, aber sie ist nur wertvoll, wenn sie in Beziehung steht zu diesem Moment des reinen Wahrnehmens.*
Wild 168:	*(...) dass sich so etwas wie ein sinnloses, nicht gezieltes Aus-dem-Fenster-Sehen in meinen Filmen finden lässt. Wobei das nicht unbedingt immer ein Fenster sein muss, aus dem man guckt. Es ist dieses eher absichtslose, vielleicht etwas blöde Gucken. Was ganz schön ist. Man weiß gar nicht, was man denkt und fühlt. Es ist so **ein etwas entleertes Gucken**, aber wahrscheinlich ist es doch ganz wichtig. Eine plötzliche Distanz zur Welt und eine merkwürdige Fremdheit, wo befindet man sich? Man weiß es nicht genau. (...) Das scheinbar Vertraute ist gleichzeitig auch etwas sehr Fremdes.*
Moderatorin:	*Das ist hochinteressant, was Sie über Ihre Blicktechniken berichten.*

- kurze Unterbrechung -

Die Technik des „face value" vermeidet vorschnelles Interpretieren zugunsten einer Akzeptanz der bloßen materiellen Anwesenheit. Die Technik des „entleerten Guckens" ist ebenfalls ein Versuch, gezielte Sinnstiftungsarbeit zunächst sein zu lassen. Diesmal zielt der Blick nicht auf die Oberfläche, sondern transzendiert den Gegenstand, geht durch ihn hindurch. *Face value* verschließt den Gegenstand gegenüber Varianten seiner Deutung, indem die Interaktion ausdrücklich **oberflächlich** bleibt. *Entleertes Gucken* bewahrt den Gegenstand vor dem Interpretationsprozess, indem die Interaktion zunächst **gleich-gültig** betrieben wird. Diese Blicktechniken zielen auf eine Wahrnehmungsstufe, die einer Identifizierung des Gegenstandes zuvorkommt.

Moderatorin:	*Wie machen Sie sich denn miteinander bekannt?*
Keuk 88:	*Mich interessiert sehr, was man an Form hineingibt und welche Antworten dann gegeben werden, wenn man dreht.*
Wild 161/162:	*Ich lasse mich in der Situation, was sehr schwer ist, treiben. (...) Mit der Zeit wächst dann die Gewissheit, weil sich Schwerpunkte ergeben. Wenn ich drei Monate irgendwo gewesen bin und gedreht habe, stellt sich in den letzten zwei, drei Wochen schon eine relative Sicherheit ein, weil ich merke, dass die Sachen in eine bestimmte Richtung treiben. Ich drehe dann auch nicht mehr im Verhältnis 1:12. Plötzlich drehe ich 1:2. Manchmal schon 1:1. Es entwickelt sich wie ein Schneeball, der abwärts rollt. Mit der Zeit kriegt das Material Gewicht. In dem Material steckt man drin, rollt selbst mit. Dadurch ergibt sich oft schon eine Geschichte. Es ist aber beileibe nicht so, dass ich schon alles weiß, wenn ich in den Schneideraum komme.*
Moderatorin:	*Das Drehverhältnis als Messlatte der Annäherung. Als Optimum wird 1:1 angegeben. Dann kennen Sie ihr Gegenüber schon so gut, dass auch die filmische Darstellung sich dieser Richtung nähert, in die Sie treiben.*
Wild 166:	*Diese dokumentarische Verfahrensweise des Direct Cinema hat insofern anarchische Momente in sich, als sie nicht zu kontrollieren ist. (...) Dass man improvisiert, dass man sich von Strukturen erst Mal weitgehend fernhält, dass man sich dem Geschehen anheim gibt, dass man in den Fluss der Ereignisse einsteigt und mitschwimmt, ohne feste Bezugspunkte einzubeziehen. All das ist in höchstem Maße ungeeignet, in den journalistischen Redaktionen akzeptiert zu werden.*
Moderatorin:	*Sie lassen sich ohne Rücksicht auf Verluste voll ein. Was tun Sie, um den Gegenstand ihrer Beziehung nicht zu verlieren?*
Nest 134:	*Ich mache eine ganz ungeheuerliche Sache, das ist die Einrahmung und der Aufbau des Bildes. Den gibt es ja vorher nicht. Und das ist schon so viel. Wenn ich diese Grenze überschreite und noch mehr mache, verliere ich den gefilmten Gegenstand. Das Vergnügen beim Filmemachen ist eben, die Bilder zu bauen und den Schnitt zu machen. Zu entdecken, was sich da tut, was sich bewegt und was spürbar wird.*
Koep 122:	*Grundsätzlich glaube ich schon, dass die etwas längere Form dem Dokumentarfilm mehr liegt. Bei einer halben Stunde muss man doch zu oft*

	schneiden. Es hat etwas Gewalttätiges, z.B. ein Gespräch zu schneiden. Da noch ein Stück ab und da noch. Und bei einem kurzen Film wird man viel öfter zu dieser Gemeinheit gezwungen.
Moderatorin:	*Ein freundlicher Umgang mit dem Gegenstand verlangt die Einhaltung von Gestaltungsgrenzen.*
Bött 18:	*Man muss Entdeckungen machen. Auch im Sinne einer Reinigung oder Konzentration der Mittel. Im Grunde muss es immer einfacher werden. Es muss immer wesentlicher werden, immer weniger Kunstfertigkeit drum herum. Das muss alles abgebaut werden. Man nähert sich der Stunde der Wahrheit.*
Keuk 93:	*Bei "Face Value" waren es 80 kleine Portraits, Geschichten, Ereignisse. Die haben wir separat montiert. Ich wollte, dass jedes Stück seine eigene Struktur hat. Dass es einzeln behandelt wird, ein eigenes Maß hat. Also 80 Stücke haben wir montiert, das dauerte fast 5 Monate. Dann haben wir in weniger als zwei Wochen den Film zusammengesetzt.*
Moderatorin:	*Respekt vor der Einzigartigkeit. Wie aber bringen Sie sich in Ihre Beziehung zum Gegenstand ein?*
Wild 192:	*Das ist die Autorenfunktion, anzugeben, welche Minuten man dreht. (...) Diese Entscheidungen fälle ich. Das ist schon wie eine Montage des Tages. Welche Momente greift man sich aus dem Tag heraus und hält sie für wichtig, welche Nebensächlichkeiten hält man für wichtig.*
Bött 16:	*Wenn beim dokumentarischen Film die Fähigkeit zur Rhythmisierung des Wirklichkeitsmaterials fehlt, dann wird es überhaupt nichts.*
Wild 173:	*Ich sage dann auch mal in einem Film: "Es regnet, warum soll es nicht regnen?"(Freier Fall: Johanna K.) Was total unsinnig ist, aber ich sage es eben. Es ist wie ein kleiner Schlenker, wie eine Überlegung von mir, die ich einbringe, was ich früher nie gemacht hätte.*
Moderatorin:	*Ich bedanke mich für die ausgiebigen Gespräche mit Ihnen und für die vielen Einblicke in Ihre Kultur.*[16]

Die Verabschiedung findet in einem treibenden Kahn statt. Da informelle Gespräche häufig die offensten sind, werden der Moderatorin nun auch persönliche Dinge anvertraut. Durch Ortswechsel, Trennungen oder sonstige Brüche in ihren Lebensläufen wurden diese starken Dokumentaristen zu Menschen, die sich als **„auf der Suche"** beschreiben. Ihr Grundgefühl ist: heimatlos, nie ganz ak-

---

16 Die Figur der Moderatorin glaubt daran, sich über InformantInnen eine fremde Kultur erschließen zu können. Sie übersieht, dass die Beiträge auf nicht mehr, aber auch auf nicht weniger, als eine Erzählkultur verweisen. InformantInnen berichten über ihre Vorstellungen. Dies soll nicht verwechselt werden mit beobachtbaren kulturellen Praktiken. Vorstellungen als Vorstellungen ernst zu nehmen, ist Anliegen dieser Studie.

klimatisiert, überall ein wenig fremd. Das Suchen, Beobachten, sich Öffnen wird zur Profession. Jede ernsthafte Auseinandersetzung mit einem dokumentarischen Gegenstand könnte eine der Testheimaten hervorrufen, nach der DokumentaristInnen ihr Leben lang suchen. Vielleicht ist aber genau diese Dringlichkeit eine Bananenschale.

- ENDE -

Jenseits der Idee

Die Selbstbeschreibungen von sieben Dokumentarfilmern wurden in Form fiktiver Gesprächsrunden gegen den Strich gelesen. Während die Sprache der Filmemacher auf Distinktion zielt und in den von Hübner geführten Interviews ganz unterschiedliche persönliche Stile der verschiedenen Dokumentaristen zum Ausdruck gebracht werden, bestand mein Anliegen darin, die grundlegende Argumentationslogik herauszuarbeiten. Entdeckt wurden Rollenspiele (z.B. Unwissende sein), Rituale (z.B. Augenblickskult), kulturelle Standards (z.B. nicht Planen), Gestaltungsregeln (z.B. wenig Schneiden) und Erkenntnistheorien (z.B. Unmittelbarkeit des Beobachtens und Aufzeichnens). Diese Hinweise sollen nun als Regeln reformuliert werden.

Spielregeln starken Dokumentierens

- Begebe dich in die Rolle einer Noch-nicht-Wissenden und verkörpere sie.
- Spiele ausschließlich während des Augenblicks der Begegnung mit dem Feld, bzw. der Aufzeichnungen.
- Halte den asketischen Verhaltenskodex ein und übe dich darin, Wissen und Wollen, Planen und Erwarten zurückzudrängen.
- Beim Drehen keine Exposés verwenden. Warte auf Darstellungen des Feldes.
- Lasse dich in der Situation treiben und treffe Entscheidungen intuitiv.
- „Organisiere" Zufall und verzichte auf Regieanweisungen.
- Sei offen, leer und aufnahmebereit.
- Benutze Oberflächlichkeit und Gleich-Gültigkeit, um mit noch-nicht-wissenden Blicken deine Sinnstiftungsprozesse zu verzögern.

- Mache das Feld zur AutorIn „deiner" Darstellungen. Lasse auch am Schneidetisch die Materialien für sich selbst sprechen.

Diese Regeln erzeugen bestimmte Realitätsannahmen: Wirklichkeit existiert 1. unabhängig von der AutorIn und verfügt 2. über inhärente Strukturen. Diese sind jedoch 3. nicht ohne Know How abbildbar. Unterstellt wird, dass Alltagsteilnehmern gewöhnlich der Zugang zu diesen inhärenten Strukturen nicht gelingt und es professioneller Strategien bedarf, Strategien, die den Common Sense in Frage stellen. An dieser Stelle soll es nicht um eine ideologiekritische Bewertung dieser Realitätsannahmen gehen und ich frage auch nicht danach, ob ein Feld denn Autorschaft ausüben kann, oder ob es Offenheit und Leere wirklich gibt. Statt dessen wird angenommen, dass sich Konzepte des Dokumentierens als Lösungsmodelle für konkrete forschungspraktische Probleme betrachten lassen. Da es um Konzepte geht, nicht um eine Beobachtung von Forschungspraxis, kann allein abgeschätzt werden, welchen Effekt die eine oder andere konzeptuelle Idee auf einen kulturanalytischen Wissensprozess ausüben könnte bei dem Versuch, sie zu befolgen.

Die Regeln *starken Dokumentierens* zielen zunächst auf eine Verzögerung des Deutungsprozesses. Der Gegenstand der Beobachtung wird in eine Ferne zur eigenen Ideenwelt gerückt. Er wird als Jenseits-der-Idee verortet, um ihn in seiner tieferen Wahrheit neu entdecken zu können. Es handelt sich um ein professionelles Verfahren mit hohen Anforderungen an die Forschenden. Die Zuspitzung der Forschungshaltung auf die eigene Unwissenheit gegenüber dem zu erarbeitenden Wissen erzeugt einen ganz bestimmten Gegenstandsbezug: Es geht um den zu entdeckenden Gegenstand. Forschen wird als ein Transzendieren entworfen. Man geht über den Bereich des eigenen Unwissens hinaus und hinüber in einen anderen Bereich, in den eines zu Entdeckenden.

Im Folgenden werden weitere Regeln *starken Dokumentierens* erarbeitet, die jedoch einer anderen Variante entstammen: Statt um sinnasketische Kameraführung und Transzendenz geht es um technische Reproduktion und Immanenz.

2.2 Technische Reproduktion. Aufzeichnungspostulate in der ethnomethodologisch orientierten Soziologie

Was eine kulturwissenschaftliche Forschung und dokumentarfilmische Arbeit verbindet, ist der empirisch betriebene Wissensprozess. In der *Visuellen Anthropologie* können dokumentarfilmische Methoden und Kulturforschung regelrecht zusammenfallen. Auch in der Soziologie spielte seit Beginn der 60er Jahre die leichte und unauffällige Aufzeichnungstechnik zunehmend eine Rolle und traf zusammen mit einem Bedürfnis, eine „Realitätsblindheit" zu überwinden. Was bei Dokumentarfilmschaffenden teilweise eine Reaktion auf das Scheitern des politischen Idealismus ist, beschreibt Jörg Bergmann bezogen auf die Soziologie als eine Reaktion auf *theoretische Höhenflüge und methodologische Tiefbohrungen*, die zu einer Verarmung des deskriptiven Wissens in den Sozialwissenschaften geführt hätten (1985: 302f.). Alltag war bereits in der Theorie entdeckt und konnte durch die neuen Aufzeichnungsmöglichkeiten nun auch ein Objekt der empirischen Neugierde werden. Als neuartiges Merkmal mikroanalytischer Forschungspraxis stellt Bergmann fest:

> Es ist gerade die rohe, desinteressierte, weder numerisch noch ästhetisch transformierte Bild- und Tonaufzeichnung alltäglicher Interaktionsvorgänge, die für sie das primäre Untersuchungsmaterial bildet. Diese naiv registrierende Handhabung der audiovisuellen Reproduktionstechniken war durchaus nicht selbstverständlich, bedeutete sie doch einen Verzicht auf die vertraute theorievermittelte Selektion und gestaltende Umformung des medialen Objekts. (Bergmann 1985: 301f.)

Weitaus rigider als bei Dokumentarfilmschaffenden wird bei ethnomethodologischen Forschungsansätzen ein Verzicht auf die gestaltende Umformung des Gegenstandes bei der Aufzeichnung gefordert. Doch dazu später. Betrachtet man qualitative Forschung als einen Kommunikationszusammenhang zwischen Forschenden und Gegenstand, wissenschaftlicher AutorIn und LeserIn, so ergeben sich nach Stephan Wolff (7.6.1997) Orientierungsprobleme qualitativer Forschung: Wird der ForscherIn/AutorIn eine unirritierbare Position in diesem Gefüge verliehen, „liegt in der vermeintlichen Stärke eine strukturelle Verdummungsgefahr, der angesichts der bestehenden Konstellation nur durch eine bestimmte Form von Selbst-Beschränkung der Forscher/Autor-Seite begegnet werden kann. (...) Zum Lernen gehört primär die Sicherstellung der Überraschbarkeit. Wir müssen uns folglich insbesondere über die Irritierbarkeit von Forschern durch ihren Gegenstand, ebenso wie über die Überraschbarkeit der Rezipienten durch die Ergebnisse der Forschung, Gedanken machen."

Disziplinierte Subjektivität

Mit dem Ziel, dass Forschung als irritierbares und lernfähiges soziales System funktioniert, schlägt Wolff Maximen *disziplinierter Subjektivität* vor, die ausdrücklich nicht als Dogmen epistemologischer oder gar metaphysischer Art missverstanden werden sollen. Gemeint sind sie als praxeologische Empfehlungen (vgl. Wolff 1999: 10). „Man könnte sie als systemische Interventionen bezeichnen, insoweit sie den Forschungsprozess hilfreich zu irritieren, ihn aber nicht zu steuern versuchen (Wolff 1999: 12).

Gegen die Gefahr, mit dem Gegenstand je nach eigenen Relevanzgesichtspunkten selektiv umzugehen, wird die Maxime formuliert: „Gehe davon aus, dass du ein in sich geordnetes Phänomen vor dir hast." Die daran anschließende Maxime fordert: „Berücksichtige nur jene Formen der Geordnetheit, von denen du am Material zeigen kannst, dass die Beteiligten sie in Rechnung stellen und durch ihr Handeln auch füreinander deutlich machen." Gegen die Gefahr besserwisserischer oder kulturkritischer Konsequenzen lautet die Maxime: „Gehe bis zum Nachweis des Gegenteils von der Geglücktheit sozialer Handlungssituationen und von der Kompetenz der beteiligten Mitglieder aus. (...) Rekonstruiere Kompetenzen (,build their brains')." Gegen die Gefahr, den Gegenstand zum bloßen Datenmaterial zu degradieren, indem man ihm wissenschaftsbezogene Problemdefinitionen überstülpt, wird die Maxime vorgeschlagen: „Behandele Abläufe in sozialen Situationen konsequent als Lösungen praktischer Interaktionsprobleme. Finde heraus, welche diese sind!" Weitere Maximen fordern: „Enthalte dich aller Annahmen über Zufälle und Fehlervarianzen! Erhöhe die Chancen für das Auftauchen abweichender Fälle." Oder: „Vermeide jede Art retrospektiver Interpretation (außer sie kommt in der Situation selbst vor)! Stelle bei der Datenerhebung und Datenanalyse sicher, dass die sequentielle (nicht notwendig die zeitliche!) Struktur des Gegenstandes unangetastet bleibt. Präferiere registrierende vor rekonstruktiven Datenerhebungstechniken. Vergesse das Hin- und Herspringen (Triangulation) zwischen verschiedenen Datenebenen, insbesondere wenn es darauf hinausläuft, empirisch uneinholbare Vermutungen auf einer Datenebene durch Ergebnisse auf einer anderen Datenebene zu bestätigen! Scheue Triangulation auch sonst, weil sie die Eigenart von Erhebungssituationen und die Kontextgebundenheit und den kunstvollen Charakter sozialer Interaktion außer Acht lässt" (Wolff 7.6.1997).

Wolffs Maximen fördern – wie die impliziten Regeln der Dokumentarfilmschaffenden – eine bestimmte Haltung der ForscherIn gegenüber ihrem Gegenstand, in diesem Fall eine ethnomethodologische Forschungshaltung. Als Ziel dieser Haltung formuliert Wolff: „Dem Feld soll eine Chance eingeräumt werden, seine Methodizität zu zeigen und sich gegen von außen zugemutete Klassifikationen zu wehren." Dies führt zu der Frage, wie *disziplinierte Subjektivität* in forschungspraktische Strategien übersetzt werden soll. Ich verfolge Aussagen zum forschenden Umgang mit audiovisuellen Medien und lasse dabei neben ethnomethodologischen Vorstellungen auch zwei PionierInnen der *Visuellen Anthropologie* zu Wort kommen: Gregory Bateson und Margaret Mead. Ihre Zitate kommentieren die Überlegungen zur Umsetzung disziplinierter Subjektivität.[17]

Jenseits der Idee: Registrieren statt Rekonstruieren

Bateson und Mead setzten Film und Fotographie zur Erforschung ihres Gegenstandes ein und benutzten die audiovisuellen Daten auch zur analytischen Darstellung ihrer Ergebnisse.[18] Mary C. Bateson berichtet über die Arbeit ihrer Eltern: Sie entwickelten beide einen Stil, der sich dadurch auszeichnet, „dass sie Beobachtungsmaterial – wie reichhaltig und verwirrend es zunächst auch scheinen mochte – in der Erwartung sammelten, dass sie früher oder später einen Erkenntnisstand erreichen würden, wo die Dinge ‚sinnvoll' erscheinen und die Teilchen den richtigen Platz im Puzzle finden würden."[19]

Wolff hebt an der Arbeit von Bateson und Mead hervor, dass ihr Forschungsstil „radikal an den natürlichen Abläufen im Objektbereich ansetzt, ohne sie durch methodologische Arrangements oder gar vorgestanzte Versuchspläne zu domestizieren" und schreibt ihnen eine registrierende Aufzeichnungshaltung zu: „Sie nahmen konsequent die Rolle von Stenografen des Geschehens ein, für die ja kennzeichnend ist, dass ihnen die Daten eher aufgenötigt werden, als dass sie diese von sich aus ausfindig machen" (Wolff 1991: 137).

Bergmann (1985) unterscheidet Registrieren von Rekonstruieren. Er entwickelt ein asketisches Paradigma für audiovisuelle Aufzeichnungen im Kontext

---

17 Während ich an dieser Stelle ethnomethodologische Aufzeichnungsstrategien als *starkes Dokumentieren* interpretiere, wird im 4. Kapitel am Beispiel der Ethnomethodologie eine Variante paradoxen Dokumentierens entwickelt. Ähnliches „Reframing" gilt für die AutorInnen der hier zitierten Texte. Sie liefern zwar Material für eine Rekonstruktion dokumentarischer Konzepte, sind aber als Personen von diesen Konzepten insofern zu entkoppeln, als sie gleichzeitig auch ExpertInnen für weitere Spielarten des Dokumentierens sein können. Im Rahmen einer praxeologisch orientierten Analyse ist dies möglich.
18 Wolff nennt ihre berühmte, im Wesentlichen fotografische Analyse *Balinese Character* (1942) einen Klassiker der qualitativen Sozialforschung. „Balinese Character stellt gleichsam eine vielfältige Komposition von Kontrastierungen von Darstellungsformen, Datentypen und Gegenstandsbereichen dar. Der Leser findet sich dadurch in die Lage versetzt, den Prozess der Musterfindung mit Hilfe der Kontrastierung unterschiedlicher Repräsentationen für sich nachzuvollziehen und seine entsprechenden Schlüsse im Hinblick auf Plausibilisierung des Interpretationsangebotes der Autoren am Material treffen zu können. Diese besondere Art macht *Balinese Character* zu einem Quellentext und zugleich zu einer an den vorgelegten Daten tendenziell auch überprüfbaren Interpretation der balinesischen Kultur" (Wolff 1991: 138).
19 M. C. Bateson (1984: 163) zitiert nach Wolff (1991: 138).

einer empirischen Soziologie. Ziel seiner methodologischen Überlegungen ist es, dass das in sich sinnhaft strukturierte soziale Geschehen durch keinerlei deutende Darstellung bei der Datengewinnung überlagert wird. Dies steht im Zusammenhang einer ethnomethodologischen Forschungshaltung: „Diese Forschungshaltung läuft auf die Aufforderung an den Forscher hinaus, sich in seiner Rolle als Interpret des Materials zurückzunehmen. Die Geordnetheit und Kohärenz der Interpretation sollte nicht ‚hinter' den Daten zu finden versucht, d.h. vom Interpreten ‚ergänzt' werden, sondern, soweit das irgend geht, in der möglichst vollständigen Analyse der präsentierten Daten selbst (d.h. ohne Hinzuziehung theoretischer Vorannahmen, ethnographischer Zusatzinformationen oder psychologischer Motivunterstellungen) gesucht und aufgewiesen werden" (Wolff 1987: 361).

Bergmann argumentiert, dass bei einer registrierenden Konservierung eine interpretative Transformation des Geschehens erst im Anschluss – also am Material – erfolge, während rekonstruierende Verfahren bereits bei der Aufzeichnung interpretierten. Seiner Vorstellung nach gilt für das Registrieren: „Die Fixierung eines sozialen Geschehens in Bild und Ton ist ein Vorgang, der ohne sinnhafte Erfassung und Bearbeitung dieses Geschehens auskommt und im Prinzip technisch automatisierbar ist" (Bergmann 1985: 305). Bezogen auf die von Wortmann (1999) unterschiedenen drei Authentizitätsmodelle erscheint das Konzept des Registrierens als eine acheiropoietische Legende der Bildentstehung: Inszeniert wird die Abwesenheit des Menschen im Darstellungsprozess. Eine Kontroverse zwischen Mead und Bateson umspielt im Folgenden die Überlegungen Bergmanns.[20]

Bateson: *By the way, I don't like cameras on tripods, just grinding. In the latter part of the schizophrenic project, we had cameras on tripods just grinding.*
Mead: *And you don't like that?*
B: *Disastrous.*
M: *Why?*
B: *Because I think the photographic record should be an art form.*
M: *Oh, why? Why shouldn't you have some records that aren't art forms? Because if it's an art form, it has been altered.*
B: *It's undoubtedly been altered. I don't think it exists unaltered.*
M: *I think it's very important, if you're going to be scientific about behaviour, to give other people access to the material, as comparable as possible to the access you had. You don't, then, alter the material.*

---

20 Bateson und Mead (1976) führten einen Dialog, der unter dem Titel *For God's Sake, Margaret! Conversation with Gregory Bateson and Margaret Mead* publiziert wurde.

Eine bestimmte Art und Weise der Herstellung von und des Umgangs mit Material ist Mead's Kriterium von „going to be scientific" (s.o.). Bei der Unterscheidung zwischen einer registrierenden Konservierung und rekonstruierenden Formaten geht Bergmann davon aus, dass das Registrieren keiner gattungsspezifischen Darstellungsweise unterliegt, wie z.B. Konversionserzählungen oder Klatsch. Kommunikative Gattungen sind soziologische Kategorien der Unterscheidung von Mustern des Redens. Registrieren bedeutet nach Bergmann, dass „die audiovisuelle Fixierung im wesentlichen passiv ist; sie folgt einzig und allein dem Geschehen, nicht aber den Erfordernissen einer gelungenen Geschichte; anders als die Erzählung einer Geschichte konzentriert sie sich nicht auf ‚Wichtiges' und übergeht ‚Unwichtiges', sondern ist – im Idealfall – darum bemüht, ein soziales Geschehen kontinuierlich über einen genügend langen Zeitraum hinweg in seiner Ereignisfülle zu dokumentieren" (Bergmann 1985: 305f.).

Bateson: *If you put the damn thing on a tripod, you don't get any relevance.*
Mead: *No, you get what happened.*
B: *It isn't what happened.*
M: *I don't want people leaping around thinking that a profile at this moment would be beautiful.*
B: *I wouldn't want beautiful.*
M: *Well, what's the leaping around for?*
B: *To get what's happening.*

Empirische Daten, die durch rekonstruierende Verfahren erstellt wurden, sind nach Bergmann Daten, bei denen die Sinnbildungsprozesse des Autors den primären Sinnzusammenhang „undurchdringlich überlagern", bei denen „das soziale Original" in die Formstruktur der rekonstruktiven Gattung transformiert wurde und bei denen eine Abhängigkeit vom Kontext ihrer Entstehung und Verwendung besteht. Gelten diese Punkte nicht auch für das Registrieren? In einem Dialog zwischen Wolff und Mohn wird das Konzept des Registrierens befragt (8.6.1999):

Elisabeth Mohn: *Inwieweit kann man sagen, indem das Material registrierend produziert wurde, geht es zurück zur Situation, wenn man auf die Daten guckt?*
Stephan Wolff: *Man muss aufpassen, dass man da keinen platten Naturalismus hat – eine Kamera laufen zu lassen ist zumindest keine eigene Form der Rekonstruktion von Wirklichkeit, wie zum Beispiel eine Geschichte. Die Geschichte ist ein eigenes System, in dem Wirklichkeit nicht abgebildet wird, sondern neu ersteht.*
EM: *'Registrieren' ist wahrscheinlich in diesem asketischen Rahmen ein Unterlassungssystem.*

SW: *Ja genau. Deswegen ist der Positivismus- oder Naturalismusvorwurf immer schwierig. Es ist ja nie die Behauptung, dass man Wirklichkeit abbildet. Wenn ich ne Geschichte erzähle, hat was völlig Neues stattgefunden. Es ist kein Weg zurück zur Wirklichkeit mehr möglich. Es hat eine gesellschaftlich voraussetzungsvolle und in sich methodische Form der Aneignung stattgefunden. (...) Eine rekonstruktive Gattung würde man sagen können, ist ein eigenes Sprachsystem, oder besser: ein eigenes Welterzeugungsmodul, mit dem man sich dann ganz gut verständigen kann untereinander.*
EM: *'Registrieren' ist nicht keine Strategie, sondern ist eine besondere Strategie, die bestimmte Dinge wegzulassen versucht.*
SW: *Wir sind in der Zeit nach Adam und Eva – nach dem Sündenfall! Die Behauptung ist nicht, überhaupt keinen Sinn durch die Art und Weise der Datenerhebung in das Material hinein zu bekommen, aber eben nicht sich einer rekonstruktiven Gattung mit ihrer Eigengesetzlichkeit zu bedienen, die dann eben auch keine Möglichkeit lässt, hinter sie noch zu gehen. Also ob man dann zur Wirklichkeit kommt, ist ne ganz andere Frage. Aber man kommt nicht hinter diesen Prozess oder hinter diese Ergebnisse dieser Rekonstruktion. Das Material, mit dem rekonstruiert wird, ist unsichtbar, ist pulverisiert sozusagen. Das ist schon in nem neuen Ding formatiert, es kann nicht mehr reformatiert werden. Da sind diese rekonstruktiven Gattungen eben eigensinnige Formen der Konstruktion. Klatsch z.B. muss man in ner bestimmten Weise tun, sonst ist es kein Klatsch, sondern irgendwas anderes.*
EM: *Zu vermuten wäre ja, dass 'Registrieren' dann auch Gattungsregeln hätte als Format.*
SW: *Wenn es so was – ja, wenn es so was gibt – ja, könnte man darauf hinweisen. (...) Es langt wahrscheinlich zu sagen, dass man vermeidet, Material, das schon durch die Mühle einer rekonstruktiven Gattung gegangen ist, zu verwenden, als Hinweis auf Wirklichkeit. (...) Im schlimmsten Fall, z.B. bei der quantitativen Forschung, wo Wirklichkeit dann schon rekonstruiert wurde in Items von Fragebögen, da sieht man's ja ganz deutlich, dass es extrem weit weg ist, von dem, was passiert ist – das kann man nie mehr nachvollziehen. (...) Beim Film könnte man zumindest die Fiktion haben, man hat den Endfilm und dann kann man das footage noch Mal zusammenstellen usw. Bei den rekonstruktiven Gattungen werden die Schnipsel immer weggeworfen. Es ist nicht mehr rekonstruierbar.*
EM: *Es werden naturalistische Formulierungen erzeugt, aber es ist ein strategischer Naturalismus. Das hat so eine Komponente, dass es Sinn macht, phasenweise Dinge anzunehmen, die nicht als Glaubensbekenntnis oder theorieschlüssig nachher dastehen müssen.*
SW: *Ich glaube, das ist es genau.*

Die Vorstellung tendenziell sinnstiftungsfreier Aufzeichnungen und die Idee einer audiovisuellen Reproduktion der Situation stehen in einem Relevanzkontext: Nur so scheint der Untersuchungsgegenstand *Sinnstrukturen sozialer Interaktionsverläufe* am Geschehen selbst thematisiert werden zu können. Bei der Datenerhebung nicht zu interpretieren und bei der Analyse ausschließlich die im Material manifestierte sinnhafte Struktur zu untersuchen, ist nach Bergmann eine grundlegende Vorgabe ethnomethodologischer Konversationsanalyse und objektiver Hermeneutik.

Bateson: *Of the things that happen the camera is only going to record one percent anyway.*
Mead: *That's right.*
B: *I want that one percent on the whole to tell.*
M: *Look, I've worked with these things that were done by artistic film makers, and the result is you can't do anything with them.*
B: *They are bad artists, then.*
M: *No, they're not. I mean, an artistic film maker can make a beautiful notion of what he thinks is there, and you can't do any subsequent analysis with it of any kind.*

Registrieren erfordert eine Haltung *starken Dokumentierens*: Es geht um die Offenheit, bzw. Abwesenheit der sinnstiftenden AutorIn. Aus seiner ethnomethodologischen/konversationsanalytischen Ausbildungspraxis berichtet Bergmann:

> Die meisten Studenten haben große Schwierigkeiten dabei, die Aufzeichnung und das Transkript eines natürlichen Gesprächs als ein für sich zu analysierendes Untersuchungsobjekt anzuerkennen. Eine regelmäßig beobachtete Praxis besteht darin, nach Beendigung der Transkriptionsarbeit zunächst eine Art paraphrasierende Nacherzählung des aufgezeichneten Geschehens anzufertigen und dann anstelle der transkribierten Aufzeichnung dessen Nacherzählung zum Gegenstand der weiteren analytischen Betrachtung zu machen. (Bergmann 1985: 309)

Bergmann's Kritik an der traditionellen Sozialforschung: Eine Perspektive auf die im Handlungsvollzug sich reproduzierende soziale Wirklichkeit gelingt nicht, weil die WissenschaftlerInnen es scheuen oder nicht beherrschen, sich der vertrauten Alltagspraxis der Rekonstruktion zu enthalten. Er hebt hervor, dass die thematische Hinwendung zum Alltag (zu den banalen, natürlichen Interaktionsvorgängen in ihrer Ereignishaftigkeit) mit einer methodologischen Abkehr vom Alltag einhergeht: Die alltägliche rekonstruierende Praxis soll unterlassen werden (vgl. Bergmann 1985: 310). Für die registrierende Haltung gelten die von Wolff aufgestellten Forschungsmaximen, die zum einen die Kunstfertigkeit disziplinierter Subjektivität anleiten und andererseits einer automatisierten Aufzeichnung Vorschub leisten: Bei der Datenerhebung wird das forschende Subjekt ausgeschaltet durch das Einschalten von Aufzeichnungsautomaten, die es perfekt beherrschen, sich auf Oberflächen zu richten und sinnlos zu gucken.[21]

---

21 Vgl. die von Van der Keuken und Wildenhahn verwendeten Ausdrücke „face value" und „entleertes Gucken", die helfen sollen, eine Kamerabeobachtung in ein nichtalltägliches Registrieren zu verwandeln. Im Zusammenhang automatisierter Aufzeichnung verschwindet das beobachtende Element ganz: „Video recordings replace the bias of the researcher with the bias of the machine. (...) One reason for relying on video, then, as the preferred kind of data for our analyses,

Mead: *When you're jumping around taking pictures...*
Bateson: *Nobody's talking about that, Margaret, for God's sake.*
M: *Well.*
B: *I'm talking about having control of a camera. You're talking about putting a dead camera on top of a bloody tripod. It sees nothing.*
M: *Well, I think it sees a great deal. I've worked with these pictures taking by artists, and really good ones...*
B: *I'm sorry I said artists; all I meant was artists. I mean, artist is not a term of abuse in my vocabulary.*
M: *It isn't in mine either, but I...*
B: *Well, in this conversation, it's become one.*

Da man seiner Autorschaft nicht entgehen könne, plädiert Clifford Geertz dafür, dass Ethnographie „Kunst sei – und nicht eine untergeordnete Leistung wie Sachkenntnis oder eine höhere wie Erleuchtung" (Geertz 1990: 135). Das Konzept *starken Dokumentierens* ergibt sich genau aus diesen *höheren* und *untergeordneten* Leistungen, die beide präzise an einer Thematisierung von Autorschaft vorbeizielen. Automatisierte Aufzeichnung wird durch „untergeordnete Leistung" zum Sachlichkeitshersteller im Sinne „einer ‚nackten' audiovisuell-reproduktiven Verdopplung" (Bergmann). Die untersuchten Dokumentarfilmer setzen auf jene „höhere Leistung", bei der Offenheit, Leere und Emotion für eine „erleuchtete" Kameraführung sorgt. Bateson steht demnach einer ethnographischen oder dokumentarfilmischen Datenproduktion näher, Mead einer ethnomethodologischen. Beide Positionen sind in der *Visuellen Anthropologie* anzutreffen und finden sich wieder in einer Unterscheidung zwischen „film-as-record" und „film-as-constructed-text" (Hockings 21.6.2001).

Sinnstiftungsverzögerung durch automatisierte Aufzeichnung

Die automatisierte Aufzeichnung (Kamera auf ein Stativ schrauben und lange genug laufen lassen), mit ihrer technologisch bedingten Indifferenz gegenüber dem Aufgezeichneten, erfüllt das Konzept des Registrierens auf ideale Weise: Die Aufzeichnungstechnologie selbst wird zu einem Medium, das den Gegenstand transzendiert, denn die technische Reproduktion leistet etwas Unmenschliches durch ihre Unfähigkeit zur Rekonstruktion. Eine Differenz zur alltagspraktischen Sinnstiftung ist garantiert.

Der Versuch, Situationen technisch zu reproduzieren, hat etwas mit der ethnomethodologischen Forschungsfragestellung zu tun. Es geht um Interaktionsverläufe als Herstellungskontexte sozialer Ordnung. Dabei gilt das Inte-

---

is that we would like our theorizing to be responsive to the phenomenon itself rather than to the characteristics of the representational systems that reconstruct it and thereby constrain the direct i-on of the analyst's thinking" (Jordan und Henderson 1995: 51).

resse Interaktionen in alltäglichen, sogenannten „natürlichen Situationen". Der Gegenstand soll in einem dogmatischen Sinne des *there is order at all points* ausgewertet werden können. Theoretisch ist das aufgezeichnete Datenmaterial Punkt für Punkt von Interesse. Diese Idee leitet ethnomethodologisch orientierte Konventionen der Datenproduktion an. Charles Goodwin gibt unter dem Titel *Recording Human Interaction In Natural Settings* neben einer Reihe technischer Tipps auch methodische Empfehlungen zum Umgang mit Videoaufzeichnungen. Z.B.: „Shoot continuously ... .You want to get everything you can ... .You can´t anticipate when interesting things happen and if you record everything you can later go back and see what led up to them"(Goodwin 1993: 190).

Neben einer Favorisierung von Weitwinkelobjektiven und Stativ sieht Goodwin den Einsatz von mehreren Kameras als optimales Verfahren an: „Multiple cameras are extremely useful in many situations. That way you can get both a wide angle that covers all participants and close-ups of specific events. It is also possible to cover a complicated setting that couldn't be covered with a single camera"(Goodwin 1993: 191f.).

To cover the setting wird für ethnomethodologisch orientierte Interaktionsforscher zum entscheidenden Kriterium. Bevorzugt wird daher die Totale als Kameraeinstellung und ein Verzicht auf interpretierende Kameraführung und Bildgestaltung.[22] Ethnomethodologisch Forschende bemühen sich darum, bei der Datenproduktion als AutorIn von der Bildfläche der audiovisuellen Aufzeichnungssituation zu verschwinden in der Vorstellung, eine *natürliche Situation* zu dokumentieren. EthnomethodologInnen sind keine FilmemacherInnen. Das aufgezeichnete Material ist und bleibt in ungeschnittener Form – als footage – wertvoll.

---

22 Jürgen Streeck, ethnomethodologisch orientierter Gestikforscher, berichtet, wie er eine Kamera aufbaut, einschaltet und seinen ProtagonistInnen mitteilt: „So, ich verlasse jetzt den Raum" (20.5.1996, Workshop zur mikro-ethnographischen Gestik-Analyse). Andererseits arbeitet Streeck aber auch mit kleineren Bildausschnitten, wenn dies dem analytischen Zweck entspricht: Zum Beispiel kann bei mikro-ethnographischen Studien zum gestischen Umgang mit Objekten, Hand plus Objekt ein adäquater Ausschnitt sein, solange dabei das interaktive Setting, in dem die Geste hervorgebracht wird, nicht ausgeblendet wird. Auch Goodwin ist dazu übergegangen, den Bildausschnitt am analytischen Zweck auszurichten und auch während der Aufzeichnung gegebenenfalls zu verändern: „Since I have been interested in interaction, and very much in what hearers as well as speakers do, I have always included the recipients in the frame. This does however mean zooming and changing camera position in order to get the relevant participants as large as possible, and sometimes deciding that someone is not a relevant participant at the moment (clearly a contestable analytic decision)" (Goodwin 1993: 194).

Keine 'natürliche' Situation. Produktionsfoto aus *Kanaal* (Peter van den Reek)

Das *Nein* zur Selektion bei der Datenproduktion führt bei der Auswertung zu dem Problem, stundenlange Aufzeichnungen sichten und bearbeiten zu müssen.[23] Bergmann schlägt vor, die visuelle Metapher der mikroskopischen Betrachtung geordneter Bildpunkte gegen eine auditive Metapher auszutauschen:

> Stellen wir uns statt dessen das soziale Geschehen, dessen Aufzeichnung der interpretative Soziologe als Primärdatum benutzt, als eine polyphone Symphonie vor: In der Komposition laufen verschiedene – und verschiedenartig instrumentierte – Ordnungsebenen parallel nebeneinander, die jede für sich (in ihrer Verlaufsform, ihrem Rhythmus) und in ihrer jeweiligen Beziehung zueinander zu analysieren sind. Die letzten analytisch bestimmbaren Einheiten der Komposition (die einzelnen Töne) manifestieren sich immer als ein Geschehen in der Zeit. Als isolierte Einzelelemente haben sie aber „ein zu geringes Quantum eigenen Sinnes", d.h.: interpretierbar werden sie erst in ihrer – melodischen – Abfolge. (Bergmann 1985: 318)

Die polyphone Symphonie (die sich vor der Kamera abspielt) würde durch jedes Ein- und Ausschalten der Kamera, durch jeden Schnitt im Material, jede Veränderung der chronologischen Struktur gestört. Ihren Auftritt sehen ethnometho-

---

[23] Dies mag ein Grund für die reservierte Haltung in der Soziologie gegenüber visuellem Forschen sein. Genau genommen herrscht eine latente Realitätsfeindlichkeit, indem man den überwältigenden Realismus der Bilder gar nicht haben will und es vorzieht, Forschungsdaten auf Texte zu reduzieren.

dologisch Forschende im Anschluss an die Datenproduktion, wenn sie am Material die polyphonen Zusammenhänge der melodischen Abfolgen explizieren. Während die untersuchten Dokumentarfilmer bei der filmischen Gestaltung ihres Materials auf *unreine Kompositionen* zielen, bemühen sich ethnomethodologisch Forschende um eine strikte Trennung von Daten und Analysen. Das Forschungsergebnis wird schließlich auch nicht als *unreine Komposition*, sondern als *immanente Interpretation* vorgestellt. Beiden Varianten gemeinsam ist jedoch die Annahme, dass durch *starkes Dokumentieren* gewonnene Materialien inhärente Strukturen offenbaren.

Zur Ästhetik starken Dokumentierens

Die erwünschte Sinnstiftungsverzögerung setzt sich bei beiden Varianten *starken Dokumentierens* in Form einer Entdeckungsästhetik bei den Produkten fort. Wolff schlägt vor, LeserInnen ethnographischer Studien aus der Abhängigkeit von den deskriptiven Kompetenzen der VerfasserInnen zu befreien und ihnen „Zugang zu den – möglichst unverarbeiteten – Daten" zu geben, „um letztere so für den Leser nicht nur nachvollziehbar, sondern auch durch alternative Rekonstruktion kritisierbar zu machen (Wolff 1987: 361)." Aufzeichnungen sollen auch RezipientInnen gegenüber in einer reinen, d.h. nicht durch Sinnstiftungen verunreinigten, Form vorgeführt werden. Die Nachvollziehbarkeit der Analysen am kaum bearbeiteten Material gilt als wissenschaftliche Beweisführung. Aus dem Footage-Charakter der Aufzeichnungen, die von ihrer analytischen Kommentierung getrennt bleiben, wird bei der ethnomethodologischen Forschung eine Ästhetik des Dokuments. Weitgehend unbearbeitetes Footage zu betrachten, fordert wiederum von den RezipientInnen eine forschende Haltung.[24] Eine Ästhetik des Unbearbeiteten gilt auch für den Dokumentarfilm, obwohl es sich in diesem Fall um eine künstlerische Gestaltung von Filmmaterial handelt, bei der ein Film hergestellt wird:

> Im Dokumentarfilm sollte jegliche formale Überanstrengung in Richtung

---

24 In einem Workshop des Graduiertenkollegs *Authentizität als Darstellungsform* (20.5.1996) spielte Streeck ungeschnittene Videoausschnitte so oft vor, bis die BetrachterInnen, angeleitet durch seine analytischen Kommentare, mit ihren Augen nachholten, was bei der Kameraaufzeichnung nicht realisiert wurde: Ausschnitte bilden, Details heranzoomen, eine interessante Perspektive entwickeln und gegenüber dem Material einnehmen. Entscheidend bleibt für die ethnomethodologische ForscherIn, dass sich das grundlegende Material bei diesen Vorgängen nicht materiell verändert. Streeck wünscht sich den Fortschritt der digitalen Bildverarbeitungstechnik, um nachträglich – keinesfalls aber bei der Datenproduktion – Fokussierungen im Videomaterial herstellen und variieren zu können.

auf Glätte und Typisierung wegfallen. Jeder künstliche Versuch einer Rundung muss vermieden werden. Man zeigt eine Sammlung von Splittern her, die eingefangen worden sind. Hatte man Ausdauer und Glück, (das eine bedingt das andere), gelingt es, den Zuschauer, den Empfänger, in den Spannungsbogen dieses offenen Spiels mit einzubeziehen. Denn darum geht es: den Empfänger einzubeziehen. (Wildenhahn 1975: 62)

Das raue, ungeschliffene Dokument soll bei der Rezeption Entdeckungschancen bieten. Gemeinsam ist beiden Varianten *starken Dokumentierens*, den Eigensinn, den sie im Material annehmen, zu kultivieren und auch zu demonstrieren. Es geht um die Vorstellung immanenten Interpretierens. Dies hat Folgen für die Materialbearbeitung: Das Material soll weitgehend in seiner Zeitlichkeit intakt gehalten werden. Daraus folgt z.B. ein Verzicht oder eine Reduzierung von Filmschnitt und evtl. auch das Einhalten der chronologischen Ordnung des Aufgezeichneten beim Schnitt. Ein Präsentationsstil, der auf das Fragmentarische setzt, demonstriert die erwünschte Zurückhaltung der dokumentarischen AutorIn.[25]

Ich denke, es zeigt das eigentliche Können eines Dokumentaristen, dass er sein eingefangenes Rohmaterial respektieren kann, dass er es in der Montage zur Geltung bringen kann; und zwar so, dass seine eigene Stellungnahme rüberkommt, ohne dass dadurch das Material in eine andere als die in ihm angelegte Richtung getrieben wird. Dieser Versuchung widerstehen zu können, macht die Stärke des Dokumentaristen aus. (Wildenhahn 1975: 71)

David Silverman stellt eine charakteristische *Ästhetik der Langsamkeit* fest, die er in Verbindung mit einer Aufwertung des Unspektakulären bringt. In seinem Text *The Pleasures of Slowness*[26] heißt es:

Consider the positively ethnographic pursuit of the 'boring' features of the world in Bertrand Tavernier's L327, a police story almost without arrests or car chases but with a strong focus on the routines of police work as we see Parisian drug cops spending most of the time sitting in their offices, 'cooking' their official reports. Such movies require a certain discipline

---

[25] Material zu präsentieren und die Interpretation rhetorisch davon zu trennen, galt lange Zeit auch in einer abgewandelten Form für das Vorhaben einer Encyclopaedia Cinematographica (E.C.) am *IWF* (Institut für den Wissenschaftlichen Film), Göttingen: Analysen gehör ten ins Begleitheft zum wissenschaftlichen Film. Mitherausgeber der E.C. Peter Fuchs: „Film und Text bilden eine Einheit, dürfen niemals getrennt werden. Oft ist es ja so, dass der Film wir klich erst verständlich wird aus dem Kontext des Begleittextes. Das ist bei ganz vielen Filmen so, aber es kann niemand verhindern, dass jemand den Film vorführt, ohne diesen Text gel esen zu haben und völlig falsche Interpretationen hineinbringt. Das ist das Dilemma des A utors" (Fuchs in Friedrich u.a. 1984: 98).

[26] Silverman bezieht sich mit diesem Titel auf die Novelle *Slowness* von Milan Kundera (1996) und schließt sich dessen Kritik am „speed is all" an. Er stellt eine Verbindung zu dem ethnomet8hodologischen Forscher Harvey Sacks her, der eine Gegenstrategie praktiziert, indem er das Unbedeutsame bedeutsam macht.

from their audience just as scientific work is, in a dual sense, diciplinary. Therefore, the social scientist, like the moviegoer at a Coen Brothers or Tavernier film, must forgo the temptation to seek the instant gratifications trumpted all arround. (Silverman 1999)

Die disziplinierte Subjektivität oder asketische Haltung *starken Dokumentierens* beim Forschen wird ergänzt durch ein diszipliniertes Rezipieren audiovisueller Ergebnisse, das von den BetrachterInnen verlangt, sich auf eine verlangsamte Sinnsuche einzulassen und forschend zu rezipieren.

Alltagspraktisches Dokumentieren wurde als ein blitzschnelles Dokumentieren verstanden. Demgegenüber handelt es sich beim *starken Dokumentieren* um ein Gebot der Langsamkeit: Wie die Schildkröte in Michael Ende's *Momo* weiß, erreicht derjenige den „wirklichen" Gegenstand schneller, welcher sich nicht zielstrebig auf ihn zu bewegt. Während Momo einen Rückwärtsgang einlegt, um den grauen Herren zu entfliehen, bemühen sich starke DokumentaristInnen um einen interpretativen Leerlauf. Sie versuchen, ihren Sinngenerierungsmotor abzukühlen, um nicht auf alltäglichen Common Sense „abzufahren".

2.3 Was leistet starkes Dokumentieren?

Die gewählten Texte aus Dokumentarfilm und Soziologie implizieren unterschiedliche Regeln, die jedoch in beiden Fällen Dokumentieren als Sinnstiftungsverzögerung entwerfen. Hinter den passiven Begriffen des Wartens oder bloß Registrierens immanenter Strukturen verbirgt sich die Anstrengung, alltäglich praktiziertes Deuten, Erwarten und Immer-schon-Wissen aktiv zu unterschreiten. Diese Aktivität der Unterschreitung erfordert einen Aufzeichnungsautomaten oder aber ausgeprägte Fertigkeiten, den Routinen des Gewussten entgegenzuwirken. Erzeugt wird die Vorstellung, noch nicht zu wissen. Zu diesem Zweck werden in beiden Fällen Materialien in der Rolle eines Jenseits-der-Idee erschaffen, auf das sich Bezug nehmen lässt. Die Vorstellungen *starken Dokumentierens* üben Effekte auf den Erkenntnisprozess aus, die auch der Systemtheoretiker Niklas Luhmann zu nutzen wusste.

Luhmanns Zettelkasten und starkes Dokumentieren

„Das Folgende ist ein Stück empirischer Sozialforschung. Es betrifft mich und einen anderen: meinen Zettelkasten." So beginnt Luhmann einen Erfahrungsbericht über *Kommunikation mit Zettelkästen* (Luhmann 1981). „Will man einen Kommunikationspartner aufziehen, ist es gut, ihn von vornherein mit Selbständigkeit auszustatten", schreibt Luhmann und organisiert seinen Zettelkasten als eine „offene Anlage". Er behauptet im Sinne *starken Dokumentierens*: „Für das Innere des Zettelkastens, für das Arrangement der Notizen, für sein geistiges Leben ist entscheidend, dass man sich gegen eine systematische Ordnung nach Themen und Unterthemen und statt dessen für eine feste Stellordnung entscheidet." Mit der Zeit entstehe „eine Art Zweitgedächtnis, ein alter Ego, mit dem man laufend kommunizieren kann. Es weist, darin dem eigenen Gedächtnis ähnlich, keine durchkonstruierte Gesamtordnung auf, auch keine Hierarchie und erst recht keine lineare Struktur wie ein Buch. Eben dadurch gewinnt es ein von seinem Autor unabhängiges Eigenleben.

Luhmann und sein Gegenüber   Foto: Detlef Horster 1996

"Wenn der Zettelkasten nach einigen Jahren genügend Eigenkomplexität entwickelt habe, werde er zu einem „sensiblen System, das auf vielerlei Einfälle, sofern sie nur notierbar sind, intern anspricht." Luhmann baut sich aus eigenen Notizen ein starkes Gegenüber, ein Jenseits seiner aktuellen Idee, mit dem es sich kommunizieren lässt. „Der Zettelkasten gibt aus gegebenen Anlässen kombinatorische Möglichkeiten her, die so nie geplant, nie vorgedacht, nie konzipiert worden waren."

Was bei Luhmann der Griff in einen eigenwilligen Kasten ist, stellt bei den untersuchten Dokumentarfilmschaffenden und ethnomethodologisch Forschenden der Bezug auf ein Material dar, welches alltäglichen Sinnstiftungsmechanismen möglichst fremd sein soll. „So nie vorgedacht" soll dasjenige sein, das im Umgang mit den starken Dokumenten entsteht: die unreine Komposition einer neuen Sichtweise oder die überraschende Geordnetheit sozialer Interaktion, entdeckt anhand einer automatisierten Aufzeichnung. Immanenz und Transzendenz verbünden sich: Es geht um das Überschreiten der Grenzen des bislang Erfahrenen und Gewussten anhand der Vorstellung, etwas Immanentes (dem Gegenstand Innewohnendes und die Grenzen der Erfahrbarkeit nicht Übersteigendes) finden zu können. Zu diesem Zweck wird ein Jenseits-der-Idee entworfen und von nackten Reproduktionen und wahren Momenten gesprochen. Fern der Idee, aber gleichzeitig unmittelbar und nur unmittelbar erreichbar, konzipiert *starkes Dokumentieren* seinen Gegenstandsbezug. Dafür beziehen die ProtagonistInnen dieser Spielart des Dokumentierens Prügel von denen, die aus einer erkenntnistheoretischen Perspektive des Gemachtseins von Repräsentationen heraus urteilen. Doch wird dieses In-die-Ferne-Rücken des zu Entdeckenden zur Chance seiner Neuentdeckung als Noch-nicht-Gewusstes.[27] Diesen Effekt bringt starkes Dokumentieren hervor.

---

27 „Das Realismus-Programm der Fotografie basiert letztlich auf nichts anderem als auf dem Glauben, dass die Wirklichkeit verborgen ist" (Sontag 1995: 116).

Streitpunkt: Das Verbergen der Autorschaft

Das Konzept *starken Dokumentierens* kultiviert in Opposition zu alltäglichen Praktiken eine Vorstellung oder Forschungshaltung des Noch-nicht-Wissens. Sie bewegt sich im Rahmen der Einleitung von Entdeckungsprozessen. *Starkes Dokumentieren* ist demnach nicht so einfach zu den verstaubten Akten zu legen, denn dabei würde das Kind (seine nützlichen Effekte) mit dem Bade der Ideologiekritik ausgeschüttet.

Die weiteren Konzepte des Dokumentierens sind jedoch nicht allein aus ihrer Opposition zur Alltagspraxis, sondern insbesondere aus einem ideologiekritischen Bezug auf *starkes Dokumentieren* heraus zu verstehen: Das Verbergen der Autorschaft wird nicht als eine Strategie diskutiert, von der eigenen Unwissenheit auszugehen, sondern wird hinsichtlich der daraus resultierenden Autorität in Frage gestellt, mit der Inhalte anschließend zur Darstellung gebracht werden. Die repräsentationskritischen Debatten bewegen sich auf der Ebene einer Kritik der Rhetorik. Fokussiert werden dabei die epistemologischen Implikationen von Darstellungsweisen – nicht aber die Prozesse der Generierung von Darstellungen, nicht also die kulturwissenschaftliche Forschungspraxis. Kritisiert wird insbesondere eine Rhetorik, bei der die eigene Autorschaft unterschlagen und Realität als unmittelbare, nicht durch Konstruktionen der Autorschaft vermittelte, Realität behauptet wird. Dies hat Versuche zur Folge, das zu unterlassen, was ich als *starkes Dokumentieren* interpretiert habe. Aber was bedeutet es für kulturwissenschaftliche Wissensprozesse, wenn anstelle neuer Gegenstandsbezüge („starker Dokumente") nun Autorschaften stark gemacht werden sollen? Ist *Anti-Dokumentieren* eine Lösung, jeglichem Dokumentieren zu entkommen?

3 Anti-Dokumentieren.
Konstruieren als Dokumentationsaskese

Die Proklamation einer *Krise der ethnographischen Repräsentation* und die daran anknüpfenden Studien zur wissenschaftlichen Erkenntnis machten Kulturbeschreibungen fragwürdig, die eine scheinbar unmittelbare und **die** Realität beanspruchende Darstellungsweise wählen.[1] Es entstanden eine Reihe von Studien, die wissenschaftliche Texte als literarische Gattung betrachteten oder nach Konstruktionsprinzipien kulturwissenschaftlicher Repräsentation fragten, mit Titeln wie *Writing Culture* (Clifford/Marcus 1986), *Observers Observed* (Stocking 1983) oder *Fieldnotes* (Sanjek 1990). Aus *Wilden* wurden dabei *Die künstlichen Wilden* (Geertz 1988/1990). Im Zentrum einer Ideologiekritik an ethnologischen und soziologischen Forschungskonventionen steht seitdem die verdeckt mächtige Autorität wissenschaftlicher AutorInnen mit ihren monologischen Darstellungen und der Verabsolutierung *einer* Perspektive (siehe Berg und Fuchs 1993: 82ff.). Clifford spricht von Varianten „ethnographischer Autorität" (1988: 4f.), die fragwürdig wurden. Forschung als Dialog zu verstehen und wissenschaftliche Sichtweisen als Fragmente oder Teilwahrheiten zu handeln, führte in den 80er und 90er Jahren insbesondere zu Experimenten auf der Darstellungsebene von Forschungsergebnissen. Dialoge aus dem Feldaufenthalt wurden in Texten zitiert; über unterschiedliche Stimmen wurde versucht, polyphone statt monologische Texte hervorzubringen; Reflexivität sollte den intersubjektiven Entstehungszusammenhang der Ethnographie durchschaubar machen (vgl. Berg und Fuchs 1993: 87). Es ging um das Sichtbarmachen wissenschaftlicher Wirklichkeitskonstruktion und die Dekonstruktion naturalistischer Eindrücke. Dies soll nun als Versuche eines *Anti-Dokumentierens* betrachtet werden.

Der Begriff *Dokumentieren* geriet in den Verruf, ein Denken vor der Repräsentationskritik zu verkörpern. Folglich entstand eine Tendenz, das Dokumentieren verabschieden zu wollen. An der Universität Hildesheim nahm 1995 das interdisziplinäre Graduiertenkolleg *Authentizität als Darstellungsform* seine Arbeit auf und setzte sich zum Ziel, die verdeckten Konstruktionen von Authentizitätseffekten zu erforschen. Mein eigenes Dissertationsprojekt startete ich im Rahmen dieses Kollegs unter dem Titel *Doing Fiction. Versuche der Authentizität zu*

---

1 Eine deutsche Übersetzung zentraler Beiträge der repräsentationskritischen Debatte findet sich in Berg und Fuchs 1993.

entkommen. Versuche, nicht mehr zu Dokumentieren, stellen einen der Kontexte dar, in denen es ums Dokumentieren geht – und die womöglich eine seiner Spielarten hervorbringen.[2]

Anti-Dokumentieren geht von starken AutorInnen aus. „Alles was gesagt wird, wird von einem Beobachter gesagt" formuliert Humberto Maturana als Schlüsselsatz des Konstruktivismus. Dies widerspricht ausdrücklich den Vorstellungen von einem Jenseits-der-Idee, die beim *starken Dokumentieren* mobilisiert werden. Während *starkes Dokumentieren* auf Entdeckungen zielt, steht dem *Anti-Dokumentieren* die Erfindung näher.[3] Anstelle der Zurückhaltung der AutorIn soll ihr Eingreifen und Gestalten vor Augen geführt werden. Realität gilt als etwas, das ohne eine Form der Vermittlung, ohne eine Konstruktion ihrer Wahrnehmung und Darstellung nicht kommunikativ zugänglich ist. Doch sollen die anti-dokumentarischen Konzepte hier nicht aus einer erkenntnistheoretischen Position heraus bewertet werden. Stattdessen geht es auch in diesem Fall um eine kulturelle Beschreibung wissenschaftlicher Praxis. Analysiert werden Konzepte hinsichtlich ihrer erkenntnispraktischen Ideale. Dabei soll herausgefunden werden, für welche forschungspraktischen Probleme *Anti-Dokumentieren* eine Lösung darstellt. Im Folgenden werden drei Varianten vorgestellt, die auf die Problematik *starken Dokumentierens* mit einer Thematisierung der Autorschaft antworten: *Empirische Reflexivität* ist eine Variante, bei der die Autorschaft retrospektiv zum Gegenstand der Forschung wird.[4] Die Strategie *legitimer Autorschaft* entmachtet die AutorIn kulturwissenschaftlicher Dokumente zugunsten indigener Stimmen. *Doing Fiction* (etwas so tun, dass es als gemacht erscheint) verlangt die Sichtbarkeit der Autorschaft und strebt nach einer Reflexivität von Darstellungen als Darstellungen. Wieder sind es Beispiele im Umgang mit audiovisuellen Materialien, an denen die Varianten dieser Spielart untersucht werden. Die kritische Distanz, aus der heraus gerade das *Anti-Dokumentieren* in den Blick genommen wird, hat den Hintergrund, dass ich mich der Reflexivitätsdebatte selbst verpflichtet fühlte und eigene Erfahrungen mit den Grenzen eines *Anti-Dokumentierens* gemacht habe.

---

2 PÖRKSEN: Was aber ist mit Realitäten, die man ablehnt, die man nicht kreieren möchte? Entkommt man ihnen durch Negation? VON FOERSTER: Nein, das glaube ich nicht. Der erste, der mich darauf aufmerksam gemacht hat, war Ludwig Wittgenstein. So findet sich im Tractatus logico-philosophicus der berühmte Satz: Wenn man über eine Proposition „p" und ihre Verneinung „non p" spricht, so spricht man von demselben. Die Verneinung bedeutet, das ist die Schlussfolgerung, eine Bestätigung. (Pörksen 2001: 41)

3 „Objektivität = glauben, dass die Eigenheiten des Beobachters keinen Eingang in die Beschreibungen seiner Beobachtungen finden. Konstruktivismus = wenn der Begriff ‚Entdeckung' durch den Begriff ‚Erfindung' ersetzt wird" (Heinz von Foerster, zitiert in Ceruti 1991: 31).

4 *Empirische Reflexivität* wird ausgiebiger als die anderen Varianten vorgestellt, da zu diesem Konzept eigene Erfahrungen vorliegen, auf die Bezug genommen werden kann.

3.1 Empirische Reflexivität. Exemplarische Analyse reflexiver Erforschung visueller Ethnographie

In den Jahren 1991-93 wurde von Klaus Amann und mir ein autodidaktisches Videoprojekt in einem molekularbiologischen Labor durchgeführt.[5] Unser gemeinsames Interesse bestand darin, eine an audiovisuellen Aufzeichnungen orientierte Methodologie zu erproben. Darüber hinaus suchten wir nach einem empirischen Zugang zur Beschreibung eigener Forschungspraxis. Es sollte Ethnographie der Ethnographie betrieben werden. Die Rollenverteilung im Feld war die eines felderfahrenen Supervisors und einer Studentin, die mit der Kamera auf der Schulter in eine ihr fremde Welt stolpert. Darüber hinaus wurden wir in wechselnden Rollen zu einem Filmteam.

Das Projekt setzte nicht am ethnographischen Endprodukt an, sondern am Forschungsprozess selbst. Geforscht wurde in zwei Phasen: Zunächst wurde mit der Kamera ethnographisch gearbeitet (beobachtet, aufgezeichnet, analysiert, geschnitten), um dies in einer zweiten Phase reflexiv auswerten zu können. Dieses Konzept wird als *empirische Reflexivität* (vgl. Amann 15.6.1991: 6f.) verstanden, indem Aufzeichnungen aus dem eigenen Forschungsprozess zum Datenmaterial der reflexiven Analyse werden.[6] Wie kommen filmende EthnographInnen zu ihren Gegenständen und Resultaten? Wie werden Video-Materialien zu Dokumenten gemacht? Dies sind im Rahmen *empirischer Reflexivität* Fragen an die eigene Forschungspraxis.[7]

Reflexive Thesen zum Dokumentieren

Was bedeutet *Dokumentieren* als Ergebnis empirischer Reflexivität? Können anhand einer reflexiven Studie Regeln einer Spielart des Dokumentierens oder Regeln des Vermeidens von Dokumentation entdeckt werden? Die erste Phase

---

5 Hintergrund dieses Projektes ist die Forschungspraxis von Amann im Kontext wissenschaftssoziologischer Laborstudien. Über ethnographische Beobachtungen in biologischen und physikalischen Laboratorien werden naturwissenschaftliche Wissensprozesse hinsichtlich ihrer sozialen Konstruktion untersucht. Ermöglicht wurde unser Projekt nicht zuletzt durch die Aufgeschlossenheit der Laborgruppe von Dr. Rudi Balling am MPI, Freiburg.
6 Zu Datenmaterial über das eigene Vorgehen wurde das Projekttagebuch, die Videoaufzeichnungen selbst und deren Schnittversionen, Audiomitschnitte von Arbeitsbesprechungen, Notizen eines Kollegen, der das beobachtende Filmteam am Schneidetisch beobachtete usw..
7 Zur Auswertung des Projektes siehe Mohn 1993 (Magisterarbeit).

des Projektes bestand darin, das Biologielabor wie eine fremde Kultur zu betrachten.[8] Molekularbiologie war ein mir unbekannter Kontext wissenschaftlichen Arbeitens. In einer zweiten Phase wurde dann die reflexive Wende durchgeführt: Das Betreiben *visueller Ethnographie* sollte anstelle des Labors zum Gegenstand der Studie werden. In einem fiktiven Dialog reflektiert E.M. den Forschungsbeginn und ihre beiden Beobachtungsfelder Molekularbiologie (M) und visuelle Ethnographie (E):

Molekularbiologie (M):
Du hast zwei unserer alltäglich praktizierten Verfahren als etwas Exotisches beschrieben. Du fandest unsere Fotos eigenartig, weil sie nichts Sichtbares abbilden, sondern erstmalig Spuren eines unsichtbaren Gegenstandes zeigen. Ich zitiere Dich: „Sie geben dem Unsichtbaren ein Gesicht. Fotos (im Labor Film genannt) avancieren vom Abbild zum Bild." Wir würden nie eine grundsätzliche Unterscheidung treffen zwischen einem Embryo-Schnitt vor und nach seiner weiteren Bearbeitung. Doch Du hast Dich dafür interessiert, wie Embryos in zweidimensionale, unvergängliche Bilder transformiert werden können und hast unsere Ergebnisse Zwitter genannt, die gleichzeitig Repräsentation und Organismus beinhalten, die im wörtlichen Sinne OBJEKTiv sind.

Ethnographie (E):
Ich hatte von meinen eigenen Repräsentationsverfahren die Vorstellung, dass sie ganz anders funktionieren als Eure. Mal ganz davon abgesehen, dass wir unseren Untersuchungsgegenstand nicht manipulieren – zumindest nicht physisch –, sind unsere visuellen Repräsentationen immer etwas vom Untersuchungsobjekt getrenntes, etwas, was dem Beobachtbaren nur annähernd gerecht werden kann. Sie sind Porträt, nicht Gesicht. Im Zentrum steht die beobachtbare Welt – Bilder sind nur Versuche, dieser Welt gerecht zu werden.

M: Unsere Welt ist auch beobachtbar. Unsere Tätigkeiten kreisen darum, diese Mikro-Welt beobachtbar zu machen. Wie Amann (5.3.1992) es formulierte: „Der Beobachtungsbegriff im Biologielabor geht nicht davon aus, dass es das, was beobachtet werden soll, bereits gibt. D.h. Beobachtungsgegenstände werden systematisch erzeugt. Es sind die selbst eingeleiteten Prozesse, die beobachtet werden." Deinen Beobachtungen nach sind unsere Bilder im praktizierten wissenschaftlichen Alltag die beobachtbare Welt und es kann der Eindruck entstehen, die Repräsentationen seien wichtiger als das Repräsentierte.

---

8 Eine Forschung zunächst mit fremdem Blick zu beginnen gilt als Strategie, ausreichend Distanz zu allzu Vertrautem zu gewinnen. Vgl. Amann und Hirschauer 1997, die von „Befremdung der eigenen Kultur" sprechen.

E: Das Repräsentierte degeneriert letztendlich zum Material für die Herstellung einer sichtbaren Repräsentation.

- Fortsetzung fiktiver Dialog folgt -

Exotisch erscheint das, was abweicht von der Vorstellung über das eigene Tun. In der exotischen Phase richtet sich der Blick insbesondere auf das an der Beobachtungsperson gemessene Anderssein. Dabei ist Exotik nicht etwas, das dem Fremden anhaftet, sondern ist Ergebnis einer Exotisierung, welche die fremde BeobachterIn betreibt.

Othering bezeichnet die Einsicht, dass die Anderen nicht einfach gegeben sind, auch niemals einfach gefunden oder angetroffen werden – sie werden gemacht. Für mich sind Untersuchungen über Othering Untersuchungen über die Produktion des Gegenstandes der Anthropologie. (Fabian 1993: 336f.)

Othering zu betreiben, hat eine selbstbezügliche Komponente, die im Rahmen einer reflexiven Strategie genutzt werden kann: Es entstehen durch das anfängliche Nichtverstehen im Feld exotische Wahrnehmungen und Darstellungen des Laboralltags, die später als Spiegelung von Vorstellungen über eigene Verfahrensweisen ausgewertet werden können.

Durch die Strategie empirischer Reflexivität wurde bereits in der ersten Phase unseres Projekts *Molekularbiologie* in Bezug auf eigene Verfahren betrachtet. Umgekehrt wurde *visuelle Ethnographie* später erst durch die Beobachtungen molekularbiologischen Forschens auf eine spezifische Art und Weise, gemessen an Kontrasten und Analogien zur Laborforschung, beschreibbar. In einem anderen Feld durchgeführt, wäre sicherlich auch eine andere Art der Beschreibung visueller Ethnographie entstanden. Eine erste These zum *Dokumentieren* als Ergebnis empirischer Reflexivität lautet:

1. These   Dokumentieren ist durchdrungen vom Forschungskontext. Ethnographische AutorInnen bauen sich im Feld ihre Anderen und bringen ihren Forschungskontext in die Gegenstandskonstitution ein.

Versuch, das eigene Filmteam zu befremden

Das Filmteam, als ProtagonistIn der reflexiven Auswertung, soll in den Blick gerückt werden. Zu diesem Zweck ist eine Exotisierung hilfreich: Untersucht wird ein unbekanntes Wesen, das sich nach eigenartigen Regeln in Beobachtungssituationen einbringt. Für eine Notizbuch-EthnographIn wäre der beste Beobachtungsplatz dieses Labors der selten benutzte Arbeitsplatz in Türnähe, an dem man nicht im Weg steht. Filmaufnahmen können von dort aus nicht gemacht werden: Gegenlicht! Das Filmteam wählt daher einen ungewöhnlichen Beobachtungsstandort. Vom Fenster aus, mitten im Geschehen, an Plätzen, wo in der Regel gearbeitet wird. Auf der Lauer sein nach einem freien Platz am Fenster, wird Teil der Beobachtungstätigkeiten. Während es die Lichtverhältnisse in diesem Fall erzwingen, den Beforschten „auf die Pelle zu rücken", erfordert der Bildausschnitt der Kamera eine gewisse Distanz zum Geschehen. Hinzu kommt ein Problem durch von der Kamera aus geführte Dialoge, bei denen die BiologInnen eine Nähe zur Kamerafrau einnehmen – eine Dialognähe –, die für die Kamera auf ihrer Schulter zu nah ist. Die Videobeobachtung erfordert Distanzen, die sich nicht ohne weiteres mit kommunikativen Regeln decken. Die interagierende Kamerafrau bedient abwechselnd den Bildausschnitt der Kamera und den Blickkontakt mit den BiologInnen. Können sie in ein Objektiv hinein kommunizieren? Es bedarf einer großen Vertrautheit, Blickkontakt verweigern zu dürfen. Ein Filmteam zu bilden stellt eine mögliche Lösung dar: Wer den Ton macht kann auch am besten Fragen stellen und in Dialogen den Blickkontakt aufrechterhalten.[9] Wer die Kamera bedient, kann den Bildausschnitt kontrollieren und darf mit den Augen hinter dem Sucher der Kamera – und damit als ansprechbare Kommunikationspartnerin – verschwinden. Zwei unterschiedlich wahrnehmende Personen, durch die Kabel technischer Geräte aneinander gekoppelt, bewegen sich nach Regeln durch den Raum, die alltäglicher Kommunikation nicht entsprechen. Amann und ich sozialisierten, oder besser technisierten uns in der ersten Woche im Feld in diese Hybridrolle hinein und auch unser Feld lernte, damit umzugehen.

2. These	Es erfordert eine spezifische personelle Konstellation, um Beobachtung, Interaktion und Aufzeichnung bewerkstelligen zu können. Audiovisuelles Dokumentieren ist idealer Weise Teamarbeit.

---

[9] Amann ist meistens Tonmann und hält in der Rolle eines Feldexperten, der nicht permanent Erklärungen auslöst, den Blickkontakt. Ich, die Fremde, übernehme meist die Kameraführung.

Empirische Reflexivität

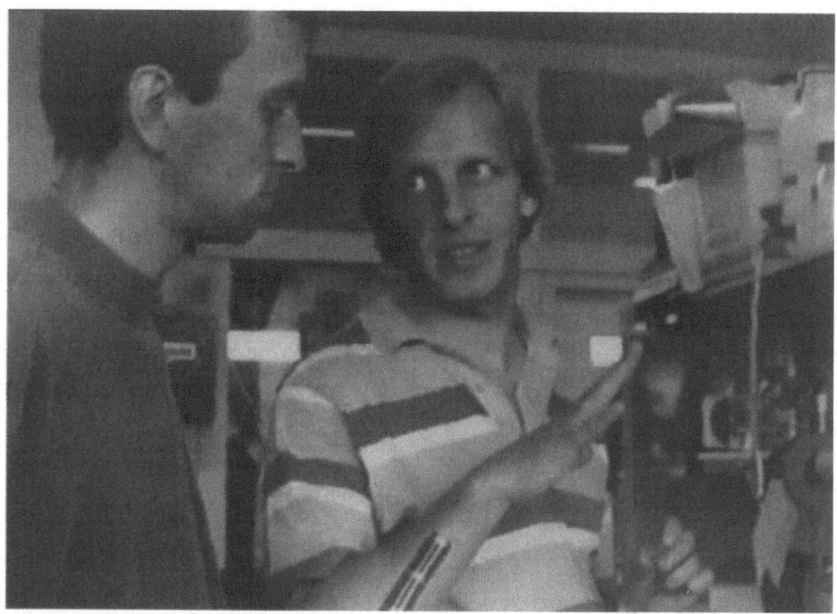

Blickkontakt zum Tonmann[10]

Im Schneideraum setzen sich die ungewohnten Interaktionen fort, bei denen die Aufzeichnungs- und Wiedergabeapparatur eine Rolle spielt. Wir nutzen das Angebot von Stefan Hirschauer, aus einer beobachtenden Distanz heraus ethnographisches Filmkonstruieren in den Blick zu nehmen und er notiert:

> K. und E. spielen oft unabhängig voneinander an Knöpfen, hängen verschiedenen akustischen und optischen Fetzen nach. Kopfhörer auf und ab, zurücklehnen, schreiben; Bild- und Tonatome rauschen vor und zurück, laut und leise, klar oder verzerrt. (...) Filmemachen scheint ein ständiges Dazwischenreden: alles Reden ist ‚dazwischen', weil immer etwas ‚läuft'. E. und K. und der Ton unterbrechen sich ständig gegenseitig. Das Material ‚spricht' und es zeigt sich scheinbar von selbst. (...) Die Filmemacher gucken ihren Film: zurückgelehnt, mit verschränkten Armen, die Beine überschlagen oder auf den Stuhl hochgezogen. Wie in der Eisenbahn: Wir sind regungslos, die Welt fährt vorbei (genaugenommen sagt man hier, sie werde abgefahren). „Du verpasst was!" meint E. und spult den Film zurück, weil ich immer durch das Protokollieren abgelenkt bin. Aber ich sehe ohnehin gar keinen Film, sondern ein Labor in Freiburg (einen Text würde ich vielleicht deutlicher erkennen). (Hirschauer 12.5.1992)

---

10 Die Bilder zur empirischen Reflexivität sind Standbilder aus dem im Labor gedrehten Videomaterial (Amann und Mohn 1992).

Im Schneideraum entdeckt der ethnographische Beobachter eine fremdartige Interaktionsweise zwischen Personen vor und hinter dem Monitor: anwesende und abwesende Stimmen, die sich ständig gegenseitig unterbrechen und sich doch etwas mitteilen. Handgriffe, die für mich in einem Sinnzusammenhang stehen, beschreibt er als Aneinanderreihung von Bewegungen („Kopfhörer auf und ab ..."), Geräusche als Atome. Ähnlich fremd und noch zusammenhangslos habe ich anfangs das Biologielabor wahrgenommen: Irgendeine Arbeit eines Biologen wurde beobachtet, ohne einen Unterschied zu der Arbeit der technischen Assistentin zu erkennen, denn beide hantierten mit einer Pipette und diversen Flüssigkeiten, die alle gleich aussahen. Everyone is pipetting, so der erste Eindruck, der in der folgenden Szene aus den Aufzeichnungen im Labor thematisiert wird:

B = post doc Biologe   K = Kamera-Beobachterin

Biologe: *So what you are going to see, is just pipetting again (...) I hope it's not boring for you...*
Kamera-Beobachterin: *Is this now the same thing you did... this morning? (Pause) this pipetting?*
B: *No no no no.*
K: *No, a completely different thing.*
B: *(lacht) I think I'm progressing. The way I make them is the same, but I'm working with something different.*
(Video-Tonspur 1 - 6: 1.30.44f.) [11]

Sinnzusammenhänge ergeben sich erst in einem langwierigen Prozess von Beobachtungen, Fokussierungen, Gesprächen und analytisch-distanzierten Auswertungen. Ein reflektierter Umgang mit exotischen Eindrücken hilft, eine Unterscheidung zu treffen zwischen eigenen Interpretationen des oberflächlich Sichtbaren und der Wissensordnung des Feldes. Das Filmteam wurde befremdet, um sich für eine reflexive Studie zu sensibilisieren. Zu welchen Ergebnissen kommt empirische Reflexivität bei der Rekonstruktion eines audiovisuell betriebenen Forschungsprozesses?

---

11 Die Angabe bedeutet: Kassette 1, Sequenz 6, Sekundenzählwerk 1.30.44. Zitate der Video-Tonspur beziehen sich auf das im Labor gedrehte Videomaterial (Amann und Mohn 1992).

Empirische Reflexivität 75

Gegenstandskonstitution und Erhebungsinstrumentarium

Ausgelöst durch das Erhebungsinstrument Kamera, ergibt sich ein thematischer Fokus auf die Problematik der Sichtbarkeit im molekularbiologischen Labor. Auszug aus einem Arbeitspapier:

> Biologen verbringen den größten Teil ihrer Zeit damit, Sichtbarkeit herzustellen und betreiben eine besondere Repräsentationskultur. Sie benutzen Filme, um darauf erstmalig Spuren ihres Untersuchungsgegenstandes zu sehen. Embryos werden in Bilder umgestaltet, die gleichzeitig Organismus und Repräsentation sind. (Mohn 8.5.1992)

Diese Formulierungen spiegeln die verwendete audiovisuelle Aufzeichnungstechnologie: **Sichtbarkeitskonstrukteure und Sehkünstler** bevölkern demnach das Labor.

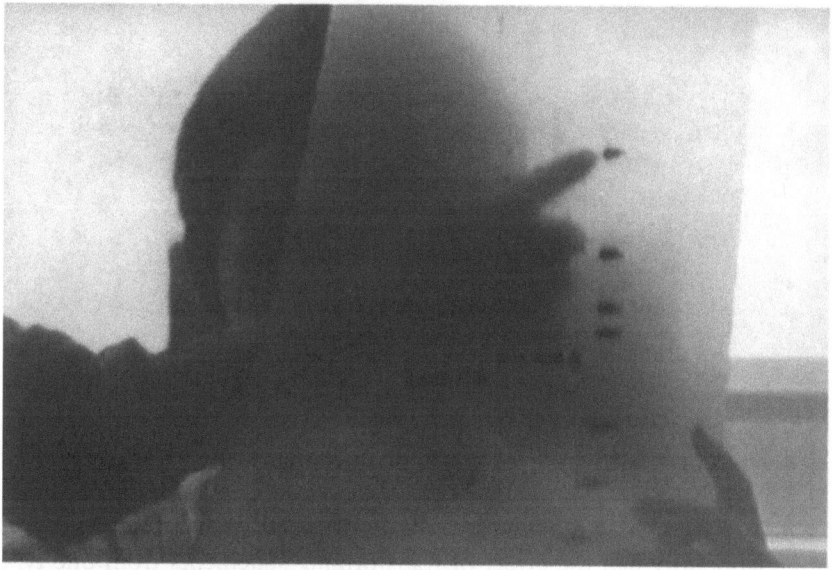

Rätselhafte Zeichen im Bildausschnitt der Kamera

Bruno Latour entdeckt biologische Laborforschung anders:

> After several further excursions into the bench space, it strikes our observer that its members are compulsive and almost **manic writers** (Hervorhebung E.M.). Every bench has a large leatherbound book in which

members meticulously record what they have done against a certain code number. This appears strange because our observer has only witnessed such diffidence in memory in the work of a few particularly scrupulous novelists. It seems that whenever technicians are not actually handling complicated pieces of apparatus, they are filling in blank sheets with long lists of figures; when they are not writing on pieces of paper, they spend considerable time writing numbers on the sides of hundreds of tubes, or pencilling large numbers on the fur of rats. (...) Our anthropological observer is thus confronted with a strange tribe who spend the greatest part of their day coding, marking, altering, correcting, reading, and writing. (...) What then is the point of killing animals? How does the consumption of material relate to the writing activity? (Latour 1979: 48f.)

Von Latour entdeckt: Stamm der Statement-Produzenten

Der textproduzierende Ethnograph entdeckt die exotischen Schreiber.[12] "Activity in the laboratory had the effect of transforming statements from one type to another" (Latour 1979: 81). Latour kommt über Beobachtungen von Schreib- und Beschriftungsaktivitäten zu der Frage, welchen Zusammenhang es zwischen diesen Aktivitäten und dem materiellen Geschehen im Labor geben könnte. Die Video-Beobachtung geht vom materiellen Geschehen aus, thematisiert das Problem der Sichtbarkeit und bezieht Schreibaktivitäten wie Protokollieren und Beschriften erst ein in dem Bewusstsein, dass diese Tätigkeiten Hilfsmittel bei der

---

[12] Indem Latour von „tribe" spricht, benutzt er die Technik der Befremdung, um seinen Leser-Innen einen neuen Blick auf womöglich allzu Vertrautes zu eröffnen.

Herstellung von Sichtbarkeit im Labor sind. Vordergründig sieht die Kameraethnographin die TeilnehmerInnen nicht schreiben, sondern sehen, und insbesondere sehen, was sie nicht sieht.

Während Latour als Textschreiber auf der Fährte der wilden Schreiber den Stamm der Statement-Produzenten entdeckt, finden Amann und Knorr Cetina mit einem Tonband unterm Arm die massive Bedeutung der Gespräche am Arbeitsplatz für die Konstruktion molekularbiologischer Forschungsergebnisse heraus. Sie charakterisieren das molekularbiologische Labor

> ... als in extremer Weise mündlich strukturiertes Labor. Clifford Geertz (1973) und Latour und Woolgar (1979) haben Wissenschaftler als „zwanghafte" Schreiber charakterisiert. (...) Wenn das richtig ist, so sind viele Wissenschaftler aber um so mehr **zwanghafte „Schwätzer"** (Hervorhebung E.M.) – zumindest gemessen an der Zeit, die in bestimmten Laboratorien auf Gespräche verwendet wird und ein Vielfaches der Schreibtätigkeit ausmacht. (Knorr Cetina 1988b: 94)

Anhand von Tonaufzeichnungen und deren Transkription thematisiert Amann Visualisierungsstrategien im Labor ausgehend von Diskursen (vgl. 1988 und 1990). Er beschreibt, wie Bilder kommunikativ als Dokumente gedeutet werden. Unser Videoprojekt führt einen Zugang über die Sichtbarkeit im Labor vor. Mit einer Kamera auf der Schulter werden BiologInnen durch ihren verbalen und nonverbalen Umgang mit Sichtbarkeit und Repräsentation charakterisiert.[13] Die konkrete Art und Weise, ein Feld in den Blick zu bekommen, verläuft medienspezifisch. Dokumentieren ist immer schon durchdrungen vom eingesetzten Instrumentarium.[14]

---

13 Auch die Metaphern verändern sich mit dem jeweiligen Erhebungsverfahren: „Die Substanz scheint ihre eigene Handschrift zu notieren" heißt eine Version von Latour. „Die Substanz scheint ihr Gesicht zu zeigen" heißt die von mir verwendete visuelle Version desselben Eindrucks. Wurde unter dem Etikett *writing culture* Ethnographie als literarisch konstituierte Wirklichkeitsdarstellung analysiert, so fehlt es bislang an Aufarbeitungen der Theorien und Praktiken des *filming culture* als durch den Kameragebrauch hervorgerufene Kulturdarstellung.

14 Technologien der Verschriftlichung, Vertonung oder Visualisierung erschaffen einen ethnographischen Gegenstand unterschiedlich: medienspezifisch. So lenken z.B. Tonaufzeichnungen auf die Sprachlichkeit von Kultur und sind Ergebnis von für Audio-Aufzeichnung geeigneten Situationen. Ein an audiovisuellem Material betriebener Wissensprozess lenkt auf die sich räumlich entfaltenden, verkörperten Formen kulturellen Wissens. Visuelle Kulturanalyse erfordert daher vorrangig Beobachtungs- und nicht Befragungsstrategien. In der Praxis werden die Forschungsinstrumentarien oft vorschnell einer Objektivierung des Forschens zugerechnet, anstatt ihre Medienspezifik zu bestimmen und zu nutzen. Barbara Keifenheim zeigt in ihrem Film *Naua Huni* (1984), wie sie Filmmaterial aus dem Ruhrgebiet – Film des weißen Mannes also – in ihrem indianischen Feld zum Einsatz bringt. Dieser Zugang führte zu einer Thematisierung von weißem Mann und Film: Die Filmvorführung löste bei den IndianerInnen Kommentare aus, in denen sie

> Film can never replace the written word in anthropology, but anthropologists are made conscious by their field experience of the limitations which words impose upon their discipline. We are beginning to discover how film can fill some of the blind spots. (MacDougall 1978: 405)

Ein Kriterium wissenschaftlicher Gültigkeit sollte nicht darin bestehen, über verschiedenen Methoden zu gleichen Ergebnissen zu kommen, denn dies würde die Medienspezifik des Forschens ignorieren und ihr Potential verspielen. Die drei unterschiedlichen *Stammesentdeckungen* im Biologielabor verweisen auf diese interessanten Differenzen im methodischen Vorgehen und ihren Niederschlag im Ergebnis. *Visuelle Ethnographie* zielt auf eine Anschaulichkeit von Kultur. Ihr Zugang ist Zeigen. Dadurch ergibt sich eine spezifische Form des ethnographischen Verstehensprozesses und der Gegenstandskonstitution, die sich an einem Sehenverstehen orientiert.

3. These   Dokumentieren ist durchdrungen vom eingesetzten Instrumentarium. Es wird eine Perspektive auf den Gegenstand bevorzugt, die das eigene Verfahren bedient.

Probleme des Dokumentierens beim Feldzugang

Das Fremdsein im Labor und die Attraktivität von Oberflächen für ein visuelles Aufzeichnungsgerät leiten zunächst die Kameraführung an. Dies wird im ersten Teil des Videofilms *Sehstörung* zur Darstellung gebracht:[15]

> Die Kamera schwenkt über ein scheinbares Chaos auf den Arbeitstischen des Labors: Pipetten, Flüssigkeiten in Gläsern, diverse Materialien und Geräte, Zettelhaufen, Handschuhe, Abfallsäcke. Ein blaulila gefärbtes Mausskelett. Haufen von Fotos auf einem Schreibtisch. Dann Hände, die weiße Handschuhe anziehen, Hände die eine Substanz im Röhrchen (tube) schütteln, Hände die mit einer Pipette hantieren. Biologinnen und Biologen begutachten tubes mit ihren Augen.
> Verschiedene rätselhafte Zeichen im Labor werden vorgeführt: Folien und Fotos mit Streifen oder Strichen, Dias, Glasplatten auf denen kleine Bildchen kleben. Dazu fremdartige Geräusche, eine Maschine heult auf,

---

ihr Bild vom weißen Mann an die vorgeführten Bilder hefteten. Das Filmerlebnis selbst wurde mit den eigenen Erfahrungen im Umgang mit Drogenvisionen verglichen und beurteilt. So werden bei Keifenheims Verfahren IndianerInnen durch ihren Blick auf den weißen Mann und seine Film-droge beschrieben.

15 Audiovisuelles Ergebnis unseres Projektes ist das Video *Sehstörung* (Mohn und Amann 1993). Rekonstruiert wird die Annäherung an das Labor als videogeleiteter Verstehensprozess.

Empirische Reflexivität

> heult ab. Bild- und Geräuschexotik. In einer Dunkelkammer wird eines der rätselhaften Fotos hergestellt. Das Licht geht aus und ein Spiel blauer Farben scheint die Kamerafrau zu begeistern. Als das Foto von BiologInnen gelesen wird, wiederholen sich im Ton Dialogfetzen: *"and this is what kind of – and this is what kind of – nothing can be seen, but I think – nothing can be seen, but I think – usually there is no kind of problem in this transformation, so – usually there is no kind of problem in this transformation, so."*

Rekonstruiert wird im Video eine bruchstückhafte Wahrnehmung. Anstelle des Alltags im Labor wird das In-den-Blick-Geraten zum Thema. Banale Sichtbarkeit ist omnipräsent im Labor. Die Kamera ist prädestiniert zur Aufzeichnung von oberflächlich Sichtbarem. Beides zusammen wird zu einer Versuchung, mit der Videokamera in einer bedeutungslosen Vollständigkeit sichtbare Arbeitsvorgänge aufzuzeichnen. Ein erster Verstehensversuch:

B = post doc Biologe   K = Kamera-Beobachterin

Biologe: *So those are the positive controls...here you have 3A to 3F. This was positive so one of these at least should be positive, if what I did was correct.*
Kamera-Beobachterin: *And how can you see that?*

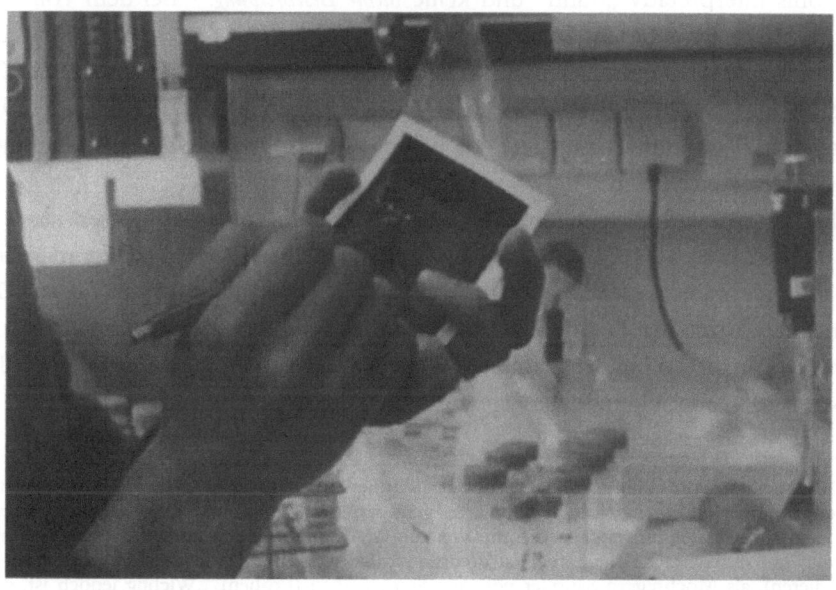

... and this is a puhl dabbelju (pool w)

B: *Just like...* (er geht zu seinem Schreibplatz und sucht aus einem Haufen Fotos eines heraus)... *here you see bands.*

K: Hm (Verstehen vortäuschend).
B: *And this is a pool w, which was initially positive, ja, this was positive in the faster screening, so I divided this pool w into twenty subpools.*
K: Hm.
B: *And then subpool 3, 5 and 7 showed positive and others are negative.*
K: *And how did you produce this foto? From what?*
B: *You make PCR, with DNA from the pool, make PCR and run it on the gel. So this one is the positive signal – o.k. let me explain. This is a mixture of 25000 cloons.*
K: *I don't understand anyway very much. Just do your work, I ask you afterwards.*
B: *O.k., o.k..* (Video-Tonspur 1 - 6: 1.30.44f.)

Die Kamera-Ethnographin kapituliert, als ein Japaner auf englisch Fachchinesisch spricht. Der fehlende Zugang zu Sprache und Wissen der Laborteilnehmer wird zu einer Hürde einer am Verstehen orientierten ethnographischen Visualisierung.

Dünne Beschreibungen - die Banalität des Sichtbaren

Der Gebrauch der Kamera als Aufzeichnungsgerät liefert zunächst etwas Oberflächenorientiertes und selbst Flaches. Lässt man eine Kamera laufen, so ist das Ergebnis interpretativ „dünn" und keine *dichte Beschreibung*.[16] Bei dem von Clifford Geertz verwendeten Kulturbegriff ist Kultur der Kontext, in dem Handlungen verständlich – nämlich dicht – beschreibbar sind. (vgl. Geertz 1983: 21) Geertz sieht das größte Hindernis für ein Verstehen in der Fremde in einem Mangel an Vertrautheit mit der Vorstellungswelt, innerhalb derer Teilnehmerhandlungen Zeichen sind (vgl. Geertz 1983: 19).

Den molekularbiologischen Kontext zu begreifen, innerhalb dessen das Tun der BiologInnen verständlich erscheint, gelingt demnach erst, indem man sich mit deren Vorstellungswelt vertraut macht. Dies hat Konsequenzen für ein Dokumentieren mit der Kamera: Nicht die Leere im Kopf der DokumentaristIn, nicht das Unwissen bei der Kameraführung garantieren es, eine Kultur darstellen zu können, sondern gerade der eigene Wissensprozess in Bezug auf das Feld.

---

16 An einem von Gilbert Ryle ausgeführten Beispiel erklärt Clifford Geertz den Unterschied zwischen dünner und dichter Beschreibung. Es geht darin um eine Bewegung des rechten Augenlides und diverse Deutungen, die diesem Vorgang zu Grunde liegen könnten: das ungewollte Zucken, ein heimliches Zeichen an einen Freund (Zwinkern), lächerlich machen eines Zwinkerers (Parodieren), als Möchtegern-Satiriker vor dem Spiegel üben (Proben). „Wichtig jedoch ist, dass zwischen Ryles ‚dünner Beschreibung' dessen, was der Probende (Parodierende, Zwinkernde, Zuckende...) tut (schnell das rechte Augenlid bewegen), und der ‚dichten Beschreibung' dieser Tätigkeit (einen Freund parodieren, so tun, als ob man zwinkerte, um einen Nichteingeweihten glauben zu machen, dass eine geheime Verabredung im Gange sei) der Gegenstand der Ethnographie angesiedelt ist: eine geschichtete Hierarchie bedeutungsvoller Strukturen, in deren Rahmen Zucken, Zwinkern, Scheinzwinkern, Parodieren und geprobte Parodien produziert, verstanden und interpretiert werden und ohne die es all dies - was immer man mit seinem rechten Augenlid getan haben mag - faktisch nicht gäbe" (Geertz 1983: 10f.).

Empirische Reflexivität

4. These   Dokumentieren ist erst dann erfolgversprechend, wenn es interpretativ gehandhabt werden kann.

> The burden of interpretation falls with a new immediacy upon the filmmaker at the time of filming (...) The filmmaker irrevocably defines and shapes the meaning of relationships that will be perceived by the audience. That process requires the same depth of understanding that informs all good anthropology. (MacDougall 1978: 416)

Doch wie ist diese Tiefe des Verstehens über audiovisuelle Forschungsmethoden zu erreichen? Wie kann anstelle des *writing culture* ein *filming culture* gelingen, wie aus *dichter Beschreibung* ein *dichtes Zeigen* kultureller Zusammenhänge werden?

Vorstellungen ersetzen Sehen

Im Labor entstand der exotische Eindruck einer Sichtbarkeit, die nicht mit der Kamera aufzunehmen ist. TeilnehmerInnen des Labors „sehen was, was du nicht siehst". Sehen durch Vorstellungen bedeutet in der Umkehrung kein (oder nicht dieses) Sehen ohne diese Vorstellungen. Wissen und Visualität sind miteinander verknüpft. Das bekannte ethnographische Verstehensproblem zeigt sich auf der visuellen Ebene als *Sehstörung*.

Mit der Kamera werden Oberflächen des Gegenstandes aufgezeichnet, an denen das Sehen ratlos aufgehalten wird, während die TeilnehmerInnen *hindurchblicken* zu dem in ihrem Kontext möglichen Bild. Ein Beispiel: Während einer feedback-Veranstaltung im Labor, berichtete die Kamera-Ethnographin über ihre Eindrücke beim Filmen eines Gel-Laufs.

> *I only saw two glass plates and nothing happening. And then Ann and Ken were there showing with their fingers on the gel, what here and there and – (Gelächter) – so it's a very different sort of seeing through a specific knowledge I think, which is very important I suppose, to do your work, to have this impression of everything is there and I know what it is. For me it was very interesting to watch, what I didn't see and you can see.* (Video-Tonspur 4 - 34: 0.10.00f.)

Wo mit der Kamera Glasplatten abgefilmt werden, stellen die Biologin und ihr Kollege einen Kontext her zu ihrem potentiellen Foto.

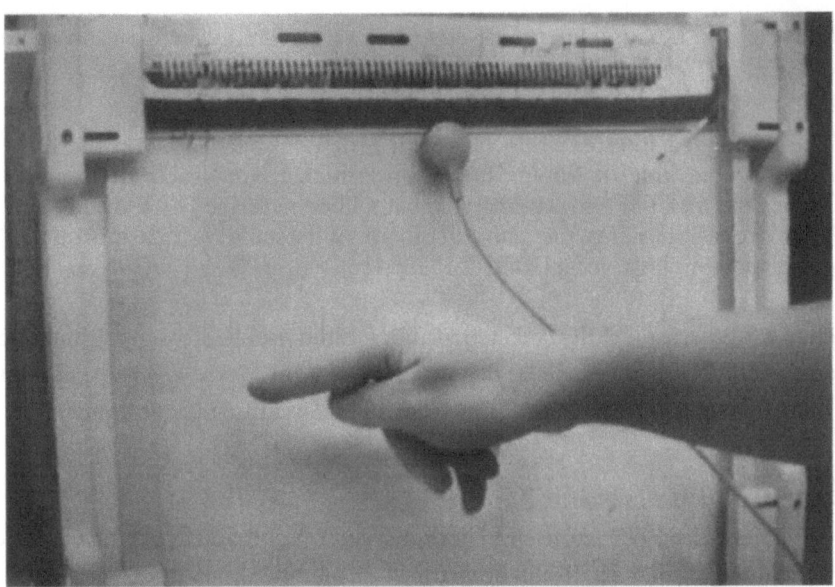

Sichtbar – unsichtbar?

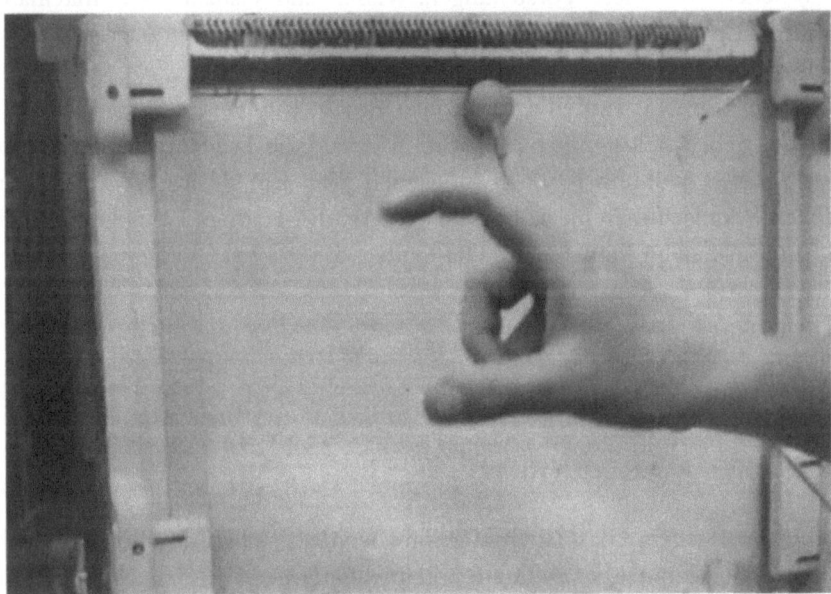

Beobachtung von Vorstellungs-Sehen

5. These Dichtes Zeigen bedarf eines vertraut Werdens mit der Vorstellungswelt, innerhalb derer beobachtete Handlungen Zeichen sind.

Das Videoprojekt im Labor war insofern ein Krisenexperiment, als mit der Kamera Grenzen der Sichtbarkeit abgeschritten und überschritten wurden.[17] In eine Welt zu stolpern, in der Visualisierbarkeit ein Problem darstellt, erwies sich als Zugang, Konstruktionen von Sichtbarkeit und Sehen beobachten zu können.

Fokussiertes Aufzeichnen und Direct-Cinema-Stil

Die Kamerabeobachtungen erreichten in den beiden knapp einwöchigen Feldphasen kein tieferes Verständnis eines molekularbiologischen Forschungsalltags. Es gelang jedoch nach und nach, interaktive Aspekte molekularbiologischen Visualisierens und Interpretierens in den Blick zu nehmen und einige fokussiertere Aufzeichnungen herzustellen. Dies wurde möglich durch eine veränderte Vorgehensweise: Das Filmteam hält sich aufnahmebereit und dokumentiert im Stil des *Direct Cinema*. D.h., sich mit der Kamera den BiologInnen an die Fersen heften und „shadowing" betreiben.[18] Anstatt weiterhin unverständliche Dialoge von der Kamera aus einzugehen, wird ein Filmteam gebildet. An die Stelle der Interaktion Kamerafrau und BiologInnen treten Interaktionen innerhalb der Laborgruppe. Deren internen Probleme beim Visualisieren und Deuten ihrer Bilder werden zum Thema. Auf der Tonspur der Aufzeichnungen verändert sich der Umgang mit Sprache: Aus exotischen Geräuschen und deskriptiven Erklärungen an die fremde Ethnographin werden Teilnehmerdialoge. Ein Beispiel aus den Videoaufzeichnungen, bei dem eine unbeschriftete Dose Verwirrung stiftete:

T = techn. Assistentin   B = post doc Biologin

---

17 Um meinem Verstehensproblem zu entkommen, suchte ich anfangs danach, anstelle unsichtbarer Substanzen und rätselhafter Zeichen, etwas Sicht- und Verstehbares vor die Kamera zu bekommen: Die am ausführlichsten dokumentierten Szenen der ersten Videoaufzeichnungen betreffen eine Begegnung mit Mäusen. Wir nahmen teil, als in einem Nachbargebäude, dem Mausstall, Embryonenmaterial fürs Labor besorgt wurde. Es bedurfte keiner langen Überlegungen, was hier zu filmen war: sterile Räume, Mäuse mit deformierten Schwänzen, das Töten von Mäusen, das Herausschneiden von Embryonen, Embryos ins Röhrchen, Maus in den Abfall. Anschließend wurden die Embryos im Labor seziert. Der sichtbaren Maus wurde ein Platz eingeräumt, den sie im alltäglichen Laborgeschehen nicht hat. Ich filmte umgekehrt proportional zum für die Laborteilnehmer wesentlichen Geschehen - einem mir nicht sichtbarem Geschehen.

18 Der Gebrauch dieses Ausdrucks stammt von Anja Frohnen, die sich als Ethnographin in ihrem Feld der Managementkultur verständlich macht, indem sie von „shadowing betreiben" spricht.

> **Biologin:** *Also wenn das nicht mehr wächst, dann können wir das vergessen.*
> **Technische Assistentin:** *Nee, das weiß ich jetzt auch gar nicht, ich hab die letzten PAX1 gar nicht gemacht, die hat ja der Harald gemacht.*
> **B:** *Die sind vom Mensch.*
> **T:** *Ach das ist Mensch – ach das ist das HAP48!*
> **B:** *Ja.*
> **T:** *Ja nee dann, dann ist das in Alkohol.*
> **B:** *Wahrscheinlich.*
> **T:** *Wir können im Computer mal gucken, da stehts glaub ich drin. Oder das steht in TE.* (Video-Tonspur 3 - 29: 1.20.53f.)

Das Beobachtungsteam nimmt in dieser Szene weder am Dialog teil, noch gibt es auf der Bildebene Blicke in die Kamera. Hinter dem *Direct-Cinema-Effekt* verbirgt sich eine Menge Vorarbeit: Als Beobachtende unproblematisch zu werden, erfordert Arbeit an der situativen Dethematisierung des Beobachtens.[19]

> Audiences are thus accomplices in the filmmaker's voluntary absence from the film – what Richard Leacock called "the pretense of our not being there" (Levin 1971: 204). From a scientific standpoint, the priorities of research also de-emphasize the filmmaker, because to pay attention to the observer is to draw valuable attention away from the subject at hand. (MacDougall 1998: 130)

Die Beobachtenden müssen so in die Situation eingebaut werden, dass sie nicht mehr permanent als Fremde und Gäste adressiert, sondern als BeobachterInnen zugelassen werden. Diese Vermeidung von Blicken in die Kamera erfordert Disziplin.

6. These   Dokumentieren in einem *Direct-Cinema-Stil* basiert auf einer ungewöhnlichen Interaktionsform, bei der das Beobachten nicht mehr direkt thematisiert wird.

Beim „Hinterherlaufen" sinnvolle Blicke auf das Geschehen zu richten, gelingt ebenfalls nicht „direkt", sondern erst, wenn das eigene Unverständnis gegenüber dem Feld zurückgestellt und durch eine Ahnung von Bedeutung ersetzt werden kann. Sinnvolle Blicke sind Resultat eines Annäherungsprozesses an Relevanzen des Feldes, wie auch an Perspektiven des eigenen Forschungskontextes. Ergebnis dieser Strategie ist eine bestimmte Art des Beobachtens und Aufzeichnens,

---

19 Die von Richard Leacock propagierte Methode des *Direct Cinema* hat Parallelen zur ethnographischen Beobachtung, die nach Amann und Hirschauer ein für das Feld akzeptables asymetrisches Beobachtungsverhältnis etabliert. Die BeobachterIn wird in dieser Rolle von Handlungszwängen entlastet und freigestellt für Beobachtung, Selbstbeobachtung und Aufzeichnung (vgl. Amann und Hirschauer 1997: 27).

die geeignet scheint, sich mit Laboralltag befassen zu können: Der *Direct-Cinema-Stil* entspricht einem *starken Dokumentieren*.

B = post doc Biologin   L = Laborleiter

Biologin: *Das is der southern blot, dieser Zooblot von der Cecilia mit dem Huhn und dem Mensch und der Maus, und dahinten müsste Maus laufen und da is nichts – das is Marker das is chicken, das is human und das müsste, das is die Länge für die Maus.*
Laborleiter: *Da siehste was Schwaches, ne siehstes da?*

B: (lacht) *Meinst Du.*
L: *Liegts noch auf oder liegts nich mehr auf?*
B: *Nee, liegt nicht mehr auf.*
L: *Dann machs mal mit niedrigerer Stringenz.*
B: *M hm.*
L: *Und dann wirste sehn, dann wirste das kriegen. Das kommt.*
B: *Gut. Du bist ja ab Mittwoch wieder weg?*
L: *Ja Mittwoch bin ich am EMBL.*
B: *Ah ja.*
L: *Und dann in Cambridge. Freitag Nacht bin ich wieder hier.*
(Video-Tonspur 4 – 37 :1.30.15f.)

Cut. Im nächsten Moment sieht man im Video *Sehstörung* dieselbe Biologin bei der Entgegennahme eines „Films" (Autoradiographie), dem Dokument ihres nächsten Versuchs. Sie (B) bespricht das Ergebnis mit einer Kollegin (K) auf dem Flur:

Biologin: *Das is Maus, ja.*
Kollegin: *Oder is das chicken?*
B: *Nee das is chicken, ja das is chicken.*
K: *Ja eben.*
B: *Zwei weiter is Maus.*
K: *Da is nix.*
B: *Nee, ne? Robert meinte, da sei was.*
(Video-Tonspur 4 - 64b: 1.24.30f.)

Bei dem Versuch, die Kamera auf alltägliche Situationen im Labor zu richten, erscheinen Tätigkeiten im Labor als eingebettet in soziale Interaktionen. Dies betrifft auch das Sehen der BiologInnen. Sicht- und Identifizierbarkeit von Zeichen werden verhandelt. Als das Video *Sehstörung* im Labor vorgeführt wird, kommentieren BiologInnen ihre Sehweisen:

Biologe: *Ich weiß es nicht, wie es aufgefasst worden ist (...) Der eine hat ne Ahnung von etwas, wovon der andere nun keine Ahnung hat. Da muss man nachhaken. Und wenn man das mit den richtigen Mitteln macht, dann sieht man wirklich was (...).*
Laborleiter: *Gerade die Sachen, wo du gerade was siehst, wo vielleicht andere nichts sehn, dass ist die eigentliche Entdeckung – und den Mut zu haben, da könnte was sein und dann so lange nachzuhaken, bis du es dann bewiesen hast, bis jeder Blinde das sieht (...). Also ich seh das so praktisch, als wenn ich im Dunkeln taste und nach nem Lichtschalter – versuche den zu kriegen und da sind noch ein paar andere seltsame Sachen an der Wand angenagelt. Und ich versuche jetzt so langsam rauszufinden, wo is der Lichtschalter, das geht noch so ein bisschen stochastisch am Anfang – Zufall – und dann: nach unten sacken – und irgendwann hab ich's.*
(Rudi Balling, 21.5.1993)

Deutungsprozesse sind für die beiden Biologen ein Weg, um das herauszufinden, was auf ihren Visualisierungen **wirklich** zu sehen ist. Wer „Ahnung hat" ist näher dran an einer „richtigen" Erkenntnis. Wie der Lichtschalter an der Wand werden die gesuchten Zeichen als reale Gegenstandsspuren gedacht.

Demgegenüber führen die ethnographischen Beobachtungen zu dem Eindruck, dass es eine Frage der Kontextierung des Blickes ist, die zu Deutungen führt, die sich in ihrem Kontext als brauchbar (Konstruktivisten würden *viabel* sagen) erweisen. Dieser Interpretation liegt die Annahme zugrunde, dass es keine von einer subjektiven Erschließung ausgenommenen Realitäten gibt. Von Glasersfeld schreibt, dass die Rolle des Wissens nicht darin bestehe, „objektive Realität widerzuspiegeln, sondern darin, uns zu befähigen, in unserer Erlebniswelt zu handeln und Ziele zu erreichen. Daher rührt der vom *Radikalen Konstruktivismus* geprägte Grundsatz, dass Wissen *passen*, aber nicht übereinstimmen muss" (Glasersfeld 1991: 24). Wenn BiologInnen schließlich gesuchte Zeichen wirklich sehen, hat dies zwangsläufig auch für alle, die dies so nachvollziehen, Realitätscharakter. Sie erzeugen eine geteilte professionelle Realität.

Die auf den Beobachtungsgegenstand *Labor* konzentrierten Videoaufzeichnungen fokussieren Realitätskonstruktionen der BiologInnen. Die Perspektive der *empirischen Reflexivität* führt umgekehrt zu Ergebnissen, bei denen nun auch die Realismus-Annahmen der kulturwissenschaftlich Forschenden im Umgang mit den eigenen Dokumenten beobachtbar werden.

Probleme des Dokumentierens bei der Bearbeitung von audiovisuellem Material

Wo befinden sich die „Lichtschalter" visueller Ethnographie? Die im Feld aufgezeichneten Videokassetten betrachtete ich mit dem Stolz einer Jägerin, die mit reicher Beute heimkehrt. Ich unterstellte, dass auf den Kassetten weit mehr gespeichert sei, als man in den üblichen Notizbüchern aufzeichnen kann. Trotz aller Reflexivität gibt es die Vorstellung, das Feld ins eigene *Labor* zu transportieren und es zwischen Monitor und Schreibtisch ausgiebig anhand der Aufzeichnungen erforschen zu können. Die Praxis im Schneideraum widerspricht diesen unreflektierten Vorstellungen vom *Dokumentieren*.

Schweigende Dokumente

Ich kann, was ich sehe, nicht benennen (diese Dose da, diese runden Papiere, irgendeine konzentrierte Tätigkeit). Ich weiß die Ausdrücke für Gegenstände, Materialien und Tätigkeiten nicht und notiere einen mir unbekannten Begriff als „tale king" und erfahre später, dass von „tail kinks" gesprochen wurde (Projekttagebuch 4.4.1992). Wie kann man Sequenzen anders als nach Arbeitsvorgängen ordnen? Müsste eine gute Ethnographin beschreiben können, was zu sehen ist, ohne auf das Wissen der Biologen zurückzugreifen?[20] (Projekttagebuch 6.4.1992)

---

20 Unter SoziologInnen ist strittig, inwiefern bei der Untersuchung praktischer Arbeitsvollzüge das Wissen der Beforschten von den ForscherInnen selbst z.B. durch eine Zusatzausbildung angeeignet werden sollte. Garfinkel fordert bei den ethnomethodologischen *studies of work*, „eine zu untersuchende Tätigkeit in ihrem realen zeitlich-räumlichen Ablauf, ihren materiellen Ausformungen und selbstproduzierten Dokumenten so genau wie möglich zu erfassen" (Bergmann in Flick

Da bei der audiovisuellen Aufzeichnung die Videokamera geführt wird, anstatt das Gesehene in Form von Feldnotizen zu verbalisieren, liefert das Material vage Perspektiven, aber keine expliziten Formulierungen. Footage (ungeschnittenes bei der audiovisuellen Aufzeichnung die Videokamera geführt wird anstatt das Gesehene Filmmaterial) ist mehr als ein unbeschriebenes Blatt und trotzdem in einem wörtlichen Sinne nichtssagend. Der unterstellte Reichtum der Beute scheint nicht auf der Kassette gespeichert zu sein. Um einen Zugang zum Material zu finden, bedarf es der Einwirkung von Blicken.[21]

Die Feldforschung vor dem Monitor beginnt, und die Kameraethnographin notiert mit ungutem Gefühl: „Meine Gedankengebäude ragen über das Material hinaus." Aus einer kurzen Einstellung, in der z.B. ein gefärbtes Mausskelett im Glas zu sehen ist, wird bei der Beobachtung vor dem Monitor eine ganze Geschichte.

Embryonen-Schnitte als Bilder

Die Färbung der Skelette und die Auflösung des Mauskadavers ist ein labortypischer Vorgang. Der Mensch bestimmt über den Zeitpunkt der Verwesung und die Farbe des Skeletts. Der Gegenstand wird zu einem

---

u.a. 1991: 271). Livingston studierte Mathematik, um Mathematiker studieren zu können. Auf der anderen Seite entsteht bei einer solchen Strategie unweigerlich eine *going native*-Problematik. Wer in das fremde Feld hinüberwechselt, kann es nicht mehr analytisch-distanziert betrachten.

21 Auf der Suche nach geeigneten Blicken auf das Material wurden Begriffe mobilisiert, die vor dem Feldaufenthalt im Gespräch waren: Manipulation – Transformation – Selektion – Visualisierung – Signale – Symbole – Metaphern – Faktizität – Unsicherheit – Bestätigung – Autorschaft – Repräsentation – Produkte – Abfälle...

Zwitter: Er ist Maus und ist eine hergestellte Darstellung von Maus. Sind es Kunstprodukte? (Projekttagebuch 8.4.1992)

Entweder lösen Bilder Geschichten aus oder Geschichten Bilder. Mit dem Gedankengebäude im Kopf, dass Maus-Embryonenschnitte in Bilder verwandelt werden, ergibt sich die passende Geschichte bei der Betrachtung des Videomaterials: Anstelle der Schneidemaschine sehe ich Embryos zweidimensional werden. Beim Eintauchen der Schnitte in eine Flüssigkeit sehe ich sie unvergänglich werden (auch wenn die abgebildete Flüssigkeit gar nicht das Fixierbad war). Die Materialbetrachtung untermauert die These, dass Embryonenschnitte Stück für Stück Attribute einer bildlichen Repräsentation erhalten.

Die auf Videokassetten gespeicherten Bilder schweigen, sind aber nicht ohne Äußerungen: Sie bieten sich dazu an, Geschichten an ihnen aufzuhängen und Fragen zu entwickeln. Erst durch eine perspektivische Einwirkung auf das Material werden aus Videoaufzeichnungen **Daten**: Möglichkeiten, reale Bezugspunkte für darüber hinausragende Gedankengebäude angeben zu können.

7. These   Inhaltsangaben von Videosequenzen entstehen weniger in einem Vorgang der Entzifferung oder des Ablesens, sondern sind immer auch Ergebnis strategischer Zuweisung.

Während die Vorstellung *reicher Beute* die Metapher eines Containers hervorruft, der den Eigensinn von dokumentarischem Material enthält, setzt *strategische Zuweisung* den Akzent auf Sinnstiftungspraxis. Ein Bezug auf unreflektierte Vorstellungen (vgl. „reiche Beute") unterscheidet sich von den Inhalten, die eine Reflexion von Forschungspraxis erzielt. Diese Differenz führte im Rahmen des Videoprojektes dazu, dass die zuvor als exotisch wahrgenommenen Praktiken im Labor nun regelrecht als Gestalt des eigenen Tuns wieder erkannt wurden. Fortsetzung des fiktiven Dialogs zwischen E und M:

Ethnographie (E):
Wir bemühten uns in diesem Projekt darum, die zunächst nichtserzählenden visuellen Aufzeichnungen zum Sprechen zu bringen, Bilder zu bauen. Zunächst wurden Aufzeichnungen nach Sequenzen geordnet, die benannt wurden.
Molekularbiologie (M):
Wir etikettieren unsere unsichtbaren Substanzen.

E: Wir versuchten, durch eine Bearbeitung der Video-Aufzeichnungen Lesarten herzustellen. Das beabsichtigte Ergebnis ist ein Filmschnitt, der gewissermaßen mehr zeigt als die auf Kassetten gespeicherten Aufzeichnungen.

M: Einen ähnlichen Vorgang hattest Du bei uns als Kuriosität wahrgenommen. Unsere Fotos zeigen mehr als der nicht sichtbare Gegenstand, der damit dargestellt wird. Doch auch Deine Abbildungen zeigen zunächst nichts und werden dennoch zu Bildern.

E: Ja, gemessen an meiner Erfahrung im Umgang mit Videoaufzeichnungen liegt eine ähnliche Konstruktion vor. Sie erscheint exotisch, da sie den Vorstellungen von einer Identität von Sichtbarem und Gesehenem widerspricht. Videoaufzeichnungen werden erst durch Einwirkung von perspektivisch bedingten Blicken zu gesehenen Bildern. Diese Problematik konnte ich erst durch eine bei Euch im Feld entdeckte überdimensionale Vergrößerung erkennen: Biologen visualisieren Nichtsichtbares. Diese Erfahrung wurde für mich zu einer Metapher für die Gestaltung von Video-Material.

M: Du hattest als exotisch wahrgenommen, dass molekularbiologische Visualisierungen zu unserer beobachtbaren Welt werden.

E: Ich muss zugeben, dass beobachtbare Welt auch für uns zunächst ‚unsichtbares' Material anbietet, aus dem wir kommunizierbare Versionen herstellen, die dann mehr ‚Faktizität' behaupten können, als uninterpretierte Aufnahmesituationen.

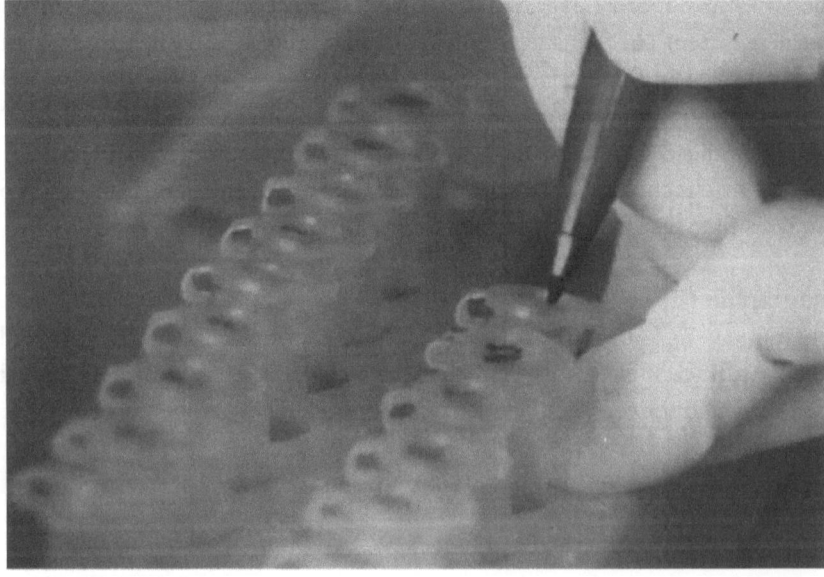

Beschriften von Substanzen

Unreflektierte Vorstellungen über die Stärke von Dokumenten wurden mit den Praktiken der Sinnkonstruktion konfrontiert. Eine Unterscheidung zwischen Unmittelbarkeitsvorstellungen und konstruktiver Verfahrenspraxis funktioniert jedoch auch anders herum: Dem Bekenntnis zu einer repräsentationskritischen Haltung steht beim Blick auf die Forschungspraxis ein pragmatischer Realismus gegenüber. Dazu eine Beobachtung aus dem Schneideraum. Die Videoforscher haben eine Sequenz montiert: Sie lassen im Ton einen Biologen etwas als *tail (kink)* bezeichnen und zeigen dem Publikum dabei eine Maus, auf die der Biologe nicht zeigte.[22]

K = Kamera-Ethnograph K. und E = Ethnographin mit der Kamera E.
S = Supervisor des ethnographischen Filmteams S.
B = Biologe auf dem Videoband

Kamera-Ethnograph: *Das hat mit dem Bild überhaupt nichts zu tun. Das ham WIR aufgenommen.*
Biologe (im laufenden Film): *This is tail kinks...*
K: *Ach so! für das zweite könnte das gelten. Er sagt das erst für das zweite, oder?*
Ethnographin mit der Kamera: *Diese Maus hatn Knickschwanz. Das stimmt ja auch. Sieht man ja auch.*
K: *Ah ja!*
Supervisor: *Was heißt, das stimmt ja auch?*
K: *Dann is das wahrscheinlich DOCH richtig* (klingt etwas enttäuscht).
E: *Und DANN sagt er –*
K: *Also das muss ich mir erst noch mal angucken.*
S: *Also ich hab da mal ne Frage. IS das jetzt n Knickschwanz oder?*
E: *Jaja, GUCK doch mal!*
K: *Siehste das?*
S: *Ja, aber das habt ihr montiert. Also das is nich -*
E: *Also der TON der jetzt drunter liegt, der gehört zu der nächstfolgenden Szene.*
S: *Hmh.*
K: *Da hatter'n Dia gezeigt.*
E: *Und das Dia is nich zu sehen und da ham wir jetzt – und die Skelette die stehn da im Labor rum, also Skelettmodelle – insofern wär es ne gute Stelle, sie da reinzunehmen. WENN es wirklich das wäre, worüber er redet.*

---

22 Hirschauer übernahm ein weiteres Mal die Rolle eines Beobachters der Beobachtenden und erstellte eine Transkription über einen aufgezeichneten Trialog im Schneideraum (12.5.1992). Die in Großbuchstaben gesetzten Wörter verweisen auf Betonungen. Der verschriftlichte Jargon resultiert aus gesprochener Sprache.

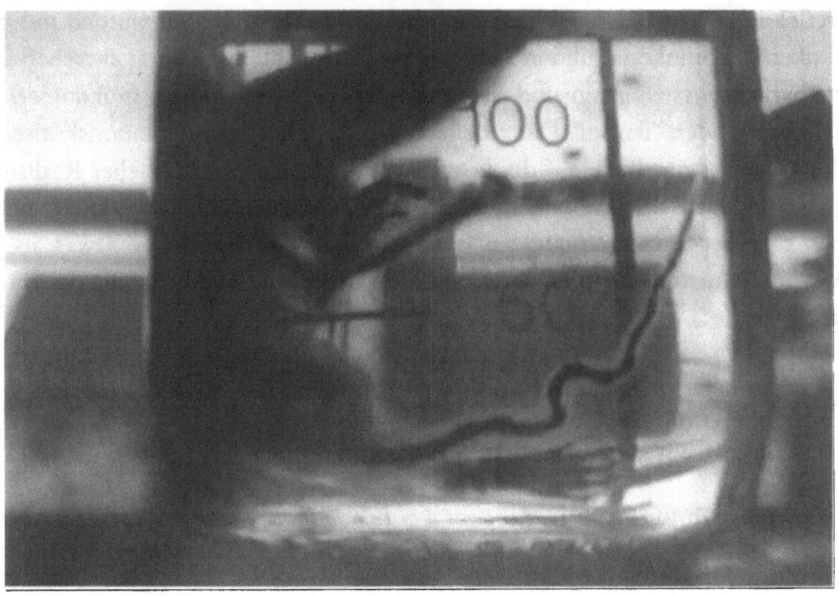

Aus der Transkription wird ein Konflikt erkennbar zwischen authentisch sein, aufgenommen sein, offensichtlich sein, montiert sein und angemessene Repräsentation sein. Eine sprachlich sehr verwirrende Verschachtelung von Dimensionen des Wirklichen: Was wir aufgenommen haben (eine Maus im Glas), wird einem „tatsächlich stattgefundenen" Ereignis (was wir ebenfalls aufgenommen haben) gegenübergestellt. Hier gilt die laufende Szene, wo der Laborleiter etwas über Mäuse erzählt und dazu ein schlecht sichtbares Dia zeigt, als wirklich, während eine Aufnahme, die sich nicht auf Handlungen im Labor bezieht und von uns nachträglich zur Illustration des Tons montiert wurde, als „von uns gefilmt" gilt. Die Maus hat einen Knickschwanz, denn „das sieht man ja auch". „Ja aber das habt ihr montiert" – also doch nicht „wirklich" ein Knickschwanz? Die Praxis im Schnittraum verweist auf eine unausgesprochene Annahme: Am Schneidetisch liegt kassettenweise Wirklichkeit herum.[23] E und M setzen ihren fiktiven Dialog unter dem Titel *Schnittbilder als mumifizierte Realität* fort:

Ethnographie: Meiner Vorstellung nach werden ethnographische Visualisierungen dem Beobachtbaren immer nur annähernd gerecht. Die materielle Identität Eurer biologischen Repräsentationen mit dem, was sie repräsentieren, er-

---

23 Eine Anekdote: Wir benutzten in einem Fall Schwarzfilm um einen Ortswechsel und einen Zeitsprung zu markieren. Selbst unser Schwarzfilm stammte aus dem Feld. Da wir noch nicht wussten, wie man am Schneidetisch Schwarzfilm produziert, verwendeten wir abgefilmte Dunkelheit aus der Dunkelkammer des Labors – authentisch !!! Ich muss gestehen, dass mich diese Vorstellung nicht nur belustigte, sondern damals auch befriedigte.

schien mir als exotische Differenz zu dieser Vorstellung. Doch wurde die von mir behauptete Trennung von Untersuchungsgegenstand und Repräsentation in der Praxis der Filmkonstruktion nicht eingehalten.

Molekularbiologie: Eure Videoaufzeichnungen werden also wie Embryonenschnitte gehandelt: sie sind in der Praxis, was sie zeigen?

E: In Anlehnung an den Filmtheoretiker André Bazin behandelte ich Aufzeichnungen von Situationen im Labor wie „einen Abguss des Gegenstandes durch die Vermittlung des Lichts." Nach Bazin balsamiert Fotografie die Zeit ein, „schützt sie vor ihrem eigenen Verfall". Er nennt Film „eine sich bewegende Mumie", da er nun auch die Dauer vor ihrem Verfall schütze (Bazin 1959/1975: 23f.).

M: Was Du bei uns mit exotischem Gruseln beobachtet hattest, wird bei Bazin auf das Medium Film übertragen: das Eingehen des Objektes in die Repräsentation, die ihre Glaubhaftigkeit/ Objektivität aus einem Verfahren der Mumifizierung bezieht.

E: Ja, metaphorisch. Beim Filmschnitt wurde die Vorstellung, mumifizierte Zeit vor sich zu haben, allerdings zu einem Problem und führte zu Bedenken gegenüber Eingriffen ins Material. Der Ausdruck „Schnittbild" für kurze Bildsequenzen oder Lückenbüßer in einem Film, der ansonsten als bild-, ton- und situationssynchron gedacht wird, führt in die Irre. Das ganze Filmemachen ist Schnittbildergestalten.

M: Es waren genau unsere „Schnittbilder", die Dir als exotische Repräsentationskultur in den Blick gefallen waren: manipulierter Organismus wird in Scheibchen geschnitten, um die mumifizierte Grundlage einer visuellen Repräsentation zu werden.

E: Nach all diesen Parallelen habe ich das Bedürfnis, wieder Differenzen einzuführen.

M: Ich konnte nur als das von Dir Beschriebene auftreten und möchte nicht mit der Stimme des Feldes verwechselt werden.

- Ende fiktiver Dialog -

Das Fremdverstehen eigener Praxis führte dazu, Vorstellungen, wie die einer *reichen Beute*, dekonstruieren zu können und andererseits Vorstellungen des Gemachtseins von Wissenschaft mit forschungspragmatischem Realismus (den Wirklichkeitskassetten) zu konfrontieren.

8. These   Erkenntnispraxis am Datenmaterial spielt in einer realistischen Rhetorik Gegenstandsbezüge durch.

Kontextierung der Blicke

Im molekularbiologischen Labor wurde ansatzweise beobachtet, wie die Herstellung und Deutung wissenschaftlicher Bilder interaktiv bewerkstelligt wird.[24] Auch beim ethnographischen Visualisieren ist gemeinsames Deuten Voraussetzung für Ergebnisse, die innerhalb ihres Forschungskontextes Akzeptanz finden. Das Video *Sehstörung* wurde während seiner Herstellung mehrfach in einem soziologischen und einem kulturanthropologischen Kolloquium vorgeführt und zur Diskussion gestellt. Verständlichkeit und Plausibilität wurden getestet, der momentane Status des Produkts im Forschungsprozess bestimmt ("es gleicht noch einem Protokoll...."), Methodenkritik geübt und Möglichkeiten der Fokussierung des Filmschnitts durchgespielt. Bei der Vorführung eines ersten Materialzusammenschnitts problematisierte Ina-Maria Greverus (Kulturanthropologin) die Verfilmung von Details unter Ausblendung jeglichen Kontextes und vermisste *dichte Beschreibung*. Karin Knorr Cetina (Soziologin) sah einen Film, dessen sequentielle Ordnung nicht der Ordnung im Labor entspricht, sondern das Gefühl eines Durcheinanders vermittelt. Stefan Hirschauer (Soziologe) entdeckte einen ethnomethodologischen Film über das Verstehensproblem, der ebenso wenig linear strukturiert sei wie ein ethnographischer Forschungsprozess. Jeder dieser Kommentare bot Optionen der Bewertung und Orientierung. So ließ Kontextierungspraxis Konzeptionen scheitern oder sich entwickeln und bestimmte aus disziplinären, lokalen, persönlichen und personellen Gründen die Ausrichtung der Forschung. Kontextierte Blicke konnten schließlich anhand von Vorführungen des fertigen Videos erhoben werden.[25] Gezeigt wurde es MolekularbiologInnen (Freiburg), KulturanthropologInnen (Frankfurt), SoziologInnen (Bielefeld) und FilmwissenschaftlerInnen (Frankfurt). Dies rief unterschiedliche Sichtweisen hervor, die auf ihre jeweiligen Kontexte verweisen.

---

24 Vgl. soziologische Laborstudien zur naturwissenschaftlichen Visualisierungspraxis in Lynch und Woolgar 1990.
25 Blicke sind in den Kontext, in dem sie sich ereignen, eingebettet und Berichte über das Gesehene verweisen auf diese Kontexte. Armin Nassehi (2000: 25) nimmt Bezug auf Michel Foucault (1976), der die Macht der Bilder auf die Macht des Blicks zurückführt. Charles Goodwin (1994: 626) schreibt: „....the ability to see relevant entities is lodged not in the individual mind but instead within a community of competent practioners. (...) Different professions – medicine, law, the police, specific sciences such as archaeology – have the power to legitimately see, constitute, and articulate alternative kinds of events."

Empirische Reflexivität

Biologe: *Immer dieses Projektieren auf das Maushaus, ich dachte, ich guck auf Tschernobyl (...) immer wieder und immer wieder und dann dieses Chaos, diese Baustelle (...) du guckst auf Tschernobyl oder die Leute müssen dieses Gefühl haben und so erklär ich mir die Beklemmung – die hab ich auch bekommen, als ich das gesehen hab.* (Johann, der Schwede im Biologenteam, 21.5.1993: 3f.)

Kulturanthropologin: *Das war eigentlich sehr deutlich, wie Sie versucht haben, ein besonders guter Ethnologe zu sein, der sich jedem kannibalistischen Ritual und so was stellt und unparteilich filmt.(...) Aus meiner Perspektive haben Sie versucht, möglichst nüchtern an die Sache heranzugehen und zu zeigen, was die Leute dort machen und das festzuhalten. Und Ihre Parteilichkeit oder Ihre subjektiven Interpretationen sind sehr viel später gekommen, bilde ich mir ein.* (Greverus 11.5.1993: 9f.)

Was einem Biologen zu düster erschien, war einer Kulturanthropologin zu nüchtern. Was ein Soziologe als Intensivierung der Botschaft lobte, kritisierte die Filmwissenschaftlerin als blöden wissenschaftlichen Gestus.

Soziologe: *Also diese Art von Intensivierung der Botschaft, die ist für mich durch diesen Epilog nochmal dazugekommen. Also Ihr habt einfach dieses Verstehensproblem immer weiter eingekreist und es ist für meine Begriffe immer mehr ein Film über Ethnographie geworden und nicht mehr über Molekularbiologie. Das find ich sehr gut. Es ist ein Film über Ethnographie, der beiläufig etwas über Molekularbiologie erzählt.* (Hirschauer 11.3.1993)

Filmwissenschaftlerin: *Ich find das ja spannend, aber ich würd diese ganzen Schlüsse gar nicht so ziehen.*
Ihre Kollegin: *Ja, der Sack wird so künstlich zugezogen.*
Filmwissenschaftlerin: *Es erscheint nur wieder dieser blöde wissenschaftliche Gestus, der dann immer seine eigene Wissenschaftlichkeit über alles, was es sonst noch an wichtigen Inhalten gibt, setzt (...) also ich würde diesen Epilog nicht so machen, weil der damit schon mal suggeriert, als sei der Film jetzt interpretiert und wenn man den weg hat, dann ist man schon besser dran, dann ist er auf jeden Fall immer sehr spannend, um Diskussionen zu führen in die eine oder andere Richtung (...).* (Schlüpmann 11.5.1993: 12f.)

Wo Biologen sich noch lange nicht verstanden fühlten, forderte die Filmwissenschaftlerin eine Erweiterung der Verstehensproblematik auf kritisches Verstehen und ermutigte dazu, „ganz anders zu gucken als die Biologen". Der Kulturanthropologin ging es um die Klärung von Forschungsansatz und Forschungsethik, um dichte Beschreibung und Fragen der Parteilichkeit. Es gab (wie bei den Autoradiographien im Labor) auch bei dem Video *Sehstörung* BetrachterInnen, die das Video jenseits jeder Begreiflichkeit fanden und gewissermaßen noch *nichts* sahen. Interaktives Deuten im Labor und Rezeptionsdifferenzen bei der Betrachtung des Videos *Sehstörung* stellen die tief verwurzelte Vorstellung in Frage, Bilder würden etwas zeigen, was für die Augen der BetrachterInnen unmittelbar sichtbar sei.

9. These   Rezeptionsdifferenzen haben ihren Ausgangspunkt nicht im visuellen Produkt, sondern in der Kontextabhängigkeit des darauf gerichteten Blicks.

Dies hat Folgen für einen wissenschaftlichen Umgang mit Bild und Film. Die Erarbeitung audiovisueller Kulturanalysen erfordert kontinuierliches Kommunizieren, sowohl im Herstellungsprozess, als auch bei der disziplinären Beurteilung der Ergebnisse. Kommunikationsstrukturen werden zur Grundlage wissenschaftlicher Praxis, eine Erkenntnis, die beim *starken Dokumentieren* nicht in den Blick gerät und die es nahe legt, auch die Effekte alltagspraktischen Dokumentierens zu nutzen.

10. These   Mit audiovisuellen Darstellungen wissenschaftlich zu arbeiten bedarf eines kommunikativen Settings.

‚Dokumentieren' als Ergebnis empirischer Reflexivität

Zurück zur Ausgangsfrage: Was bedeutet *Dokumentieren* als Ergebnis empirischer Reflexivität? Empirische Reflexivität liefert starke Thesen über das Gemachtsein des Dokumentarischen – geht es aber dabei um Spielregeln eines *Anti-Dokumentierens*?

Erzielt wurden 10 Thesen

- Dokumentieren ist durchdrungen vom Forschungskontext.
- Audiovisuelles Dokumentieren erfordert eine spezifische personelle Konstellation.
- Dokumentieren ist durchdrungen vom eingesetzten Instrumentarium.
- Audiovisuelles Dokumentieren ist erst erfolgversprechend, wenn es interpretativ gehandhabt werden kann.

Empirische Reflexivität 97

- Dichtes Zeigen bedarf eines vertraut Werdens mit der Vorstellungswelt, innerhalb derer beobachtete Handlungen Zeichen sind.
- Dokumentieren im *Direct-Cinema-Stil* basiert auf einer ungewöhnlichen Interaktionsform, bei der das Beobachten nicht mehr direkt thematisiert wird.
- Inhaltsangaben von Videosequenzen entstehen weniger in einem Vorgang der Entzifferung oder des Ablesens, sondern sind immer auch Ergebnis strategischer Zuweisung.
- Erkenntnispraxis am Datenmaterial spielt in einer realistischen Rhetorik Gegenstandsbezüge durch.
- Rezeptionsdifferenzen haben ihren Ausgangspunkt nicht im visuellen Produkt, sondern in der Kontextabhängigkeit des darauf gerichteten Blicks.
- Mit audiovisuellen Darstellungen wissenschaftlich zu arbeiten bedarf eines kommunikativen Settings.

Diese Thesen liefern Inhalte, die sich zu den Vorstellungen *starken Dokumentierens* konträr verhalten: Nie gelingt es demnach BeobachterInnen, ihr Wissen aus dem Spiel zu lassen, im Gegenteil: Ihnen gelingt ein Dokumentieren erst unter Einsatz interpretativer Fähigkeiten. Wenn sie sich ins Feld begeben, schauen sie mit den Augen ihrer wissenschaftlichen Community und durch die Sensoren ihres technischen Equipments. Beobachtungsgegenstände werden nicht außerhalb des Beobachtens verortet, sondern sind das Machwerk von *Othering*. Es wird eher die Rolle einer AgentIn gespielt, als die eines unwissenden Kindes oder einer beiläufigen FlaneurIn eingenommen. Leer ist nicht der Blick, sondern gewissermaßen das unbearbeitete Material. Gestaltung wird der Zurückhaltung vorgezogen und alle Tugenden einer guten starken DokumentaristIn grundlegend verletzt. Als omnipräsente MacherInnen laufen *Anti-DokumentaristInnen* Gefahr, die Nützlichkeit einer Vorstellung vom *Jenseits-der-Idee* zu verspielen, denn ihre Dokumente sind durch und durch ihre Sinnstiftungen. Anstatt sich in disziplinierter Subjektivität zu üben, wird der Gegenstand diszipliniert: disziplinierte Objektivität.

> Wie weit entfernt von den Hainen der akademischen Welt Anthropologen sich ihre Untersuchungsgegenstände auch suchen mögen (...), sie schreiben ihre Berichte eingebettet in die Welt der Lesepulte, Bibliotheken, Wandtafeln und Seminare. (...) Es ist das Hier-Sein, als Gelehrter unter Gelehrten, was dazu führt, dass eine Anthropologie gelesen wird, publiziert, besprochen, erwähnt, gelehrt. (Geertz 1988/1990: 127)

Durch *empirische Reflexivität* kann das eigene Dokumentieren als ein voraussetzungsvolles, technisch und sozial vermitteltes Verfahren vorgeführt werden, das nicht weniger artifiziell ist als molekularbiologisches Visualisieren. Eine visuell dokumentierende Kulturwissenschaft betreibt selbst Konstruktion von Sichtbarkeit und Sehkunst. Aus einem Authentizitätsbegriff, der sich auf den fremden Gegenstand richtet („so sieht Laborkultur aus ..."), wird einer, der sich an der eigenen Darstellungsarbeit orientiert („so kommen wir zu unseren Darstellungen ..."). Allerdings erzeugt dies bloß eine neue Gegenstandsebene, nicht aber eine alternative Verfahrensweise. *Anti-Dokumentieren* realisiert sich einzig auf der Ebene einer thematischen Dekonstruktion und wird nicht in dem Sinne selbst gespielt, dass nun auch die Aussagen empirischer Reflexivität hinsichtlich ihrer Konstruktionen durchschaubar würden. Anstelle des Alltags im Labor wird audiovisuelles Ethnographieren untersucht und dann über die gleichen Verfahren glaubwürdig gemacht, die zuvor Inhalt der Dekonstruktion waren: Über eine realistische Rhetorik und Zitatformate werden Erkenntnisse wie Fakten behauptet, zu denen empirische Reflexivität führt.

Dies leistet zwar einen Beitrag zur Analyse des Repräsentierens, verschiebt aber gleichzeitig bloß die Repräsentationsproblematik von einer Ebene auf die nächste. Die 10 Thesen sind Resultate, nicht aber Spielregeln. Das Konstruieren in den Blick zu rücken gelingt – nicht aber die Dokumentationsaskese. *Anti-Dokumentieren* in der Variante empirischer Reflexivität findet allein durch einen Wechsel der Gegenstandsebene statt: Erfolgreich wird *starkes Dokumentieren* dekonstruiert, während die dabei als Inhalte ins Bewusstsein gerückten Konstruktionen im selben Moment auf der Darstellungsebene rhetorisch verschwinden. Es kann daher schlicht und einfach festgehalten werden:

Spielregel empirischer Reflexivität

- Ändere deinen Zielort und entdecke anstelle einer fremden Kultur die wissenschaftliche Erzeugung von „fremder Kultur"!

Autorschaft in der Variante *empirischer Reflexivität* sichtbar zu machen, reduziert die Gegenstandsbetrachtung auf eine Beschäftigung mit den eigenen Konstruktionen. Konsequenterweise wird schließlich die Kamera auf das Betrachten gerichtet anstatt auf das Betrachtete.

Empirische Reflexivität 99

Videorezeption im Fokus   Kamera: Jochen Philipp 19.1.1996[26]

---

26 Philipp filmte für mich die Rezeption des Videos *Sehstörung*, Universität Hildeheim.

Das Betreiben *empirischer Reflexivität* verwandelte mich von einer methodenreflexiven Kulturanthropologin in eine kulturanthropologische Methodenforscherin, die Wissenspraxis zu ihrem Feld erklärt. „(Was) unwiderruflich kurios geworden ist", schrieb der Metaethnograph James Clifford, „ist nicht mehr der andere, sondern die kulturelle Beschreibung selbst" (Geertz 1990: 130).
Die Erkenntnisse über das Gemachtsein wissenschaftlichen Wissens verlangen jedoch nach forschungspraktischen Konsequenzen, sobald es wieder um einen fremdkulturellen Gegenstandsbezug geht. Insbesondere im ethnologischen Kontext wird das Ausüben von Darstellungsmacht in Verbindung gebracht mit kolonialer Unterdrückung und einer eurozentristischen Wissenschaft. Der aufgedeckten Mächtigkeit der Autorschaft folgen daher Entmachtungsstrategien.[27]

3.2 Legitime Autorschaft: Repräsentation ohne Re

> Die moralischen Asymmetrien, über die hinweg Anthropologie arbeitet, und die diskursive Komplexität, in der sie arbeitet, entzieht jedem Versuch, sie als etwas zu porträtieren, das mehr ist als die Repräsentation der einen Art von Leben in den Kategorien einer anderen, die Legitimation. (Geertz 1990: 139)

Dies wird jedoch nicht ohne weiteres so hingenommen und Geertz nennt einige der Versuche,

> die nicht zu umgehende Tatsache zu umgehen, dass alle ethnographischen Beschreibungen hausgemacht sind, dass sie die Beschreibungen des Beschreibenden sind, nicht die der Beschriebenen. Es gibt ethnographische **Bauchrednerei**: den Anspruch, nicht bloß *über* eine andere Lebensform zu sprechen, sondern aus ihrem Innern heraus; eine Schilderung dessen, wie die Dinge vom „Standpunkt einer äthiopischen Dichterin" aus aussehen, so darzustellen, als sei sie selbst die Schilderung einer äthiopischen Dichterin (...) Es gibt **Textpositivismus**: die Vorstellung, dass sich, wenn man nur Emawayish dazu bringen kann, ihre Gedichte so sorgfältig wie möglich zu diktieren oder niederzuschreiben, und wenn diese dann so genau wie möglich übersetzt werden, die Rolle des Ethnographen in die eines ehrlichen Maklers auflöst, der die Substanz der Dinge weiterreicht, und das nur mit den allerunbedeutendsten Abwicklungskosten. Es gibt **verteilte Autorschaft**: die Hoffnung, dass der ethnographische Diskurs irgendwie „heteroglott" gemacht werden kann, so dass Emawayish darin

---

[27] Entmachtungsstrategien „folgen" in einer argumentationslogischen Hinsicht der Repräsentationskritik. Aufeinander zu folgen, bzw. auseinander hervor zu gehen, ist bei allen hier untersuchten Konzepten des Dokumentierens allein argumentationslogisch begründet – historisch sind sie auch gleichzeitig anzutreffen.

Seite an Seite mit dem Anthropologen auf eine direkte, gleiche und unabhängige Weise sprechen kann; eine Erscheinung aus dem Dort in einem Text des Hier. Es gibt **Bekenntnisdrang**: dass man die Erfahrung des Ethnographen und nicht sein Objekt zum Hauptgegenstand analytischer Beschäftigung macht und Emawayish unter dem Gesichtspunkt der Wirkung porträtiert, die sie auf die ausübt, die ihr begegnen; ein Schatten des Dort, den eine Wirklichkeit des Hier wirft. Und es gibt, am allerpopulärsten, die einfache Annahme, dass zwar Emawayish und ihre Gedichte natürlich unweigerlich durch eine vom Autor gefärbte Brille gesehen sind, dass sich die Färbung aber minimieren lässt, wenn sich der Autor selbst auf „Befangenheit" und „Subjektivität" prüft, und sie und die Gedichte dann von Angesicht zu Angesicht gesehen werden könne. (Geertz 1990: 139f.) (Hervorhebungen E.M.)

Die von Geertz genannten Varianten bemühen sich um das Zurückdrängen bzw. die Entmachtung der suspekt gewordenen wissenschaftlichen Autorschaft zugunsten starker, sich selbst darstellender Stimmen. Davon zu unterscheiden sind Konzepte, die das permanente Aufdecken der eigenen Darstellungspraxis beim Forschen verlangen.

Selbstthematisierung und Selbstfindung der EthnographIn

Den Gegenstand davor zu bewahren, anhand einer wissenschaftlichen Repräsentation inauthentisch dargestellt zu werden, ist Ziel der folgenden Vermeidungskonzepte. Der fremdkulturelle Gegenstand soll vor illegitimer Konstruktion bewahrt werden. "In den Verdacht der Fabrikation zu geraten" war, Klaus-Peter Koepping (1987: 11) zufolge, die Befürchtung, die 1983 die Ethnologenzunft in Aufruhr versetzte, als Derek Freeman eine ethnographische Arbeit Margaret Meads der Mythenfabrikation beschuldigte.[28] Der Ethnologieprofessor schluckt die Fabriziertheit von Wissenschaft, jedoch in Form einer bitteren Pille:

Die Ethnologie kann wie jede andere Wissenschaft ihre Inauthentizität nicht verleugnen: Von der Literaturkritik bis zur Wissenssoziologie ist ja alles nur Reflexion, Nachdenken, Modell-Konstruktion, eben Zweitaufguss über eine gelebte Wirklichkeit, die Überlagerung von Leben durch Wissenschaft. (Koepping 1987: 20)

Diese Zweitaufgüsse charakterisiert Koepping als „fade" gegenüber dem Original und als „bitter, wie abgestandener Tee". Von „analytisch-beschreibender

---

28 Die Ausführungen über Koepping entstammen im Wesentlichen Mohn 1997.

Verfälschung" oder dem „nicht aufzulösenden Verrat der Übersetzung" ist die Rede (1987: 22, 26). Der Wunsch, auch als Wissenschaftler auf der Seite des süßen Lebens zu stehen, führt Koepping zu der Erkenntnis, dass EthnologInnen nur authentisch sein können, indem sie statt über die Zuverlässigkeit ihrer Datensammlung – dieser „Zweitaufgüsse" – über das sprechen, was in ihnen bei der Annäherung an ihre Forschungssubjekte vorgegangen ist. Die gelebte Wirklichkeit der ForscherIn ist demnach Schlüssel zu einer Authentizität der Erfahrung.

> Authentizität liegt eben nicht in der Fragestellung nach der möglichst wahren Abbildung der Realität des anderen, sondern auf der Ebene des existentiellen Engagements und Disengagements des Forschers selbst, ist also immer eine rückbezügliche Kategorie. (Koepping 1987: 26)

Bei der teilnehmenden Beobachtung setzen sich EthnologInnen der Gefahr einer Entfremdung von ihrer eigenen Kultur aus. Dies dient nach Koepping (1987: 17f.) vorrangig dem Zweck, sich selbst besser verstehen zu können. *Selbstfindung als Authentizität* kommt für Koepping als eine neue Stoßrichtung der Ethnologie in Frage. Über Ruth Bennedict schreibt Clifford Geertz, dass sie ferne Seltsamkeiten dazu benutzte, einheimische Annahmen in Frage zu stellen (vgl. Geertz 1990: 30). Dies mache ihren berühmten Relativismus aus. Nicht nur ist das Dort ein Schatten, den eine Wirklichkeit des Hier wirft, sondern dieser Schatten leistet einen Beitrag zur Darstellung der eigenen anstatt der fremden Kultur. Auf die Problematik fremdkultureller Re-Präsentation wird mit einem latenten Perspektivenwechsel geantwortet: Es sind die eigenen und auf die eigene Erfahrung gerichteten Blicke, die *legitime Darstellungen* hervorbringen und durch welche die zweite, fremde Kultur allenfalls hindurchschimmert, keinesfalls aber repräsentiert wird. Ein solcher Perspektivenwechsel liegt auch der *empirischen Reflexivität* zugrunde. Doch beim Konzept *legitimer Selbstdarstellung* geht es nicht mehr um das Ziel, Autorschaft zu dekonstruieren. Stattdessen soll Wissenschaft ein Repräsentationsproblem vermeiden, indem das Forschen auf den eigenen kulturellen Hintergrund gelenkt wird.[29] Die Erfahrung der Feldforschenden zum Hauptgegenstand der analytischen Beschäftigung zu machen, nannte Geertz „Bekenntnisdrang".

---

29 In seinem Video *Views from an Urban Native* vermittelt z.B. Heinz Nigg durch Selbstbeobachtung, unter Verwendung eines Video-Tagebuches, seine Sicht des Stadtlebens. Dies entspricht jedoch einem indigenous filmmaking und nicht einer Selbstthematisierung in der Fremde (*2. Amsterdam Conference on Visual Sociology and Anthropology Eyes Across The Water*, 24. - 27.6.1992).

Selbstdarstellungen des Feldes

Eine Alternative zu „Bekenntnisdrang" und Selbstthematisierung besteht darin, nicht die thematische Ebene, sondern die Autorschaft selbst zu verschieben, um eine unangemessene Autorität gegenüber dem Gegenstand zu vermeiden. Der Erkenntnis folgend, das wissenschaftliche AutorInnen ihre Darstellungen konstruieren, sollen sie nun von dieser Tätigkeit so weit als möglich zurücktreten. Anstelle von Reflexivität (die die AutorIn auf die Gegenstandsebene befördert) tritt ein Spiel mit Stimmen.[30]

> Jenseits des Zitierens könnte man sich eine radikalere Vielstimmigkeit vorstellen, die „die Eingeborenen und die Ethnographen in verschiedenen Stimmen zu Wort kommen ließe". Aber selbst damit wäre die ethnographische Autorität nur verlagert, und letztlich würde die virtuose Orchestrierung aller Diskurse im Text durch einen individuellen Autor nur bestätigt. (...) Dies legt eine alternierende Schreibstrategie nahe, die Utopie einer mehrfachen Autorenschaft, die Mitarbeitern nicht nur den Status von unabhängigen Sprechern, sondern von Verfassern zugesteht. (Clifford 1988: 28f.)

„Ethnographie ist ein kooperatives Unterfangen und die Stimmen aller Beteiligten sollten voll zur Geltung kommen", schreibt Ivo Strecker und vertritt die Vorstellung einer polyphonen Ethnographie: „Alle meine Filme sind ‚polyphon', weil in ihnen nicht nur ich, sondern auch unsere Hamar-Freunde zu Wort kommen." Der Vorstellung vom Vielklang wird eine weitere Vorgabe hinzugefügt: „Meine Filme sind durchweg einer von den Hamar ausgehenden Sicht gewidmet" (Strecker 1995: 90f.).[31] Bei dieser Variante *visueller Anthropologie* vermischt sich Polyphonie mit dem Versuch, die eigene Stimme wissenschaftlicher Autorschaft nicht als Differenz in die Polyphonie einzubringen, sondern sie im Interesse einer Verstärkung der *indigenous voices* zurückzunehmen.

---

30 Bei James Clifford (1988: 21) heißt es: „Paradigmen der Erfahrung und Interpretation weichen Paradigmen des Diskurses, des Dialogs und des Vielklangs."
31 Polyphone Ethnographie zielt auf eine verteilte Autorschaft, bei der die Autorität jeder Stimme bei jedem Stimmwechsel gebrochen werden kann. MacDougall (1998: 120) verweist darauf, dass es jedoch kaum audiovisuelle Praxis zu dieser Idee gibt: "To my knowledge there are as yet no ethnographic films that integrate long segments of indigenous filming with those by an outsider filmmaker, nor collaborations incorporating the different perspectives of several filmmakers".

Stumme Autoren und indigenous voices

Im ethnographischen Film die wissenschaftliche Stimme nach Möglichkeit durch *indigenous voices* zu ersetzen, ist seit Jahren und bis heute ein Trend. Dieser Trend hängt einerseits mit der technischen Möglichkeit zur Synchrontonaufzeichnung zusammen. Erklärende Kommentare schienen zur Kommentierung des Gefilmten vor Einführung des Synchrontons unverzichtbar, während es durch den Synchronton möglich wurde, auch im Film dem Sprechen zu lauschen. Auf der anderen Seite sind es die politisch-historischen Hintergründe, die dazu führten, den Beforschten überhaupt lauschen zu wollen. Die dokumentarischen Stile des *Observational-* und *Direct Cinema* enstanden. Im Bewusstsein einer Repräsentationsproblematik und Versuchen ihrer Vermeidung wird der bildsynchron aufgezeichnete Ton politisiert. Wissenschaftliche Kameraführung und Montage werden dagegen kaum als ein „Sprechen durch Bildgestaltung" reflektiert.

Konkret sollen die im Feld aufgezeichneten O-Töne auf der Tonspur des geschnittenen Films weder durch Wissenschaftlerstimmen übersetzt, noch kommentiert werden. *Voice over* [32] gilt als Regelverletzung im Kontext dieser Variante, mit dem Dokumentieren umzugehen. Stattdessen finden Übersetzungen durch Untertitelung – also stimmlos – statt. Bevorzugt wird darüber hinaus ein *interior commentary*. Linda Connor beispielsweise nutzte dies bereits in ihrem Film *Jero on Jero: A Balinese Trance Seance Observed* (1981):

> Jero, a Balinese spirit medium and healer, watches a film made of her while she was in trance. As she follows her own image on a video monitor she grasps the anthropologist (Linda Connor) by the hand and provides an emotional commentary on her filmed behaviour, her ideas about spirit possession, her understanding of the supernatural world, and her reactions to seeing herself in trance. (MacDougall 1998: 119f.)

Bei Diskussionen über die Tonspur ethnographischer Filme wird eine Abkehr vom erklärenden Kommentar über die fremde Kultur gefordert. Im Hintergrund solcher Debatten kursiert auch die Idee eines *indigenous filmmaking*. Anstatt *von außen* Kultur zu beschreiben, stellen sich TeilnehmerInnen uns fremder Kulturen selbst dar, gegebenenfalls auch in der Form, dass ihnen das Filmemachen beigebracht wird, um dies tun zu können. Die Teilnehmerkamera sei ein erster Schritt, anderen Menschen zu begegnen, ohne sie zu einem Objekt des wissenschaftli-

---

[32] Unter *voice over* wird verstanden, den Originalton zu überlagern mit dem Ton einer Übersetzung oder Kommentierung.

chen Labors zu machen, vertrat 1992 Timothy Asch[33] und wir sollten lernen, Repräsentationen zu erstellen, die uns mehr über sie als über uns erzählen. Solchen Vorstellungen folgend wird die interpretierend-dokumentierende Stimme wissenschaftlicher AutorInnen ersetzt durch Materialien, die kein Repräsentationsproblem aufwerfen.

Ausführungen Streckers zeigen, wie die Konzeption der *indigenous voices* als Entmachtung illegitimer Autorschaft des ethnographischen Films gedacht wird (vgl. Strecker 1995): Ein Kommentar könne die Welt der im Film Abgebildeten zerstören, verzerren und unterdrücken. Es sei inadäquat, nur von den Hamarfreunden zu erzählen und ihre Stimmen nicht selbst zu Worte kommen zu lassen. Erst Kamera und Mikrophon habe den Anderen ihre volle Autorität geben können, die in der Vergangenheit durch den wörtlichen oder schriftlichen Bericht immer wieder zerstört worden sei.[34] Strecker sieht im Film ein geeignetes Medium, ethnographische Autorität von der WissenschaftlerIn zum Forschungssubjekt zu verlagern und behauptet in diesem Punkt eine Überlegenheit des Films gegenüber dem Geschriebenen. Wenn er sich als Autor in seinen Filmen zu Wort meldet, so nur, um das zu betonen, was er von den Hamar über den Sinn oder die Bedeutung der Dinge wisse (vgl. Strecker 1995: 96). Darüber hinaus schränkt Strecker seine Kommentare auf orientierende Angaben ein. Als Wissenschafter eine Differenz zur Selbstsicht der Hamar einzuziehen, erscheint bei Strecker wie eine Anmaßung gegenüber einer freundschaftlichen Verbundenheit, die auf Nähe und Lernbereitschaft setzt, nicht auf Distanzierung und eigenen Standpunkt.

An diesem Punkt scheinen sich analytische von politischen Interessen zu scheiden. Die wissenschaftliche Autorschaft wird nicht ausgebaut im Sinne einer Begegnung kulturspezifischer Blicke, die beim Filmen aufeinander treffen, was der Idee einer *interkulturellen polyphonen Ethnographie* entspräche. Statt dessen wird Dokumentieren politisiert: Es kommt darauf an, wer legitimer Weise spricht. Dem ethnographischen Autorenteam bleibt bei diesem Konzept die Rolle, mit der Stimme des Feldes zu verschmelzen und dabei seinen Beitrag zu leisten: In tranceartigen Momenten geraten beide Autorschaften in einen Zustand gegenseitiger Beeinflussung und gemeinsamer Produktion, so die Vorstellung von Stre-

---

33 Asch gilt als ein Mitbegründer und Lehrmeister *Visueller Anthropologie*. Ich beziehe mich anhand meiner Notizen auf einen Vortrag, den er anlässlich der 2. Amsterdam Conference on Visual Sociology and Anthropology "Eyes Across The Water" (24.-27.6.1992) hielt.
34 Auch wenn Strecker hier als Beispiel für eine Politik des Stimmwechsels zitiert wird, ist er auf der anderen Seite ein Verfechter *paradoxen Dokumentierens*, wie es im Zusammenhang mit Stephen Tyler im 4. Kapitel zur Sprache kommen wird.

cker, der von einer Situation berichtet, bei der es ihm vorkam, als ob das Tonbandgerät, die Mikrophone, Kabel und Kopfhörer die Sprechfähigkeit der Hamar noch verstärkten (vgl. 1995: 88).

Jean Lydall berichtet von Duka, einer Hamarfrau, die in Anwesenheit des Filmteams selten sprechend erlebt wurde.[35] Entweder dominierte ihr Mann oder die Schwiegermutter das Gespräch. Lydall führt einen Filmausschnitt vor, wo Duka in einem Interview erklärt, warum sie ihrem Mann nicht antwortete. Das Interview ist daher nach Lydall eine Möglichkeit, *„to get and let her speak"* (Lydall 20.5.1996) „Ich bin in meinen Filmen den Stimmen der Hamarmänner gefolgt, wenn auch hie und da eine Frau auftaucht, und Jean ist in ihren Filmen den Stimmen der Frauen gefolgt, wenn auch hie und da Männer zu Worte kommen (...)" (Strecker 1995: 99). In der literarischen Ethnographie wird das Buch *Nisa, The Life and Words of a !Kung Woman* (Shostak 1981) zu einem Kultbuch. Die Repräsentationsproblematik scheint sich in dem Maße zu entschärfen, wie Selbstdarstellungen des Feldes an Stelle wissenschaftlicher Fremddarstellungen treten. Illegitime werden durch legitime Stimmen ersetzt. Es klingt angesichts beeindruckender Ergebnisse dieser Strategie hart – doch Geertz karikiert dies als „Bauchrednerei".

Mit „stummer" Autorschaft auf das Repräsentationsproblem zu antworten, ist auch bei neueren Formen ethnographischer Texte zu finden. Texte von Laurel Richardson lassen verblüffende Parallelen zu den Überlegungen im Umgang mit filmischer Dokumentation erkennen. Der Verdacht unangemessener ethnographischer Autorität soll durch weitgehenden Verzicht darauf kompensiert werden. Richardson geht so weit, die Aufgabe von SoziologInnen folgendermaßen zu sehen: "We can teach people how to 'interview' themselves sociologically, how to tie personal experiences to historically situated circumstances; how to construct social/personal theory" (Richardson 1990: 177). Ein *indigenous research* Konzept. Auch sie schlägt also ein Repräsentieren ohne Re vor, ohne das fremdkulturelle Darstellungsdilemma. Richardson berichtet, wie sie ihre Stimme aus dem Text zurückzieht. Dabei verwandelt sie sich von einer Erzählerin zu einer Designerin:

> Without putting words in her mouth, which would violate my sociological sensibilities, I used her voice, diction, and tone. I wrote her whole life – as she told it to me – as an historically situated exemplar of "sense making". Her life, as she speaks it, is a "normal one". The political subtext, as I

---

35 Insbesondere die Hamar-Filme von Jean Lydall und Joanna Head (z.B. *Two Girls Go Hunting* (1991) und *Our Way of Loving* (1994)) gehören zu den beeindruckendsten ethnographischen Filmen, die ich kenne. Ihre Freundschaft mit den Hamar ermöglicht eine faszinierende emotionale Nähe, in der ihre Freundinnen sich mitteilen und sie teilhaben lassen an Ausschnitten ihres Lebens. Beide AutorInnen, Strecker und Lydall, beherrschen *starkes Dokumentierens*.

wrote it, is "mother courage in America". (Richardson 1992: 24)

Ihr Verfahren ähnelt der Konstruktion eines poetischen Dokumentarfilms. Das Lesen ihres Textes, den sie auf der Grundlage einer transkribierten Lebensgeschichte schrieb, erinnert an ein Produkt, das am Schneidetisch hergestellt wurde. Während Louisa Erzählende ist, besteht die Tätigkeit der Autorin darin, poetische Mittel anzuwenden „such as repetition, pauses, meter, rhymes and offrhymes". Richardson verstummt auf der Ebene von Worten und Lauten. Doch ohne ihre Autorschaft völlig aufzugeben. Wie bei einem *starken Dokumentieren* agiert sie aus einer Position der Zurückhaltung heraus. Als eine Platzanweiserin gibt sie vor, den Dingen bloß dabei zu helfen, für sich selbst zu sprechen.

‚Dokumentieren' als Ergebnis legitimer Autorschaft

Vorgestellt wurden zwei Varianten eines *Anti-Dokumentierens*, die latent zu Selbstgesprächen, Bauchrednerei oder Stimmlosigkeit führen. Im Bewusstsein der Repräsentationsproblematik werden Versuche des Repräsentierens ohne Re zu einer pragmatischen Lösung für die Thematisierung von Kultur: Sie besteht in einer politischen Lösung.

Spielregel des Repräsentierens ohne Re

- Mit den *richtigen* Stimmen, den *legitimen* Körpern, können auch wieder *echte* Dokumente produziert werden.

Das filmende ethnographische Team zeigt andere Kulturteilnehmer bei deren Darstellungsarbeit und erklärt deren Eigenproduktionen zum Dokument. Diese Vorstellung ist so wirkungsvoll wie simpel, entspricht allerdings der Feld-Autorschaft des *starken Dokumentierens*. Somit geschieht beim Repräsentieren ohne Re etwas Eigenartiges: Wie beim Werfen eines Bumerangs wird mit der Energie des *Anti-Dokumentierens* etwas in die Ferne geschleudert, das nach einer unerwarteten Wendung geradewegs wieder zurück und der SpielerIn ans Schienbein fliegt. Verworfen wird in diesem Fall ein für illegitim gehaltenes Dokumentieren. Die selbst auferlegte Dokumentationsaskese soll sicherstellen, dass allein die legitime Konstruktion, die Selbstdarstellung des Feldes, zur Darstellung kommt. In der

Vorstellung, dass Dokumentieren immer auch Konstruktion bedeutet, führt in diesem Fall *Anti-Dokumentieren* zu einer außerordentlichen Zurückhaltung wissenschaftlicher Autorschaft.[36] So führt der Wurf nach vorne letztlich zurück in die verlorene Naivität, denn im Ergebnis findet ein erneutes Verbergen der Autorschaft statt. Dies aber war gerade ein Anlass der Repräsentationskritik. Durch eine veränderte Politik der Stimmen wird in diesem Fall ein *starkes Dokumentieren* schließlich zur Lösung für das Problem der Spielart *Anti-Dokumentieren*.

Wird der unvermeidlich kulturell geprägte und durch den wissenschaftlichen Kontext ausgerichtete Blick der ForscherIn als störend gewertet, so besteht die Gefahr, eine erkenntnisauslösende Differenz zu verspielen: das Fremdsein im Feld. *Indigenous filmmaking* und die Konzeption der *indigenous voices* beschreiten latent Wege jenseits dialogischer Forschung, denn es werden keine kulturell verschiedenen Positionen ins Spiel gebracht und unterschieden.

Ich halte indigenes Filmen nicht für einen Teilbereich des ethnographischen Films, der ja gerade durch die kulturelle Differenz von vor- und nachfilmischer Realität gekennzeichnet ist. (Hohenberger 1988: 155)

I think we will increasingly regard ethnographic films as meeting places of primary and secondary levels of representation, one cultural discourse seen through, or inscribed upon another. (MacDougall 1998: 148f.)

Eine Unterscheidung von Ebenen der Interpretation gerät beim Konzept der *legitimen Autorschaft* aus dem Blick, und es entsteht unter der Hand eine Darstellungsweise, die zu einer Ethnographie à la Malinowski zurückführt: Anstelle der *interpretativen Anthropologie*, die historisch auf Malinowski folgt, wird durch das Meiden der Repräsentationsproblematik die Behauptung wiederbelebt, mit den Stimmen des Dort zu sprechen. Das als problematisch verstandene kulturwissenschaftliche Dokumentieren wird scheinbar gelöst über eine politische Entscheidung für die Rolle ehrlicher Makler, die Geertz als ein Weiterreichen der Substanz der Dinge mit den geringsten Abwicklungskosten beschreibt (vgl. Geertz 1990: 139f.). Bei dieser Variante des *Anti-Dokumentierens* soll die wissenschaftliche Autorschaft zum Schweigen gebracht werden – es sei denn, sie spräche über ihre eigene Kultur. Durch die Hintertür wird dabei fremdkulturelle Darstellung zu einer Angelegenheit *starken Dokumentierens*.

---

36 Bei einer Kritik an der ethnologischen Forschungshaltung ist zu berücksichtigen, dass in der Ethnologie ein Wiedergutmachungsdruck in Bezug auf das frühere kolonialistische Wissenschaft sverständnis herrscht. Dies führt dazu, dass die Zurückhaltung der ForscherIn in den Zusamme nhang einer Geste der Anerkennung der Selbstbestimmung der Völker gebracht wird. Ob sie dabei aufs Spiel setzt, gerade durch ihre Distanz zu einer interessanten Dialo gpartnerIn zu werden, hängt womöglich davon ab, sich nicht völlig aus einer Position des Schuldbewusstsein heraus zu verhalten.

3.3 Doing Fiction. Reflexivität von Darstellungen als Darstellungen

Im Kontext eines ideologiekritischen Diskurses zum Dokumentieren erscheint es unzulänglich, die Autorschaft entweder nachträglich hinter ihren Dokumenten aufzuspüren oder Dokumente über einen Politikwechsel der Stimmen zu rehabilitieren. Die dritte Variante des *Anti-Dokumentierens* befasst sich damit, tatsächlich nicht zu dokumentieren. Darstellungen sollen als Darstellungen kenntlich gemacht werden. Es geht um den schwierigen Versuch, Kulturforschung so zu betreiben, dass die eigenen Konstruktionen permanent durchschaubar bleiben. Anstelle von *doing documenting* (etwas so tun, dass es als Dokumentieren verstanden wird) wird ein *doing fiction* (es als gemacht erscheinen lassen) anvisiert.

Trinh und der radikale Verzicht auf Repräsentation

> Der Westen tränkt alle Dinge mit Sinn, ganz in der Art einer autoritären Religion, die ganze Bevölkerungen unter die Taufe zwingt.
> (Barthes 1981: 95)

Diesen Ausspruch von Roland Barthes zitiert Trinh T. Minh-ha selbst (1998: 323). Er trifft ihr Anliegen einer Suche nach feministischen und nichtwestlichen Sicht- und Darstellungsweisen. Sie versteht sich als Vietnamesin, Ostasiatin und Feministin.[37] Im Zusammenhang mit der Dekonstruktion westlicher Konventionen der Repräsentation wird Trinh diskutiert. Peter Crawford nennt ihren 1982 gedrehten Film *Reassemblage* einen Beitrag zu einer postmodernen ethnographischen Filmpraxis, die er als **evocative mode** klassifiziert (vgl. Crawford 1993: 78f.). Dieser Film breche mit allen Regeln des ethnographischen Filmemachens. Trinh kritisiert die objektivistische Sprache des anthropologischen Diskurses und die wissenschaftliche Suche nach verabsolutierender Bedeutung. „In ihrem wissenschaftlichen Drang, Bedeutung zu produzieren, reaktiviert die Ethnologie ständig Machtverhältnisse" (Trinh 1998: 319). Als Einblick in Trinh's filmische Repräsentationskritik beschreibe ich Fragmente ihres Films *Reassemblage*:

---

[37] Trinh arbeitet als Filmemacherin, Autorin und Musikerin. Sie unterrichtet Womens´s Studies an der University of California sowie Film an der San Francisco State University.

Percussion-Klänge zu Schwarzfilm: **genau zuhören**. Dann Arme im Blick, die bei einer Arbeit einen Gegenstand heftig hin und her bewegen, was ein Geräusch machen müsste – schweigende Tonspur: **Bilder genau betrachten**. Frauenstimme aus dem off: "I do not intend to speak about – just speak nearby": **die Autorin**.

Die Stimme spricht über Beobachtungen und das Filmemachen. Sie sagt z.B. später: "A film about what? my friends ask" oder "watching her through the lens – I look at her becoming me becoming my – entering into the only reality of science, where I myself am a sign" oder "for many of us the best way to be neutral and objective is to copy reality ridiculously. Speak about – (cut und Wiederholung) – k about" oder "I am looking through a circle in a circle of looks." In der letzten Kommentarsequenz wird eine Afrikanerin zitiert, die sich zur Polygamie äußert: "What about you? Do you have a husband all for yourself?": **ins Gespräch kommen**

Die meist asynchronen Töne bilden einen Klangteppich, auf dem Bilder hin- und herspringen. Ton wird abrupt weggeschaltet: hinsehen – nicht einer naturalistischen Szene folgen! Oder Schwarzfilm fordert auf: hinhören! Sprechende und lachende Frauengesichter – Münder bewegen sich, kein Ton. Die Kamera schwenkt auf ein Kind, das sich an seine Mutter lehnt. Schnitte verrücken die Szene, brechen die Bewegungen des Kindes – mal sitzt es aufrecht, dann für Sekunden wieder in der vorherigen Haltung, dann wieder in minimal veränderter Kameraeinstellung verschoben, wie ein Satz, der nicht fließt, sondern stottert: Kind, das an/ DAS AN SEINER M/ Kind das an seiner Mutter le/ tter lehnt.

Eine Frau rennt aus dem Ha/ rennt aus dem Haus, obwohl sie doch schon beim ersten Mal herausrannte. Kinder springen per Stopptrick ins Bild oder verschwinden von der Bildfläche, die **so oder auch anders** aussehen könnte: **Schnitte sehen, Selektion sehen**. Säugling und Brust. Gesicht der Mutter. Unscharf ein Reiter in der Ferne. Alte Frau wäscht Baby. Junge Frau WÄSCHT BABY – Einstellungswechsel – wäscht Baby.

Die Kamera schwenkt mehrfach ruckartig zwei Kindern auf einem Esel hinterher, so dass sie wiederholt aus dem Bildausschnitt reiten. Die Einstellungen sind zu kurz, um – wie Trinh es ausdrückt – vollen Besitz vom Bildgehalt ergreifen zu können und die beiden Schnitte zu abrupt, um das Filmemachen vergessen zu können.[38]

Schwarzfilm und stampfendes Geräusch, dann stampfende Bewegung als Stummfilm: **zusammensetzen – einen Film sehen**. Keine Szenen im gewohnten Sinn, eher Fragmente, die herausgebrochen erscheinen. Als sei jemand mit einer Kamera in den Wald gezogen zum Bilderhacken. Bildsplitter einsammeln und im Kaleidoskop schütteln. Dazu Sprachmelodien.

---

[38] Henriette Moore (1990) folgend funktionieren die Filme Trinh's anders als beabsichtigt. Statt der beabsichtigten Diskontinuität entwickeln BetrachterInnen ihre eigenen narrativen Strukturen.

> Trotz allem auch kleine Geschichten – **Geschichten von RezipientInnen**, z.B. meine: Ein Albino-Kind hat Probleme mit der Haut. Erinnert mich an Neurodermitis. Sein kleiner Bruder ist auf den Rücken der Mutter gebunden – hat es gut. Der Größere fühlt sich in seiner juckenden brennenden Haut nicht wohl. Ein schwarzes Baby an der Mutterbrust. Schwarz geboren sein. Ich sehe ein weinendes Kind vor dem Gewand seiner arbeitenden Mutter und gelangweilte Kinder, von denen eines unter das Gewand der Mama kriecht. Kinder bei ihren Müttern.

Kritik an den Regeln des ethnographischen Films

Der Film *Reassemblage* durchkreuzt die konventionellen Realismusstrategien westlicher ethnographischer Filme: Kein Prinzip langer Einstellungen oder Bevorzugung des Weitwinkels. Kein Dogma einer Arbeit mit Handkamera oder eines Antiästhetizismus. Kein Synchronton mit unterlegtem allwissenden Kommentar.[39] Die Regel „je länger die Einstellung, desto wahrer" analysiert Trinh als zeitlichen Realismus, der die Vorstellung erweckt, Leben sei kontinuierlich, ohne Brüche, Lücken oder blackouts. Der ausschließliche Gebrauch des Weitwinkels bediene die Regel „the wider the truer". Demnach gelte die Wahl des Bildausschnittes (auf eine Person oder Gruppe) als unangemessene Beeinflussung der Aufzeichnung, als ob ein größerer Rahmen weniger Rahmen sei. Dagegen störe eine permanente Weitwinkelaufnahme sogar das Bild, auf dem schließlich Einzelpersonen wie in einem Aquarium erscheinen. Das Prinzip der Handkamera bediene ojektivistisches Repräsentieren, indem die Bewegungsfreiheit genutzt werde, um Leute unbemerkt oder bei natürlicher Handlung zu filmen. Die Regel, der Verlust an Attraktivität der Aufnahme stünde in Verbindung zu einem Gewinn an Wahrheit, sei falsch. Leben „wie es ist" sei nicht so langweilig wie die schlechten Einstellungen von Dokumentarfilmern. Schließlich reduziere die Herstellung von Realitätseindrücken durch untertitelten Synchronton Sprache auf Bedeutung. Sprache sei dagegen Stimme und Musik, Struktur, Klang, Modulation, Pausen und Schweigen. In einem der Filme Trinh's läuft Tanzmusik asynchron zum Tanz, die letzten Tanzschritte ohne Ton. Stimmen, auch die der Autorin, werden abgeschnitten und wiederholt. Für DokumentaristInnen, die das mündliche Vermächtnis in ihren *Tatsachenfilmen* verehren, ein respektloser Stil. Doch Trinh möchte der Tendenz, Sprache allein als Bedeutung zu konsumieren, entgegenwirken und organisiert Hinweise auf MacherInnen und Materialien. Die „Anderen für sich selbst sprechen zu lassen" unterstelle, dass die Leute zuvor keine Stimme hatten und einer WohltäterIn bedürften. Ton werde darüber hin-

---

39 Zu Regeln des ethnographischen Films vgl. Crawford 1992: 77.

aus als „wirklicher" Ton verehrt, obwohl er ein elektronischer sei (vgl. Trinh 1984).

Spielregel: Permanente Dekonstruktion starker Dokumente

- Störe die Gewohnheit, Dokumentarisches zu sehen: durch den Gebrauch unbeendeter Schwenks, jump cuts und Einstellungen, die ohne Ausgangspunkt und Ziel reisen, oder zu kurz, zu nah, zu entfernt sind.
- Verweise durch extreme Nahaufnahmen auf den Voyeurismus der FilmemacherIn und führe die BetrachterIn direkt in das Bild hinein, anstatt gefilmte Objekte zu fokussieren.
- Demonstriere dein Zögern in der Auswahl des *besten* Materials durch wiederholte jump cuts beim Filmschnitt.
- Verweise durch Asynchronität der Tonspur auf die Aufzeichnungstechnologie und das Filmemachen.

Der von Trinh vorgeschlagene filmische Gestaltungsaufwand verweist darauf, wie viel Anstrengung es kostet, eine anti-dokumentarische Lesart zu erzeugen. Was die Herstellung einer dokumentarischen Lesart an *disziplinierter Subjektivität* erfordert, scheint *doing fiction* an *disziplinierter Objektivität* zu benötigen.[40] Die RezipientInnen sollen Filme wie ein experimentelles Musikstück wahrnehmen:

> Der nicht-expressive, nicht-melodische, nicht-narrative Aspekt der Arbeit erfordert eine andere Aufmerksamkeit: eine, die den Ton als Ton hört, das Wort als Wort und das Bild als Bild sieht. Dafür ist es notwendig, Herz und Geist vom dauernden Geplapper der Seele zu befreien. Wie im Leben auch, kann man nur wirklich sehen und hören, wenn man im Zustand der Zugänglichkeit ist; man kann eine andere Kultur nur aufnehmen, wenn man sich in einem **Zustand des Nicht-Wissens** befindet.
> (Trinh 1995: 94f.) (Hervorhebung E.M.)

---

40 Mit diesem Wortspiel soll darauf verwiesen werden, dass es Disziplin erfordert, den Beobachtungsgegenstand nicht naturalistisch erscheinen zu lassen und das darüber hinaus seine spezifische Darstellung ein Ergebnis disziplinärer Gestaltung ist (durch eine wissenschaftliche Disziplin beispielsweise), bei der sich nun im Gegensatz zur disziplinierten Subjektivität nicht die AutorIn zurückhält, sondern ein objektivistischer Gegenstandsbezug zurückgehalten werden soll.

"Speaking nearby" anstelle von "speaking about"

Was versteht Trinh darunter, ein Bild als Bild, anstatt ein Bild als Repräsentation zu sehen?

> Ein Sprechen, das sich nicht objektiviert, richtet sich nicht auf ein Objekt, so als befände es sich in Distanz zum sprechenden Subjekt oder als sei es abwesend vom Sprachort. Ein Sprechen also, das sich selbst reflektiert und einem Subjekt sehr nahe kommen kann, ohne es jedoch zu beanspruchen oder sich seiner zu bemächtigen. Kurzum, ein Sprechen, das, sobald es abgeschlossen ist, lediglich Momente eines Übergangs aufweist, die wiederum weitere mögliche Momente eines Übergangs eröffnen. So sehen die Formen der Indirektheit aus, die von dem, der mit der poetischen Sprache in Einklang steht, gut verstanden werden. Jedes Element, das in einem Film konstruiert wird, verweist auf seine Umwelt, während es gleichzeitig ein Eigenleben führt. Es ist dieses Eigenleben, das dann verloren geht, sobald man ein Wort, ein Bild oder einen Klang als Gedankeninstrument einsetzt. Deshalb ist es eine große Herausforderung, wenn jemand es vorzieht, nicht *über*, sondern *in der Nähe von* etwas zu sprechen – eben weil es sich im Grunde nicht einfach nur um einen verbalen Kunstgriff oder eine Redewendung handelt. Das ganze ist eine Lebenseinstellung, ein Weg, um sich selbst in Relation zur Welt zu setzen. (Trinh 1995: 67f.)

Speaking nearby kann weder allein der Aufdeckung von Autorschaft noch einem Machtwechsel zwischen illegitimen und legitimen AutorInnen zugerechnet werden, denn jedweder AutorIn soll ein Zugriff auf den Gegenstand misslingen, um ein *Eigenleben* der Elemente im Film zu gewährleisten. Diese Vorstellung eines Eigenlebens erscheint nun interessanter Weise als Einführung eines neuen autorenfreien Elements, dem ein legitimes, weil niemals zur Sprache gebrachtes, Darstellungspotential unterstellt wird. „Formen der Indirektheit" sollen das Deuten und Behaupten von AutorInnen ersetzen. Hier findet ein Sprung zur Poesie statt und gleichzeitig scheinen Parallelen zum *starken Dokumentieren* nahe zu liegen: die Vorstellung eines Jenseits-der-Idee, eines *Eigenlebens* von Elementen fern jeglicher Autorschaft; die Bemühung, Sinnstiftungen außer Kraft zu setzen. All dies erinnert an die asketische Haltung *disziplinierter Subjektivität* und die bereits im 2. Kapitel analysierte Vorstellung von einem Zustand des Nicht-Wissens. Wenn die Dokumentaristin Voss ihrem Material in den Mund legt: "Ich bin ich, nur für mich selber da, Niemandes Diener ..." (Voss 1998: 8), so könnte das auch von der Anti-Dokumentaristin Trinh stammen, die ihr Material nicht zum Gedankeninstrument machen will. Eine Differenz zum *starken Dokumentieren* besteht jedoch darin, dass es das Werk selbst ist, nicht die Welt davor oder dahinter, das bei Trinh eine Chance erhalten soll, sich gegen Klassifikationen der AutorIn zu wehren.

> Ein Werk, das auf sich selbst zurückreflektiert, bietet sich unaufhörlich als nichts anderes dar denn als Werk ...und als nichtig. Sein Blick ist gleichzeitig eine Kraft, die das Werk zum Auseinanderfallen bringt (so dass es zu seinem ursprünglichen Kein-Werk-Sein zurückkehrt), und das größte Geschenk für seine Konstituierung; ein Geschenk, dass das Werk sowohl von der Tyrannei der Bedeutung als auch von der Omnipräsenz eines Subjekts der Bedeutung befreit. Den Halt genau in dem Moment aufzugeben, an dem er am effektivsten ist, erlaubt dem Werk, zu leben und unabhängig von den intendierten Verbindungen zu leben, um sich selbst in sich selbst mitzuteilen. (Trinh 1998: 322)

Nicht allein geht es darum, starke Dokumente durch Dekonstruktion zu schwächen oder Geschichten über die Konstruktionen wissenschaftlicher Autorschaft zu erzählen. Trinh ist an der Einrichtung einer herrschaftsfreien Zone gelegen, in der sich etwas Fragiles und von Autorschaft Unberührtes ereignen soll. In einem Spiel um die Grenzen zwischen Textuellem und Außertextuellem kann das Werk „nur dann es selber sein, wenn es ständig riskiert, nichts (no-thing) zu sein" (Trinh 1998: 322). Dieses Angrenzen an *Nichts* deckt sich nicht mit einer dokumentarischen Objektivierung wahrer Momente oder natürlicher Situationen, wie sie beim *starken Dokumentieren* über die Figuren der Leere oder des Automaten konzipiert werden. Nach Trinh ist Wahrheit „das Instrument einer Herrschaft, die ich über die Bereiche des Unbekannten ausübe, während ich sie im Gehege des Bekannten sammle" (Trinh 1995: 5). Nicht zu wissen wird bei Trinh gegenüber *starkem Dokumentieren* radikalisiert. Mir scheint es passend, Trinh's Überlegungen und Praxis mit Ausführungen Stephen Tyler's zu konfrontieren:

> Evokation ist weder Präsentation noch Repräsentation. Sie präsentiert kein Objekt und sie repräsentiert nichts und niemanden, sie ruft durch Abwesenheit, was anwesend, doch nicht repräsentiert werden kann. (Tyler 1991: 191)

Evokation zielt auf Bereiche des Unbekannten, die imaginiert, aber gleichzeitig davor bewahrt werden müssen, eine Präsentation oder Repräsentation zu werden. *Anti-Dokumentieren* besteht auch in dieser Variante in einem Gebot der Sprachlosigkeit gegenüber etwas anderem als dem eigenen Sprechen.

Was leistet Anti-Dokumentieren?

> Die postmoderne Ethnographie ist eine Art Realismus; sie beschreibt keine Objekte und sie kennt keinen Riss zwischen Beschreibung und Beschriebenem. (...) Eine Ethnographie beginnt und endet mit Begriffen. Es gibt keinen Ursprung in der Wahrnehmung, keine Priorität der Vision, keine Daten der Beobachtung. (Tyler 1991: 206)

Mein Eindruck verdichtet sich, dass wer sich aufmacht, *starkem Dokumentieren* völlig zu entkommen, bei noch stärkeren Dokumenten landet, denn wieder scheint sich ein Boomerang-Effekt zu ergeben: Trinh, die sich bemüht, das objektivistische Dokumentieren aus den Angeln zu heben, die das Repräsentieren erfolgreich stört, lanciert einen Wurf in weite Ferne – fort von AutorInnen und ihren autoritären Dokumenten – und entwirft dabei eine feinsäuberliche Trennung zwischen allem, was eine AutorIn tut (einschließlich dokumentieren und reflektieren)[41] und allem, was sich dem widersetzen kann. Der anti-dokumentaristische Wurf schnellt jedoch zurück in die Richtung, aus der er geworfen wurde, denn das Produkt zielt auf etwas um so „Wirklicheres", je überzeugender es Resistenz gegenüber Deutungen demonstriert. *Speaking nearby* wird als ein Verfahren entworfen, weder als AutorIn über etwas zu sprechen, noch ein Dokument zu produzieren.

Die Beschäftigung mit Trinh T. Minh-ha – dem „enfant terrible" des ethnographischen Films – war als ein radikales Beispiel der Schwächung von Dokumenten durch in den Blick gerückte Autorschaft geplant. *Speaking nearby* erweist sich jedoch bei näherem Hinsehen als eine Spielart, bei der es um mehr als Dekonstruktion geht: Es geht um ein Dokumentations- wie Sinnkonstruktionsverbot. Wie wir sehen werden, handelt es sich dabei um eine der beiden grundlegenden Varianten *paradoxen Dokumentierens*, um das *Weder-noch-Spielen*. Aufgrund dieser Analyse wird die Auseinandersetzung mit dem Konzept *speaking nearby* erst im nächsten Kapitel der Studie seine Fortsetzung finden. Zuvor soll anhand der Reflexion eigener Versuche zum *doing fiction* noch ein weiterer Blick auf sich als Darstellungen reflektierende Darstellungen geworfen werden.

---

[41] „Ob als ästhetischer Abschluss oder vertraut-relativierender erster Schachzug im Prozess einer nichtsdestoweniger stattfindenden Verabsolutierung von Bedeutung, erweist sich Reflexivität als ausgesprochen un/bedeutend, wenn sie nur dazu dient, die Akkumulation von Wissen zu verfeinern und fortzusetzen" (Trinh 1998: 321).

Doing fiction und sein Scheitern am Gegenstandsverlust

Im Anschluss an die reflexive Studie im Biologielabor stellte ich mir die Frage, wie beim Forschen mit der Kamera ein permanentes Offenlegen der Autorschaft erreicht werden könnte. Mit dem Ziel, eine gute Anti-Dokumentaristin zu werden, nannte ich 1995 einen ersten Entwurf meines Dissertationsprojektes *Doing fiction. Experimentelle Explorationen der Möglichkeiten und Unmöglichkeiten, einer Authentizitätsrhetorik zu entkommen* und bewarb mich beim Graduiertenkolleg *Authentizität als Darstellungsform* (Universität Hildesheim). *Doing fiction* stellte sich als ein unterstützenswertes Vorhaben heraus, denn in einem ideologiekritischen und reflexivitätsbegeisterten Forschungskontext ist das Thema *Fiktion* en vogue. Meine Versuche, praxeologische Konsequenzen aus der Repräsentationskritik zu erarbeiten, waren einer Debatte verpflichtet, die um ein konstruktivistisches Paradigma ringt und dabei viel Kraft und Zeit an das Vorhaben der Dekonstruktion gebunden hat. *Doing fiction* forschungspraktisch ernst zu nehmen, führte mich direkt in ein absurdes Szenario, dessen Scheitern im Zusammenhang dieser Studie von Interesse ist. Hergestelltheit sollte hergestellt werden.

Obwohl alle Darstellungen Fiktionen im Sinne von „gemacht" sind, sollte es um Praktiken gehen, die darüber hinaus auch den Eindruck von Fiktionalität hervorrufen, also nicht dokumentarisch wirken. Es galt Fiktionalisierungspraktiken zu erproben. In diesem Zusammenhang entstanden zwei Videoproduktionen: *Signal sucht Referenten* und *Gesture*. Beide verweisen auf eine Problematik des Konzepts *doing fiction*.

Um Szenen aus beobachtend produziertem Videomaterial nicht als starke Dokumente erscheinen zu lassen, wurde mit Videoschnittversionen experimentiert, bei denen sich ein wahrnehmbarer Gestaltungsaufwand langsam steigerte. In fünf Bearbeitungsstufen entstand ein Video unter dem Titel *Signal sucht Referenten*, bei dem Material aus unsren früheren Beobachtungen im Biologielabor vorgeführt wird. Es geht um Szenen, bei denen BiologInnen nach den Referenzen ihrer erzeugten Signale suchen. Dies wird jedoch beim Gestaltungsexperiment nicht thematisiert, sondern allein die Bearbeitungsweise des audiovisuellen Materials durch die AutorIn: Zunächst wird eine ausgewählte Sequenz ungeschnitten – als footage – gezeigt. Es folgt eine Montage synchron vertonter Szenen, ein arrangiertes Für-sich-selbst-sprechen. Anschließend eine Montage, der ein nicht synchroner Biologen-Kommentar unterlegt ist. Daraufhin eine Montage plus fiktivem subjektivem Kommentar und schließlich eine Spielszene, in die dokumentarische Videosequenzen eingebaut sind.

Was leistet Anti-Dokumentieren?

Spielszene   aus: *Signal sucht Referenten*, Mohn 1996

Bei einer Vorführung dieses Produkts im Bielefelder Kolloquium *Empirische Kultursoziologie*, brachte mir die Demonstration von Gestaltung den Vorwurf des Dekonstruktivismus ein:

Stefan Hirschauer: *Mit jeder weiteren Montage – man kann sich die 6. und 7. Sequenz ja auch vorstellen – wird einem jede Sorte Böden praktisch unter dem Hintern weggezogen. Es wird immer dekonstruktivistischer, das ganze Unternehmen .... Ich werde immer mehr auf einen Luhmannschen Kommunikationsbegriff gestoßen, der Verständnis oder Verständigung als ein hoch unwahrscheinliches Ereignis darstellen würde. Welcher Inhalt soll denn verstanden werden? Es gibt keinen Inhalt – es gibt nur Anschlüsse von Kommunikationen aneinander.*
Thomas Scheffer: *Ich finde auch, dass einem der Boden unter den Füßen weggezogen wird, weil wir so wenig über die Biologen erfahren – denn offenbar gibt es da Schwierigkeiten, was zu sehn.*
Herbert Kalthoff: *Ich find das herrlich – wir sehen erst mal gar nichts und wissen gar nicht, ob die was sehn von dem, was sie behaupten, dass da was sei. Und jetzt den Film so zu konstruieren, dass selbst der Sehprozess des Filmemachers nachher in dem Film drin ist – so in diesem dialektischen Spiel von Material aus dem Labor plus gespielten Szenen plus Kommentierungen anderer Leute, soll der Sehprozess im Labor gezeigt werden. Das sind verschiedene reflexive Schleifen oder salto mor – salto mortale*

nicht – aber so Salti.
Klaus Amann: *Vielleicht auch mortale, das könnte ja auch ein Aspekt sein. Genau in dem Moment, in dem bemerkbar wird für die Rezipienten, dass der Boden verschwindet, kann man sich zwei Alternativen vorstellen: Entweder man will das oder man will das nicht. Für mich ist das Ganze ja auch ne Reflektion über das Problem, mit visuellem Material ethnographisches Verstehen zu generieren. Man muss sich fragen, welche Arten von Konstruktionen funktionieren und vielleicht kriegt man auch noch heraus, warum sie funktionieren.*
Stefan Hirschauer: *Was funktioniert, sind Darstellungen, die Reflexivität unterdrücken. Man kommt nur heraus aus diesem Regress, indem man, so wie Schriftsteller das z.B. tun, einfach sagt: Ich erfinde jetzt eine Figur, ich gestalte die, ich setze eine Handlung, ich dramatisiere etwas und das ist meine Beschreibung. Ich weiß, dass es fiktiv ist.*[42]

Empirische Forschungskontexte stellen sich als empirische Kontexte her. Es wurde explizit darauf verwiesen, dass soziologische Relevanzen sich z.B. von denen eines künstlerischen Feldes zu unterscheiden haben. Ästhetische Innovation oder die Distinktion der KünstlerIn als Subjekt seien keine soziologischen Relevanzen. Als unumgänglich gilt in einem sozialwissenschaftlichen Kontext die Etablierung eines Gegenstandsbezuges. *Doing fiction* erwies sich als problematisch: Die vorgeführten Video-Versionen waren ein Gestaltungsexperiment und dienten keiner inhaltlichen Auseinandersetzung. Weder das Biologielabor, noch das Ethnographietreiben wurden zu einem Thema der audiovisuellen Darstellung. Ich rutschte auf der Darstellungsebene aus, die durch Vernachlässigung einer thematischen Ebene glatt geworden war. Die Gegenstandsunsicherheit der Darstellung produzierte bei den RezipientInnen den Eindruck von Regress statt inhaltlicher Varianz. Mich umgab sie mit einer Art Nebel, der mein Durchhaltevermögen untergrub. Das Fazit dieses Versuchs: Fiktionalisierungspraktiken hintertreiben eine gegenstandsbezogene Gestaltung. Keinen Sinn zu produzieren, macht im Rahmen kulturanalytischer Forschung keinen Sinn.

Meine Konsequenz bestand darin, das Experiment *doing fiction* in Frage zu stellen und mir statt dessen Gedanken darüber zu machen, wie ein *dichtes Zeigen* (im Sinne Geertz'scher *dichter Beschreibung*) gelingen könne.[43]

---

[42] Die Diskussionsbeiträge beziehen sich auf eine Audioaufzeichnung (Kolloquiumssitzung 23.1.1996) und sind in dieser Darstellung „geschnitten", d.h. geglättet, leicht gekürzt und in ihrer Abfolge so collagiert, dass die Inhalte, auf die es mir ankommt, komprimiert rezipiert werden können.

[43] Als Reaktion auf diese Problematik wurden die Arbeitstitel meines Dissertationsprojekts Schritt für Schritt umformuliert: Dem Titel *Doing Fiction* folgte der Titel *Dichtes Zeigen*. Über den Titel *Autorschaft und Gegenstand* wurde anschließend das Spannungsfeld anvisiert, in dem sich audiovisuelle Kulturforschung bewegt. Der Dissertationstitel *Spielarten des Dokumentierens – Spielräume audiovisueller Kulturanalyse* spiegelt schließlich die Entscheidung, *Dokumentieren* zum Forschungsgegenstand zu erheben.

Was leistet Anti-Dokumentieren? 119

Kamera: Patrick Gericke

Beim Videofilm *Gesture. Scientists waiting, working and getting weary* (Mohn 1996) werden Gestaltungsmöglichkeiten von Videomaterial gegenstandsbezogen eingesetzt.[44] Das aufgezeichnete Material wurde hinsichtlich der Gestik gestikstudierender WissenschaftlerInnen analysiert. Notizen während des Filmschnitts:

„Gähnen", behaupte ich, ist charakteristisch für das Ende des Seminars. Ich wurde auf Häufungen bestimmter Gesten aufmerksam und verantworte es, diese Beobachtung auch mit Sequenzen aus dem Anfang des Seminars audiovisuell zu beschreiben. „Gähnen" wird wichtig – nicht aber, dass Salomon um 13.55 Uhr gähnte. Auch konstruiere ich neue Gesprächsabläufe, die konkret von dem beobachteten Gespräch abweichen, aber seiner analysierten Grundstruktur ähneln. Charakterisiert wird durch Abweichung. In der filmischen Darstellung wird eine fiktive, sinnvolle kommunikative Situation aufgebaut.

---

44 Materialgrundlage dieses Videos ist die Video-Beobachtung eines Workshops zur mikroethnographischen Analyse von Gestik (Leitung Jürgen Streeck, Graduiertenkolleg *Authentizität als Darstellungsform*, Hildesheim 20. - 24.5.1996).

Die Notizen betreiben empirische Reflexivität, während der Film seine Inhalte transportiert. So wird eine Gegenstandsebene zurück erobert, aber um den Preis, Reflexivität auf der filmischen Darstellungsebene wieder aus den Augen zu verlieren.

‚Dokumentieren' als Ergebnis von doing fiction

Es gelang nicht, *doing fiction* konsequent durchzuführen. Die Darstellungsebene vor die Gegenstandsebene zu schieben entlastet die Repräsentationsproblematik zu Lasten des Gegenstandes. Die AutorIn begeht beim *doing fiction* kein Repräsentationsdelikt mehr, aber wer will ihr noch zuhören?

Trinh riskiert einen möglichen Publikumsverlust im Interesse von Darstellungen, die keinerlei Deutungsautorität gegenüber ihren Gegenständen ausüben sollen. Gewissermaßen gerät bei ihrem Konzept anstelle der Autorschaft nun der Gegenstand selbst ins Verborgene. Doch indem es bei ihr diesen Ort des Verborgenen gibt, verlässt sie bereits das Konzept *doing fiction*. Das Verborgene soll ausdrücklich gegenüber dem Gemachtsein resistent bleiben. In diesem Fall führt Dokumentationsaskese zu Konstruktionen, die auf etwas Anti-Konstruiertes zielen. Mein eigenes Experiment zum *doing fiction* scheiterte daran, keinerlei sinnvollen Inhalt mehr zu kommunizieren. Nicht ohne Grund bewegten sich meine Fiktionalisierungsversuche allein auf der Darstellungsebene und klammerten den Forschungsprozess aus: Die Absurdität würde sich potenzieren, wenn *doing fiction* der Impuls von Beobachtungen im Feld wäre.

Dies bedeutet allerdings nicht, dass es keine Möglichkeiten gäbe, Herstellungsprozesse bis zu einem gewissen Grade im wissenschaftlichen Endprodukt sichtbar werden zu lassen. Steve Woolgar z.B. geht der Frage nach, wie man die eigenen Versuche, Repräsentation zu betreiben, unterbrechen kann durch Einschübe, in denen die AutorIn sichtbar wird (vgl. Woolgar und Ashmore 1988). Aber ein Hin- und Herpendeln zwischen gegenstandsbezogenen Darstellungen und Hinweisen auf die Herstellung dieser Darstellungen ist nicht mehr als *Anti-Dokumentieren* zu fassen, sondern wird – wie schon das *speaking nearby* – zu einer Angelegenheit *paradoxen Dokumentierens*.

3.4 Was leistet Anti-Dokumentieren?

Alle drei vorgestellten Varianten befassen sich auf die eine oder andere Art und Weise ausdrücklich mit der wissenschaftlichen Autorschaft. Sie bringen Reflexivität ins Spiel und sehen darin eine Opposition zum *starken Dokumentieren*. *Empirische Reflexivität* rückt durch eine retrospektive Analyse die eigenen konstruktiven Praktiken in den Blick. Gefragt wird: Wie konstruiere ich? Die Varianten *legitimer Autorschaft* thematisieren die Entmachtung der als stark erkannten wissenschaftlichen AutorIn. Gefragt wird: Wer an meiner Stelle soll konstruieren dürfen? *Speaking nearby* fragt: Wie kann Nichtkonstruktion evoziert werden? Dies wurde als Übergang in die Spielart *paradoxes Dokumentieren* interpretiert. Das Konzept *doing fiction* treibt die Thematisierung von Autorschaft auf die Spitze und produziert mit der Frage: Wie kann ich mein Konstruieren permanent sichtbar machen? einen Gegenstandsverlust.[45]

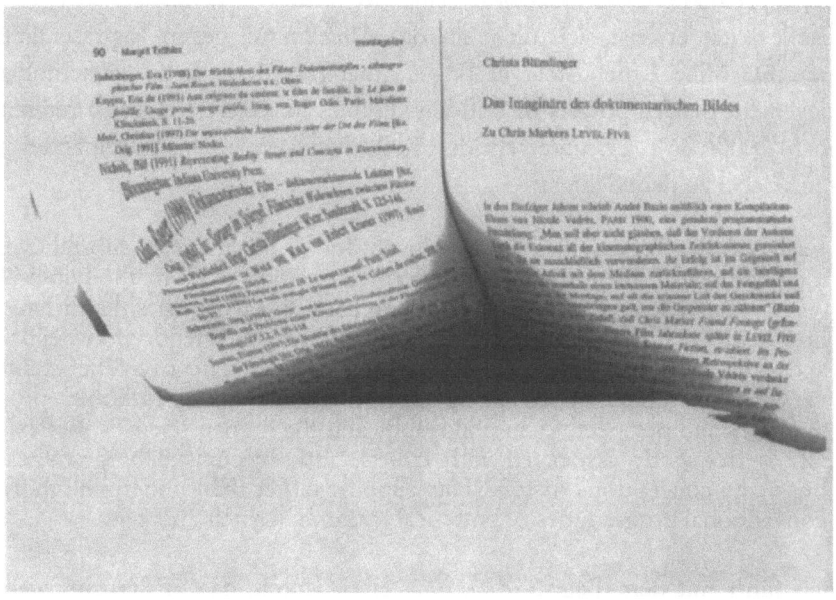

Das Kopieren anstelle des Kopierten   Störung: Elisabeth Mohn 1999

Anti-dokumentaristische Konzepte umkreisen das Konstruktive. Es gilt: **Alles-ist-gemacht**. Sie bemühen sich entweder um eine übersteigerte Sichtbarkeit der AutorIn oder um die Perfektionierung ihres Verschwindens. Interessanter Weise

---

45 „Wenn ein solcher Beobachter den Authentizitätsbegriff überhaupt noch positiv benutzen will, dann kann er es nur in einem ganz anderen Sinn als dem bisher beschriebenen tun: Für ihn könnte eine Darstellung dann authentisch sein, wenn sie sich als Darstellung darstellt – d.h. auf ihre Einseitigkeit, Partialität, Aspektierung etc. explizit hinweist, transparent ist nicht auf das Dargestellte hin, sondern auf ihren eigenen Status (eine Art Selbstauthentifizierung)" (Strub 1997: 10).

bringen die Varianten des *Anti-Dokumentierens* dabei ausnahmslos neue Ebenen des Dokumentierens hervor – oder scheitern: Die Ergebnisse *empirischer Reflexivität* kommen schließlich, wie es bei jeder anderen empirischen Studie auch der Fall wäre, unter Einsatz einer dokumentarisierenden Rhetorik zu ihrer Darstellung. Beim Offenlegen der eigenen Darstellungsstrategie verliert der bisherige und gewinnt der neue reflexive Gegenstand eine Authentizitätszuschreibung: „So ist es konstruiert. Punkt." Über *legitime Autorschaft* dürfen starke Dokumente produziert werden, sobald die illegitimen AutorInnen entmachtet scheinen und *doing fiction* scheitert als empirische Strategie genau dort, wo ein Dokumentieren völlig ausgeschlossen und keinerlei Realismuskonzepte mehr zugelassen werden sollen. Dies führt ein *Anti-Dokumentieren* an seine Grenzen.

Reflexivität erweist sich nicht als das Allheilmittel gegen Repräsentationssymptome. Mike Lynch stellt in Frage, „that reflexivity is an epistemological achievement that empowers or critically disables its objects of (self-) reference" (Lynch 2000: 46). Er unterscheidet Reflexivitätsversionen voneinander und kommt dabei zu dem Schluss:

> Each of the reflexivities in my inventory – mechanical, substantive, methodological, meta-theoretical, interpretative and ethnomethodological – involves some sort of recursive turning back, but what does the turning, how it turns, and with what implications differ from category to category and even from one case to another within a given category. The extant versions of reflexivity go along with divisions among schools, programmes and perspectives in philosophy and the human sciences. Reflexivity is frequently associated with radical, anti-objectivistic programmes, but many conceptions of reflexivity support rather than undermine more conventional programmes of empirical research. (Lynch 2000: 34)

Lynch führt mit dem Begriff *Reflexivität* etwas durch, das in der vorliegenden Studie anhand des Begriffs *Dokumentieren* getan wird: Durch Unterscheidung von Versionen und analytischer Betrachtung ihrer Effekte verliert der Begriff seine Aura. Reflexivität tritt in den unterschiedlichsten Kontexten, auf unterschiedlichste Weisen und mit unterschiedlichsten Effekten auf. Nicht anders verhält es sich mit dem Dokumentieren oder Interpretieren, die in der einen oder anderen Variante als „immer schon da" entdeckt werden können. „If reflexivity shines for nobody in particular and its illumination is controlled by no special theory, method or subject position, it loses its metaphysical aura and becomes ordinary. Hopes for enlightenment and political emancipation would then return to the streets where they belong" (Lynch 2000: 48).

Wofür aber ist *Anti-Dokumentieren* eine Lösung, wenn es gar nicht die realistischen Effekte sind, denen entkommen wird? Was gelingt stattdessen? Unter einem praxeologischen Vorzeichen betrachtet helfen die ideologiekritischen Zielsetzungen, einen Ebenenwechsel zu organisieren. In der Vorstellung, nicht(s) mehr *dokumentieren* zu wollen gelingt es, an Stelle der Erforschung (fremder) Kulturen die eigene Methodologie zu bearbeiten. Das eigene Vorgehen retrospektiv zu analysieren oder Darstellungen als Darstellungen zu markieren hat den Effekt, reflexives Wissen hervorzubringen.

Streitpunkt: Das Scheitern der reinen Paradigmen

Den drei vorgestellten Varianten des *Anti-Dokumentierens* (empirische Reflexivität – legitime Autorschaft – doing fiction) gelingt es nicht, bei der Thematisierung von Autorschaft einem Dokumentieren völlig zu entkommen. Sobald Aussagen über die Autorschaft getroffen werden sollen, gerät die in ihrer Fiktionalität erkannte kulturwissenschaftliche Darstellung in ein Paradox. Es ist unmöglich, die jeweilige Idealtypik eines *starken Dokumentierens* oder *Anti-Dokumentierens* in Reinform zu realisieren: Starke Dokumente sind an AutorInnen, starke AutorInnen an Dokumente gebunden. Diese Erkenntnis begründet einen Trend zum Paradoxen.

> Alles was wir sehen, stößt uns auf das Paradox, dass wir es so sehen, weil wir es so sehen. Diese *Paradoxie der Sichtbarkeit* ist nicht auszuhalten und muss deshalb unsichtbar gemacht werden. Nicht nur theoretische Texte, sondern auch soziale Texturen und Prozesse müssen den drohenden *regressus ad infinitum* stoppen, wenn sie sich nicht in endlosen Reflexionsschleifen verlieren wollen. Alle Identitäten und Gewissheiten bauen denn auch auf für sie unsichtbaren Differenzen auf. Das Identische hängt am Nicht-Identischen und läuft stets Gefahr, dessen Gewahr zu werden. Soziale Ordnung entsteht demnach aus der selektiven Invisibilisierung ihrer selbsttragenden Konstruktion. Soziale Ordnung ist nichts anderes als die Stabilisierung *praktischer* Apriorias, die als unsichtbare Nicht-Identitäten nicht erfahren werden können und damit erst soziale Erfahrung ermöglichen. Insofern erweist sich das Problem sozialer Ordnung als epistemolo-

gisches Problem und „alles Beobachten und Beschreiben als Verdecken und Entfalten des Einheitsparadoxes" (...). (Nassehi 2000: 27)

Da auch Wissenschaft sozialer Ordnung nicht entkommt, ist im Rahmen dieser Studie von Interesse, wie ForscherInnen eine „Stabilisierung praktischer Aprioris" bewältigen. Armin Nassehi schlägt an anderer Stelle vor, das Unsichtbarmachen apriorischer Bedingungen als einen Prozess der „Autoontologisierung" zu begreifen (Nassehi 1992: 63) und sieht eine soziologische Forschungsaufgabe darin, „die Bedingungen herauszuarbeiten, unter denen sich Gesellschaften Aprioris zumuten, die ihre paradoxe Grundstruktur unsichtbar machen." Ein lohnender Gegenstand, dies zu tun, seien wir selbst mit unserem Geschäft der professionellen Beobachtung der Gesellschaft (vgl. Nassehi 2000: 28). Dies hat einen Bezug zu den Spielarten des Dokumentierens: Die untersuchten Konzepte sind Teil dieser zu analysierenden praktischen Aprioris, über die Kulturwissenschaft ihre Gewissheiten baut. Varianten *paradoxen Dokumentierens* sind in diesem Zusammenhang professionelle Versuche, eine *Paradoxie der Sichtbarkeit* zu verdecken und zu entfalten.

4 Paradoxes Dokumentieren. Dokumentieren als Dilemma

Starkes Dokumentieren und *Anti-Dokumentieren* sind komplementäre Konzepte, die unterschiedliche Effekte hervorbringen. Keines der beiden taugt dazu, das je andere zu ersetzen. Das Zulassen von Paradoxien erscheint zunächst als eine Lösung dieses Dilemmas. Nicht weil man Paradoxien will, sondern weil *Anti-Dokumentieren* nicht vollkommen funktioniert, werden pragmatische Lösungen zugelassen und mit postmoderner Erkenntnistheorie geliebäugelt. Wenn *Dokumentieren* weder einem *starken-* noch einem *Anti-Dokumentieren* zugerechnet wird oder sowohl dem einen als auch dem anderen, spreche ich von *paradoxem Dokumentieren*.

4.1 Weder-noch-Spielen: „speaking nearby"

Zurück zu Trinh und ihrer Variante des *speaking nearby*, die den Regeln des *Anti-Dokumentierens* trotz dekonstruktivistischer Anteile nicht entsprach und nun an dieser Stelle verortet wird.

> Ich arbeite immer an den Grenzen des Dokumentarischen und Experimentellen. Wenn man genau an den Grenzen von verschiedenen Kategorien und Herangehensweisen arbeitet, bedeutet das, dass man weder ganz drinnen noch ganz draußen ist. Man muss die Arbeit, soweit man kann vorantreiben: auf einer ununterbrochenen Gratwanderung, bis an die Grenzlinien, ständig riskierend an einer oder der anderen Seite herunterzufallen, während man daran arbeitet, diese Grenze aufzuheben, neu zu bauen, zu verändern.(...) Augen, die auf Fakten aus sind, mögen keine Experimente und vice versa, als ob Wissenschaft und Experiment sich jemals gegenseitig abschaffen könnten. (Trinh 1995: 96f.)

Trinh versteht ihre Arbeit nicht als anti-dokumentarisch. Ziel des von ihr vorgeschlagen Verfahrens ist die Erfüllung der Paradoxie, sich „weder ganz drinnen noch ganz draußen" zu bewegen. Es geht um die Spielvariante *Weder-noch*, bei der es darauf ankommt, **genau dazwischen** zu bleiben. Anhand von Überlegungen Trinh's und Tyler's soll nach Spielregeln eines *speaking nearby* gesucht werden.

Eine Methode des Verschiebens

Es gibt nichts Ärmeres als eine Wahrheit,
ausgedrückt, wie sie gedacht ward. (Walter Benjamin 1955: 107)

Solange ein Bild sich nicht von seinem natürlichen Zustand absetzt,
gewinnt es keine Bedeutung. Erst Verschiebung bewirkt Resonanz.
(Shanta Gakhale 1981: 114)

Beide Zitate finden sich bei Trinh (1998: 304 u. 321), die ihre Vorgehensweise als ein Verschieben beschreibt:

> Verschiebungsstrategien widersetzen sich der Welt der Kategorisierung sowie der von ihr erzeugten Abhängigkeitssysteme, und sie füllen den sich verschiebenden Raum des Erschaffens mit einer Leidenschaft, die den Namen Staunen trägt. „Wer oder was das andere ist, weiß ich nie"(...). Staunen will sich nie des anderen bemächtigen, besitzt es nie als sein Objekt. Es liegt in der Fähigkeit, Dinge zu sehen, zu hören, zu berühren und auf sie zuzugehen, als geschehe das zum ersten Mal. Diese Art des Zusammentreffens überrascht in all ihrer unerwarteten, vielleicht sogar völlig unbekannten Beschaffenheit. Sie provoziert keinen Konflikt, kein Zurückweisen oder Annehmen, denn sie konstituiert einen leeren, "unbeschwerten" Moment, in dem Leidenschaft das nicht-wissende (nicht ignorante) Subjekt durchzieht. (Trinh 1995: 13)

Staunen, Leersein und Nichtwissen wurden beim *starken Dokumentieren* als Vorstellungen analysiert, die einen empirischen Wissensprozess zu starten helfen. Trinh scheint auf demselben Klavier zu spielen – andere Töne kommen dabei heraus: Mit Staunen gefüllt wird ein Raum des Erschaffens – es geht nicht um ein Wartezimmer, das sich füllt. *Verschieben* strebt keine audiovisuell-reproduktive Verdopplung an und verwendet dennoch eine ähnliche Argumentationsfigur wie das *Registrieren*: Gerade die Entfernung vom alltäglichen Rekonstruieren – „der Welt der Kategorisierung" – verursacht die „Leidenschaft des nicht-wissenden Subjekts". An das „leere Moment" jedoch wird bei Trinh und Tyler keine authentische Gegenstandsdarstellung, kein verlässliches Wissen angeschlossen.

> Für mich ist die Ethnographie ein Vehikel der Meditation, denn wir kommen zu ihr nicht als zu einer Charta des Wissens, nicht als zu einem Programm der Tat und nicht einmal zur Unterhaltung. Wir kommen zu ihr als zum Beginn einer anderen Reise. (Tyler 1991: 208)

Das *andere Reisen* hat etwas mit dem Wissensprozess zu tun, der Gegenstrategien zur Alltagspraxis (der gewohnten Reise) erfordert. Beim *starken Dokumentieren* wird die Abreise mit dem Begriff *Unwissenheit* markiert und die Vorstellung einer möglichen Näherung an das ferne Ufer erweckt. Im Gegensatz dazu betont Tyler: „Der ethnographische Diskurs nimmt am Projekt des universalen Wissens keinen Anteil, er verzichtet auf den Willen-zur-Macht-durch-Wissen, der die Konsequenz der Repräsentation ist" (Tyler 1991: 199).

Tyler und Trinh stellen den anthropologischen Diskurs über *Otherness* in Frage. Trinh's Filme verweigern es, über den anderen zu sprechen bis hin zu der Möglichkeit eines fehlenden Objekts. Bei den untersuchten Selbstbeschreibungen des Dokumentarfilmschaffens diente Leere dazu, Sinnstiftung hinauszuzögern, um den Gegenstand in seiner Wahrheit zu erfahren und dokumentarfilmisch darstellen zu können. Bei Trinh wird jedoch aus Sinnstiftungsverzögerung Bedeutungssabotage. RezipientInnen bekommen geschnittenes Material präsentiert, dem sie sich tastend nähern können, ein Material, das es durch Kürze und Streuung der filmischen Einstellungen erschwert, sich den Inhalt der Bilder anzueignen. Bedeutungssabotage hilft, nicht in den Gegenstand einzudringen. Material soll in einem Zustand des Noch-nicht-zum-Dokument-geronnenen gehalten werden – flach. Dokumentarische Lesarten, anhand von Verschiebungen immer wieder geöffnet, werden zu Sichtweisen, die ausdrücklich unkontrollierbar bleiben.

> Die eigentliche Bedeutung dieser Ersetzung der Repräsentation durch Evokation liegt in der Befreiung der Ethnographie von aller Mimesis und der ganzen obsoleten wissenschaftlichen Rhetorik, die stets Objekte, Fakten, Deskriptionen, Induktionen, Generalisierungen, Verifikationen, Experimente und dergleichen mehr mit sich führt und die letztlich, außer als leere Beschwörung, weder der Feldarbeit noch dem Schreiben von Ethnographien wirklich entspricht. (Tyler 1991: 198)

Bedeutungssaboteure und Sinnstiftungsasketen scheinen sich in einem Punkt einig: Sie orientieren sich an einem Fernziel, das bei den einen erreichbarer scheint als bei den anderen.

> Verschieben ist eine Art des Überlebens, es ist eine unmögliche, wahrhafte Geschichte des Lebens zwischen den Wahrheitsregimen. Die Verantwortung, die dieses buntgescheckte Dazwischen-Leben impliziert, ist eine höchst kreative: die Verschiebung bewegt sich fort, indem sie immerzu Differenzen in die Wiederholung einführt. (Trinh 1995: 12)

Das Erheischen *wahrer Momente* beim *starken Dokumentieren* wird zu einem *Leben zwischen den Wahrheitsregimen* beim *Weder-noch-Spielen*. Diese Maxime hält Trinh insbesondere beim Filmschnitt aufrecht. Die Metapher einer Reise scheint darauf zu zielen, Reisende zu bleiben (auf der Strecke zu bleiben?). *Starkes Dokumentieren* wurde demgegenüber als eine Reise vom Unwissen zu neuem Wissen analysiert. Tyler greift die Reisemetapher ein weiteres Mal auf:

> Postmoderne Ethnographie ent-setzt in einem gegebenen performativen Zusammenhang die lebensweltliche Wirklichkeit und evoziert darin ein fragmentarisches Ganzes der Phantasie, um die von ihr Betroffenen transformiert und erneuert in diese Lebenswelt selbst zurückzuver-setzen. Sie hat denselben allegorischen Sinn, wenn auch nicht die narrative Form, wie eine visionäre Exaltation oder eine religiöse Parabel. Per Bruch mit der Alltagswelt ist sie eine Reise in fremde Länder mit okkulten Sitten, eine Reise ins Herz der Dunkelheit, wo Fragmente des Phantastischen im Strudel des desorientierten Bewusstseins des Initianden herumwirbeln, bevor er im Zentrum des Mahlstroms anlangt, wo er sein Bewusstsein im Augenblick der wunderbaren und erlösenden Vision verliert, um schließlich, bewusstlos, wieder an der vertrauten, doch für immer transformierten Küste seiner Lebenswelt ausgesetzt zu werden. (Tyler 1991: 194)

Vom *starken Dokumentieren* sind einzelne Elemente dieser Reise bereits bekannt: ein Bruch mit der Alltagswelt, das Unbekannte, der Kontrollverlust, Erleuchtung. Der entscheidende Unterschied eines *Weder-noch-spielens* gegenüber s*tarkem Dokumentieren* ist die Betonung darauf, dass sich die Reise im Kopf abspielt und als Ergebnis zu Phantasien des Ganzen führt.

> Die postmoderne Ethnographie ist die Phantasiewirklichkeit einer Wirklichkeitsphantasie, die im Leser wie im Schreiber gleichzeitig die Ahnung einer möglichen Welt zu evozieren sucht, die uns im Common Sense wie in der Phantasie längst gegeben ist, diesen beiden Fundamenten unseres Wissens, die nicht noch mal zum Objekt des Wissens werden können: denn alles, was wir wissen, wissen wir durch Phantasie und Common Sense, durch nichts sonst können wir überhaupt wissen. (Tyler 1991: 202)

Karin Knorr Cetina (1994) benutzt einen Fiktionsbegriff, der in diesem Zusammenhang eine interessante Abweichung vom postmodernen *Weder-noch-spielen* darstellt. Sie unterscheidet drei Fiktionsbegriffe: einen alltagssprachlichen, bei dem Fiktion als etwas Scheinbares oder Unechtes verstanden wird; die begriffliche Herleitung von Fiktion als Gestalten, Formen, Erfinden; und darüber hinaus den Begriff einer operativen Fiktion, bei der es um das Nutzen von Differenzen geht: "If science, and modern institutions in general, do not run on facts, this is no reason for despair and resignation – it is rather cause to investigate the ways in which these institutions, if they do not run on facts, run on fictions" (Knorr Cetina 1994: 5).

Weder-noch-Spielen 129

> Fictionality arises from the transformations of forms of symbolic organization in modern institutions and the cultural attributions of reality, literality or normality which apply to these forms. It rests on a difference between a discourse and a counterdiscourse, between behavioral and other behavioral or symbolic repertoires, between different definitional frames sustained by participants or practices. It is a phenomenon of two or more registers or regimes which may alter the dimension of phenomena, bring them into a different medium, take them out of one kind of social space-time and install them into another. Fictionality refers to the transpositions of things into an alternate reality in which work is carried on, without the original register being eliminated (...). (Knorr Cetina 1994: 7)

Diese Beschreibung ist vor dem Hintergrund einer spezifischen Wissenspraxis zu verstehen. Knorr Cetina bezieht sich auf Forschung in der Hochenergiephysik. Es geht um *Fictionally Operating Systems*. "The objects themselves, subatomic particles, are as participants say, 'phantasmatic' – they are too small, too fast and too dangerous collectively to ever be handled directly... The ontology of these objects is an ontology of the past, the absent, the decayed and transfigured" (Knorr Cetina 1994: 15f.).

Vor diesem Hintergrund des Fehlens einer direkten Begegnung zwischen Forschenden und dem Beforschten nimmt Knorr Cetina den Gebrauch operativer Fiktionen in den Blick und entdeckt **imaginative terminologische Repertoires**, über die die konkreten Interaktionen der Forschungspraxis modelliert werden. Diese fiktionalen Kategorien, so Knorr Cetina, reformulieren und elaborieren in der Wissenschaft technische Kategorien und Unterscheidungen (vgl. 1994: 10).

> These (fictional) classifications codify who, within the walls of the institution and independent of external definitions, is an organism and who is a machine, who are agents with powers and dispositions to react, who is alive and who is not, who is a human and who is a non human being. (....)The ontologies are specific to the type of locale; they are reconfigurations of (...) self-other-things, of the relations of subjects to objects in the external environment, or of the relation between the natural order and the social order. (Knorr Cetina 1994: 13)

Operative Fiktionen regeln den Bezug zwischen Forschenden und ihren Objekten, wie auch den Bezug auf den *phantasmatischen* Gegenstand.

> The interesting question is of course how closed systems nonetheless derive truth effects from their fictional operations. The answer is that they install a new epistemic regime; they shift their operations from observing the world to observing and understanding themselves, and from gaining

positive knowledge to gaining knowledge of the errors and limits of knowledge. (Knorr Cetina 1994: 16)

Auch bei Knorr Cetina geht es um eine Lösung für die Problematik *positiven Wissens*. Sie beschreibt Fiktionen als ein Mittel, "**a play upon orders**" durchzuführen, "a progress from one arrangement and from one disciplinary framework to another" (1994: 17). Dies klingt ebenfalls nach einem Verschiebungskonzept, ist aber nicht als Bedeutungssabotage gedacht. Die operativen Fiktionen zielen im praktischen Gebrauch auf bestimmtere Ergebnisse als ein *speaking nearby* es vorsieht. "Modes of fiction are instruments of cultural imagination" (vgl. Knorr Cetina 1994: 5). Dem würden Tyler und Trinh sicherlich zustimmen. Doch unternimmt Knorr Cetina einen weiteren Schritt und fragt nach den Bedeutungen dieser Fiktionen für ein praktisches Gelingen von Forschung. Dabei spielen dann die „epistemic regimes", die es beim *Weder-noch-Spielen* permanent zu stürzen gilt, letztendlich eine starke Rolle. Das Ziel dieses „play upon orders" heißt nicht Dekonstruktion noch verbleibt es im Vorgang der Evokation. Es führt zu Resultaten (vgl. 5. Kapitel *Alltag der Wissenschaft*).

Regeln des Verschiebens

- Spielzüge bestehen darin, Differenzen in die Wiederholung einzuführen.
- Wer Formen der Indirektheit beherrscht, hat die Chance, niemals wirklich anzukommen und das Spiel zu gewinnen.

Trinh lässt sowohl *starkes Dokumentieren* als auch zur Schau gestelltes Sinnstiften am Material scheitern, indem sie starke AutorInnen völlig von autonomen Gegenständen trennt. Mit diesem Schachzug kann sie dreierlei gleichzeitig tun: die in ihren Augen illegitimen Dokumente Macht ausübender AutorInnen durch *doing fiction* dekonstruieren, das *doing fiction* vor- aber auch ad absurdum führen und dennoch eine neue Ebene anvisieren: sinnstiftungs- und herrschaftsfreie Materialien, die anstelle eines *doing documenting or fiction* nun als *being elements* präsentiert werden. Verglichen mit dem *Repräsentieren ohne Re* werden hier nicht legitime AutorInnen um Selbstdarstellungen gebeten, sondern es geht um etwas, das noch gar nicht zur Darstellung gebracht worden sein soll. Wie Trinh selbst sagt, laufen ihre Konstruktionen ständig Gefahr, „no-thing" zu sein, was in empirischen Forschungskontexten als entweder zu riskant oder zu wenig ergiebig erscheint. „Postmoderne Ethnographie ist Realismus, eine Evokation der möglichen Wirklichkeiten, die uns in unserer Phantasie immer schon gegeben ist" (Tyler 1991: 208). In Möglichkeiten verbleiben zu wollen schließt einen Dokumentbegriff aus, der Wirklichkeitsvorstellungen verkörpern könnte. Wie aber ist dann dasjenige zu benennen, was PostmodernistInnen davor bewahren möchten, Dokument zu werden? Bei Tyler findet sich eine Antwort: okkulte Dokumente.

Okkulte Dokumente

Ivo Strecker erklärt den Begriff *okkultes Dokument* so:

> Der geschriebene Text als die Stimme des Ethnographen (‚Dokument des Okkulten') war das geeignete Mittel, eine möglicherweise okkulte Welt in Begriffe zu fassen, die mit der eigenen Kultur vereinbar waren und in ihr als Dokument einen Platz finden konnten. Das ‚okkulte Dokument' ist dagegen dasjenige ethnographische Produkt, das sich der begrifflichen Vereinfachung verweigert und nur versucht, wie Stephen Tyler (1991: 191) sagt, Zugänge zu einer ‚Evokation des Anderen', der anderen Kultur, der anderen Lebensweise, der anderen Begrifflichkeiten zu ermöglichen. Solche auf Evokation zielende Dokumente enthalten immer die Stimmen von mehreren – die Stimmen der Ethnographen und die derjenigen, mit denen sie in Dialog treten. Dabei wird die Stimme der anderen nicht der Stimme des Ethnographen untergeordnet, wie das früher der Fall war. (Strecker 1995: 81f.)[1]

Postmoderne Ethnographie ist nach Tyler „ein okkultes Dokument, eine enigmatische, paradoxe und esoterische Konjunktion von Phantasie und Wirklichkeit" (Tyler 1991: 202). „Da die postmoderne Ethnographie weiß, dass ihr Sinn nicht in ihr selbst, sondern in einem Verstehen liegt, für das sie nichts als ein zu verzehrendes Fragment ist, kümmert sie sich nicht länger um ‚Repräsentation'" (Tyler 1991: 198). David MacDougall zieht eine Verbindung zwischen postmodernen Konzepten und audiovisuellem Darstellen:

> As Marilyn Strathern observes, the modernist anthropologist explains, while the postmodern anthropologist 'leaves that work to the reader' (Strathern 1987: 266) But far from being an obstacle, this is the characteristic approach of filmmakers. They are involved in an embodied analysis of the world that reveals itself in objects, framings, movements, and nuances of detail. (MacDougall 1998: 89f.)

---

1 Tyler (1991) beschreibt postmoderne Ethnographie als Übergang vom *Dokument des Okkulten* zum *okkulten Dokument*. „... okkulte Dinge sind das, was von den realen Dingen ausgesagt we rden kann, das, was man von diesen sagt. Ihre Realität ist kein Faktum des Sehens, sondern des Sagens" (142). „Okkulte Dinge sind stets auch ‚komplexe' Dinge. (...) Alle okkulten Dinge si nd synthetisch und nur durch Analysis derivativ real" (143).

Tyler arbeitet nicht mit audiovisuellen Materialien. Seine Ausführungen scheinen aber geeignet, als ein Plädoyer für okkult-dokumentarisches Filmemachen gelesen zu werden:

> Der ethnographische Text wird seine Ziele nicht erreichen, indem er sie enthüllt, sondern indem er Ziele allererst möglich macht. Er wird der Text des Physischen sein, des Gesagten und des Gehandelten, die Evokation der alltäglichen Erfahrung, eine greifbare Wirklichkeit, die die Alltagssprache spricht, um so, vermittels des Konkreten und nicht durch Abstraktion, anzudeuten, was unsagbar ist. Er wird ein Text sein, der nicht nur mit den Augen, sondern mit den Ohren gelesen werden muss, damit es gelingt, „die Stimmen der Seiten" (H. Bernard, zit. nach Stock 1983: 408) zu hören. (Tyler 1991: 204f.)

Effekt des Weder-noch-Spielens

Weder-noch-Spielen überführt *doing fiction* in ein neues Realismuskonzept, bei dem *Anti-Dokumentieren* in ein *okkultes Dokumentieren* mündet. Dieses Konzept kann am empirischen Wissensprozess teilhaben – vorausgesetzt, man versteht empirisches Wissen als Wirklichkeitsphantasie. Es geht um Evokationen statt Re- oder Selbstpräsentationen. Evokation soll gelingen, indem Bedeutungen vermieden oder immer wieder aufgelöst werden. Es handelt sich um ein **Konzept ohne Punkt**, das in seinem Kern in Bewegung ist. Dies kann als ein Effekt auf forschungspraktisches Handeln ernst genommen werden. Die Vorgabe des *speaking nearby*, Formen der Indirektheit zu praktizieren, erzeugt einen Spannungszustand zwischen AutorInnen und ihren Gegenständen und sorgt dafür, dass er nicht aufgelöst wird. So organisiert *Weder-noch-Spielen*, dass die Forschenden in einer **Annäherung** an ihre Gegenstände verbleiben, anstatt sie zu Dokumenten zu verschließen. Dies wird bei Trinh T. Minh-ha nicht allein beim Aufzeichnen oder bei der Materialanalyse zur Maxime, sondern wird darüber hinaus auch zum ästhetischen Darstellungsprinzip.[2] Was Dokumentarfilmschaffende insbesondere bei den Dreharbeiten und bei der Materialsichtung eine *offene Haltung* nennen, wird bei Trinh vorzugsweise beim Filmschnitt in *Techniken des Öffnens* übersetzt, über die sie RezipientInnen ihrer Filme in Staunen oder Kopfschütteln versetzt. In Annäherung an einen Gegenstand zu verbleiben, deutet auf einen Effekt hin, der Prozessualisierung betreibt: Der Erkenntnisprozess wird am Laufen gehalten.

---

2 Dies ist auch bei den anderen Spielarten des Dokumentierens der Fall, da die untersuchten Konzepte wahrheitstheoretisch statt praxeologisch gehandhabt werden. So folgt aus starkem Dokumentieren häufig eine Ästhetik der Langsamkeit oder aus anti-dokumentaristischen Konzepten ein subjektivierender oder reflexiver Stil.

Regeln des *Weder-noch-Spielens* organisieren, genau dazwischen zu bleiben. Dieser virtuelle Ort lässt Evokationen zu.

Die zweite Variante paradoxen Dokumentierens, das *Sowohl-als-auch-Spielen*, verfährt anders: Eine virtuelle Mitte soll umspielt werden, indem sich die Sichtbarkeit der Autorschaft mit einer dokumentarisierenden Gegenstandsdarstellung abwechselt oder in verteilten Rollen auftritt.

4.2 Sowohl-als-auch-Spielen: Konzepte der Oszillation

Sowohl-als-auch-Spielen betrachte ich anhand von zwei Konzepten empirischen Forschens, der ethnomethodologischen Programmatik und einem neueren Ethnographiekonzept. *Paradoxes Dokumentieren* handelt bei diesen Varianten von sowohl auf Konstruktivität als auch auf den Eindruck des Nichtkonstruierten zielenden Forschungsstrategien.

Ethnomethodologie

Gegenstand ethnomethodologischen Forschens ist das Aufdecken der Methoden, die Alltagsteilnehmer verwenden, um ihre Handlungen und deren Sinn hervorzubringen. Methode wird innerhalb der Beobachtungsfelder selbst – als „Ethnomethoden" – verortet. Die Merkmale der sozialen Welt führen der ethnomethodologischen Konzeption nach kein *Dasein an sich*, sondern werden ausschließlich im methodischen Vollzug der Alltagspraxis konstituiert. „Eine Äußerung liefert nicht nur eine bestimmte Information, sie schafft auch eine Welt, in der eine Information als solche erscheinen kann" (Mehan und Wood 1976: 35). Alltagsteilnehmer wie auch WissenschaftlerInnen erschaffen durch bestimmte Verfahren ihre jeweiligen Fakten und deren Gültigkeit. Dies kling nach der Zielvorstellung des *Anti-Dokumentierens*: *Alles-ist-gemacht*. Ethnomethodologie kann mit dem konstruktivistischen Postulat überschrieben werden: Wirklichkeit ist immer von Darstellungen abhängig.

Die Analyse von Alltagspraxis bringt EthnomethodologInnen zu einer Unterscheidung zwischen der *natürlichen Einstellung* (Schütz 1971) von Situationsteilnehmern, in der „jeder Zweifel an der Faktizität der sozialen Welt suspendiert wird" und der wissenschaftlichen Beschreibungsleistung, die gerade „durch die Suspendierung aller Existenzialurteile über die soziale Realität das methodische Fundament alltäglicher Sinnkonstitution freizulegen" hat (Eickelpasch 1982: 8,10). Auf den beiden Seiten dieser Unterscheidung befinden sich zwei verschiedene Wissenspraktiken: In *natürlicher Einstellung* wird ein *So-ist-es* eingesetzt, die unbezweifelte Faktizität, das *dokumentarische Interpretieren*. Die ForscherIn setzt demgegenüber die aus der Spielart *starkes Dokumentieren* bekannte Strategie der *disziplinierten Subjektivität* ein und bemüht sich um eine Art *Nichtwissen*, um zu einer neuen Erkenntnis vorzustoßen, die sie dann *methodisches Fundament alltäglicher Sinnkonstitution* nennt.³

„Natürliche Einstellungen" als Schnittstelle paradoxen Dokumentierens

Zwei unterschiedliche Weisen der Herstellung starker Dokumente treffen aufeinander: Die eine hat mit Alltagspraxis zu tun und behauptet Fakten in natürlicher Einstellung, die andere hat mit professioneller Forschungspraxis zu tun und behauptet Tatsachen reflektiert als Erkenntnis. *Dokumentarische Methode der Interpretation* und *starkes Dokumentieren* begegnen sich beim ethnomethodologischen Sowohl-als-auch-Spielen. Die natürliche Einstellung gilt in der Ethnomethodologie als ein nützlicher Reflexionsmangel. Er ist grundlegend für die Vernünftigkeit und Plausibilität von Alltagsroutine (vgl. Garfinkel 1967: 7). Weil Alltagsteilnehmer in natürlicher Einstellung agieren, bedarf es der EthnomethodologIn, die den methodischen Vollzug von Alltagshandlungen offen legt. Das Paradox von Konstruktion und Nichtkonstruktion ereignet sich in geteilten Rollen: Die Situationsteilnehmer praktizieren die Unterstellung von Faktizität (= Annahme von Nichtkonstruktion) und die BeobachterIn den Ausschluss von Faktizität (= Annahme von Konstruktion).⁴ *Sowohl-als-auch-spielen* klingt in diesem Fall wie ein zweistimmiger Gesang, der gleichzeitig der Alltagspraxis als Praxis und deren methodischen Herstellung Gehör verschafft. Allerdings ist die ethnomethodologische Autorschaft eine, die *starkes Dokumentieren* betreibt und ganz von einem *Feld-als-Autor* ausgeht. Dies hat mit einer fundamentalen These der Ethnomethodologie zu tun, die eine Reflexivität der Alltagshandlungen behauptet. Situations-

---

3 Das interdisziplinäre Graduiertenkolleg *Authentizität als Darstellungsform* (Universität Hildesheim) rief transdisziplinäre Bezüge hervor: Ethnomethodologie und die Theaterkonzeption Jerzy Grotowskys beispielsweise arbeiten mit ähnlichen Metaphern, um zu beschreiben, wie sie zum Kern einer Sache/ Person/ Situation vordringen: Das Ablegen von Masken, das Reinigen, ein Nackt-Sein/ Natur-Sein/ Urzeitlicher-Zustand-Sein, sowie die Befreiung von einem Zeitsprung zwischen Handlung und Darstellung werden als Vorstellungen eingesetzt. EthnomethodologInnen stehen vor der schwierigen Aufgabe, ihre Common-Sense-Maske abzulegen, um idealerweise in einer indifferenten Haltung (einem urzeitlichen Zustand ähnlich) Teilnehmermethoden in den Blick zu bekommen. In dieser Hinsicht sind sie starke DokumentaristInnen (siehe Mohn 1997).

4 Hirschauer beschreibt dies als wissenschaftsstrategischen Schachzug: „So etwas wie die natürliche Einstellung ist eine epistemische Fiktion, die genauso funktioniert, wie das Unbewusste in der Psychoanalyse. Sie platziert nämlich die Beobachterin in eine überlegene Position, in der man autoritative Repräsentationen formulieren kann" (Hirschauer 28.1.1997).

teilnehmer stellen sich durch das Wie und Was ihres Tuns gegenseitig dar, um was es gerade geht.

Paradoxes Dokumentieren funktioniert über Doppelautorschaften: Das sich selbst explizierende Feld übernimmt den grundlegenden Teil der Autorschaft, indem es das zu analysierende Stück schreibt, während es aufgeführt wird. Die ethnomethodologische BeobachterIn bemüht sich anschließend, ein überarbeitetes Skript nachzuliefern und dabei die Stimmen beider AutorInnen abzuspielen.[5] „Der Ethnomethodologe erkennt eine Identität zwischen jenen Handlungen, mittels derer wir unsere Alltagssituationen herstellen und im Griff behalten, und jenen Praktiken, die uns zur Verfügung stehen und die wir verwenden, um solche Situationen darstellbar machen"(Weingarten und Sack 1979: 17).

Ethnomethodologie leistet sich einen Clou: Indem alles Darstellung ist, bedarf es der Trennung zwischen etwas Naturalistischem und seiner Darstellung nicht mehr. Verschmilzt das Paradox? Nicht nur die Alltagspraxis, sondern auch ein konstruktivistisch orientiertes Denken hebt die Unterscheidung zwischen Darstellung und Darstellungsunabhängigem auf und erobert dabei Magie zurück, im Sinne des Zusammenfallens der Darstellung mit dem Dargestellten.

> Diese Eigenschaft der Reflexivität der eigenen Handlungen, welche die Mitglieder in die Lage versetzt, die Vernünftigkeit ihrer eigenen Handlungen für andere erkennbar zu machen, nehmen diese als gegeben hin; sie hinterfragen sie nicht, und in diesem Sinne ist sie „uninteressant". (Weingarten und Sack 1979: 18f.)

Beim Tun lässt sich nicht über dieses Tun reflektieren. Garfinkel konnte durch sogenannte *Krisenexperimente* zeigen, dass die beobachtbare Identität von Handlungen und ihrer Darstellung nicht als Bewusstseinszustand der TeilnehmerInnen möglich ist, ohne dabei handlungsunfähig zu werden. Wie auf einem Tandem sieht Ethnomethodologie handelnde TeilnehmerInnen in natürlicher Einstellung lenkend auf dem Vordersitz des Gefährts, während auf dem Rücksitz die EthnomethodologIn die Karte des bereits befahrenen Weges studiert. Einer Handlungsunfähigkeit entkommt dieses Tandem durch Rollenteilung.

Durch ihre Analysen transformiert Ethnomethodologie Alltagsteilnehmer in starke AutorInnen, die bei allem was sie tun vorführen, wie sie ihren Alltag konstruieren. Die Alltagsteilnehmer werden bei dieser Konstruktion nicht handlungsunfähig, die EthnomethodologInnen nicht arbeitslos und die Paradoxie dieses Sowohl-als-auch-Tandems scheint fortbewegungstauglich. Ziel der Fahrt

---

5 Die Metapher des Lesens kultureller Texte (vgl. Geertz 1983) ist eine vergleichbare Konstruktion, denn LeserInnen werden nicht als die eigentlichen AutorInnen gedacht.

ist die Darstellung einer sozialen Maschinerie, die – der natürlichen Einstellung entkleidet – bloß erscheint.

In der Präsentationsästhetik pochen VertreterInnen dieses Konzeptes auf eine strikte Trennung und Identifizierbarkeit der beiden Stimmebenen *Dokument* und *Analyse* (dem „Sowohl" und dem „Auch"). Für die Daten gilt ein empiristischer Positivismus, für die Interpretation dagegen ein empirischer Konstruktivismus. Uneindeutig bleibt die Zuordnung dessen, was auf Nichtkonstruktion und was auf Konstruktion zielt: Was die TeilnehmerInnen als (ihrem Bewusstsein beim Agieren nach) Nichtkonstruiertes tun, führt die EthnomethodologIn als Konstruiertes vor.[6] Was die TeilnehmerInnen somit in ihrer Praxis konstruieren, stellt die EthnomethodologIn wiederum in einem Nichtbewusstsein ihrer eigenen Konstruktionen her. Indem sich die Paradoxie von Konstruktion und Nichtkonstruktion allein auf der Gegenstandsseite abspielt, kippt diesem Konzept nach *paradoxes Dokumentieren* in Richtung *starkes Dokumentieren*.

Die „natürliche Einstellung" einer automatisierten Kamera

Bei der Spielart *Starkes Dokumentieren* wurde Ethnomethodologie in Verbindung gebracht mit Strategien automatisierter Aufzeichnung. Der Aufzeichnungsautomat wird charakterisiert als ein Registriergerät, das es perfekt beherrscht, sich auf Oberflächen zu richten und sinnlos zu gucken. Diese Sinnlosigkeit entspricht weder einem naiven Realismus noch einer konstruktivistischen Aussage. Sie zielt gerade nicht auf alltäglich praktizierte natürliche Einstellungen, bei der Fakten unterstellt, anstatt Konstruktionen vorgeführt werden. Erwünscht sind Materialien, die bei ihrer Herstellung weder den Reflexionsmangel der Alltagsteilnehmer noch die Reflexion der WissenschaftlerIn gegenüber ihrem Forschungsgegenstand verkörpern.[7] Die natürliche Einstellung einer automatisierten Aufzeichnung ist artifizieller Natur. Auf den ethnomethodologischen Umgang mit audiovisuellem Material wurde bereits eingegangen (siehe Kapitel *Starkes Dokumentie-*

---

6 Ethnomethodologische Forschung entspricht nicht dem, was bei Hohenberger (1988: 155) versuchsweise ethnomethodologisches Filmen genannt wird, nämlich den TeilnehmerInnen selbst eine Kamera in die Hand zu drücken, damit sie mit ihrem Blick ihre Kultur vorführen. Dies erzeugt zwar Ethno-Dokumente, also Untersuchungsmaterial für eine ethnomethodologische Forschung, ersetzt aber nicht den distanzierten analytischen Blick, der ethnomethodologische Studien auszeichnet.

7 Garfinkel, Lynch und Livingston (1981) analysierten anhand einer Tonbandaufzeichnung die Situation, in der die Entdeckung des optischen Pulsar geschah und leiteten ihre Studie folgendermaßen ein: "On the evening of the discovery of the optical pulsar at Steward Observatory, January 16, 1969, by John Cocke, Michael Disney, Don Taylor and Robert McCallister, a tape recording in which they reported their series of observations was left running and before it ran out recorded the evening's 'conversations' from Observations 18 through 23". Das zufallsgenerierte Format erfüllt die Kriterien dieser Forscher, sich anhand eines starken Dokuments auf die Analyse einer Pulsar-Entdeckung konzentrieren zu können.

ren). Videomaterial rückt bei dieser Variante an die Stelle des „als" beim *Sowohl-als-auch*. Es materialisiert sozusagen eine virtuelle Mitte im Paradox. Unauffällig sorgt es für das Gelingen eines Schwebezustandes, auf den ethnomethodologisch Forschende zurückgreifen, wenn sie in ihren Videodokumenten gleichzeitig Abbildungen vorreflexiver Alltagspraxis und noch nicht interpretierte Reflexivität dieser Alltagshandlungen finden. Sie benutzen das Material, um sich von der einen zur anderen Seite ihrer paradoxen Konstruktion schwingen zu können.

Durch die Rollenteilung zwischen handelnden Alltagsteilnehmern und analysierenden ForscherInnen (die ihr eigenes Handeln aus der Reflexion ausklammern), werden zwar die paradoxen Positionen besetzt, doch allein mit dem Ziel, beide Darstellungsweisen der Gegenstandsseite zuzuschreiben. Um den blinden Fleck auszuleuchten, der sich durch die natürliche Einstellung der WissenschaftlerIn beim Praktizieren ihrer Forschungsstrategien ergibt, bedarf es einer weiteren SpielerIn, die bereit wäre, die Rolle einer Anti-DokumentaristIn zu übernehmen.

Verlaufsregeln dieses Sowohl-als-auch-Spiels

- Wissenschaftliche AutorIn trifft auf Alltagsteilnehmer, die in ihrer natürlichen Einstellung Fakten behaupten. (Bei solchen Treffen auf dem „Spielfeld" darf die SpielerIn die Stimme ihrer Spielfigur abspielen und es tönt: „So ist es!")
- Wissenschaftliche AutorIn verwandelt durch geschickte Spielzüge Alltagsteilnehmer in starke AutorInnen, ja selbst in Anti-DokumentaristInnen, die bei genauem Hinsehen vorführen, wie sie ihren Alltag konstruieren. (Die SpielerIn darf sich nun eine Doppelautorschaftskarte ziehen und ihre Spielfigur gegen eine zweistimmige Figur austauschen. Sie kann singen und wenn man sie abspielt, tönt es: „So mache ich: so ist es!")
- Dabei verwandelt sich die interpretierende wissenschaftliche AutorIn unmerklich in eine TeilnehmerIn am wissenschaftlichen Alltag, die ihren Dokumenten gegenüber eine natürliche Einstellung zulässt und ihnen starke Faktizität unterstellt. (Der zweistimmige Gesang der Doppelspielfiguren wird in dieser Spielphase latent dreistimmig, wobei die dritte Stimme – die natürliche Einstellung der WissenschaftlerIn im Umgang mit ihren Dokumenten – so leise und natürlich gespielt werden soll, dass sie in der Regel von den MitspielerInnen überhört wird, was zusätzliche Punkte einbringt. Wenn die SpielerIn Pech hat, zieht sie eine Dekonstruktionskarte. Dann werden die MitspielerInnen darauf angesetzt, ihre Stimme zu beschreiben.

Gelingt ihnen dies, muss die SpielerIn ihre zweistimmige Figur vom Spielfeld nehmen und zum Ausgangspunkt zurückkehren.)

Sowohl-als-auch liegt im Falle der Ethnomethodologie in einer Doppelkonstruktion vor: Nichtkonstruktion und Konstruktion werden dem untersuchten Alltagshandeln unterstellt, haften aber gleichermaßen auch dem wissenschaftlichen Verfahren selbst an. Einer natürlichen Einstellung von Alltagsteilnehmern ähnlich, wird den Video- und Audioaufzeichnungen eine Faktizität des Dokuments zugeschrieben, die sich bei einer Meta-Betrachtung genauso als Hervorbringung aufweisen lassen würde, wie es bei den beobachteten Alltagspraktiken geschieht. An dieser Stelle lässt ethnomethodologische Forschungspraxis einen Reflexionsmangel zu, der womöglich nicht weniger pragmatisch sinnvoll ist als der Reflexionsmangel im Interesse einer Vernünftigkeit von Alltagsroutinen. Konstruktivität wird genau dort ausgeklammert, wo das eigene Handeln seinen blinden Fleck hat: im wissenschaftlichen Alltag. So kommt es zu dem Paradox, dass ein konstruktivistisches Konzept seinen Gegenstand (situated practices) für abbildend beschreibbar hält.

Ethnographie

Paradoxien des Dokumentierens in der Variante des *Sowohl-als-auch* sollen nun auch am Beispiel eines neueren Ethnographiekonzeptes (Amann und Hirschauer 1997) betrachtet werden.[8] Es handelt sich um einen in der Kultursoziologie praktizierten Ansatz ethnographischen Arbeitens. Die „Ethnographische Herausforderung", wie es im Untertitel der Publikation heißt, besteht unter anderem darin, ethnomethodologische Grundannahmen beizubehalten, aber die Präsenz der EthnographIn in Feld und Publikation völlig neu zu bestimmen.

Physische Präsenz als Schnittstelle paradoxen Dokumentierens

Das Konzept räumt demonstrativ mit naturalistischen Unterstellungen auf: Daten sind Sinnstiftungen der AutorIn, Medien sind nicht interpretativ neutral. Textuelle Verdichtung ist ein Unterfangen der *Simulation von Erfahrungsqualitäten*, so Amann und Hirschauer (1997: 35). Verglichen mit ethnomethodologischen Annahmen kann dieses Ethnographiekonzept mit einem weiteren konstruktivis-

---

8 Die folgenden Zitatangaben beziehen sich auf den Text von Amann und Hirschauer: *Die Befremdung der eigenen Kultur. Ein Programm.*.

tischen Postulat überschrieben werden: Wirklichkeit ist eine durch die Darstellungen des Feldes hergestellte Wirklichkeit **und** die wissenschaftliche Darstellung dieser Darstellungen ist selbst Konstruktion. Dies entspricht der Idee des *Anti-Dokumentierens,* denn es gilt auch für die wissenschaftliche Darstellung: *Alles-ist-gemacht.* Eine genauere Betrachtung des Ethnographiekonzeptes zeigt, wie dennoch *Sowohl-als-auch* gespielt wird. Die leibhaftige Anwesenheit der EthnographIn im Feld wird zu einem Dreh- und Angelpunkt von Authentizitätseffekten.

> Der entscheidende methodologische Schritt für die Etablierung ethnographischer Empirie ist (...) die Befreiung von jenen Methodenzwängen, die den unmittelbaren, persönlichen Kontakt zu sozialem Geschehen behindern (17). Das (kultur) soziologisch Relevante zeigt sich nur unter situativen Präsenzbedingungen. (22)

Sowohl starkes Dokumentieren ...

Der als unmittelbar gewünschte Kontakt zum sozialen Geschehen hat Konsequenzen für die ForscherIn: Sie ist mit einem Kontrollverlust konfrontiert.

> Der Kontrollverlust über die Bedingungen des Erkenntnisprozesses wird zu einer methodisch notwendigen Freiheit für den Forschungsprozess (17). Die – manchmal fundamentale – Verunsicherung, wie man sich in einem fremden Feld zu bewegen und seine Äußerungsformen zu verstehen hat, ist ein gesuchter Zustand, durch den der Blick auf die Lebens- und Organisationsweise dieses Feldes geschärft wird. (19)

Kontrollverlust gehört zu den Verfahren, über die *starkes Dokumentieren* Authentizität herstellt: Darstellungen gelten als authentisch, indem sie nicht Ergebnis von Plan, Absicht oder Hypothese sind, sondern Ergebnis eines *Treibens* in der Situation.[9] Verunsicherung ist eine Form von Berührung. Bei Hirschauer und Amann qualifiziert die Verunsicherbarkeit der EthnographIn sie als *situationssensitives Aufzeichnungsgerät,* das Berührung mit dem Feld aufnimmt. Der Körper der EthnographIn wird in diesem Zusammenhang als Maschine entworfen.[10]

> Wenn man Selektivität (...) als eine Eigenschaft ansieht, die sozialem Geschehen eigentümlich ist (...), dann ist nicht deren Minimierung, sondern deren situationssensitive Steuerung zu bewältigen. Diese Aufgabe leistet weder ein Satz von Richtmikrophonen, noch Autofokus und Gummilinse

---

9 Die Theaterregisseure Tabori und Grotowski nutzen Verunsicherung, um Schauspiel erInnen in unmittelbaren Kontakt zu sich selber zu bringen.
10 Das Maschinenereignis ruft wie das Naturereignis die Imagination von Tatsächlichkeit hervor. Diese Metaphorik zu benutzen ist ein Darstellungstrick, um wissenschaftlich (in der Soziologie) umstrittene Subjektivität in einen anerkannten Status überführen zu können.

einer Kamera. Verglichen mit den Signale speichernden *Datenkonserven*, die sich mit diesen technischen Medien anlegen lassen, gewinnen die Aufzeichnungen eines menschlichen Speichers ihre Qualität aus der fortlaufenden Justierung als Ko-Teilnehmer (22f.). Es wird erwartet, „dass in der schrittweisen Positionierung und ‚Eichung' der Ethnographin im Feld diese Sozio-Logik handhabbar gemacht und als empirisches Wissen mobilisiert werden kann."(20)

Die Maschine ist so konzipiert, dass sich „die eigensinnigen Strukturen des Untersuchungsgegenstandes dem ethnographischen Forschungsprozess (...) einschreiben"(21). Diese Einschreibung des Feldes in die personale Aufzeichnungsmaschine funktioniert ohne die soziale Software der EthnographIn nicht. Bestandteil dieser Software ist eine hohe Sensitivität, aber darüber hinaus auch deren professionelle Programmierung:

> Alle vorweg vorstellbaren und geplanten Zurichtungen von Beobachtungssituationen wie die Festlegung von Zeiteinheiten, Auswahl von Akteuren, Lokalitäten, Ereignistypen, Dokumentformen, Fragestellungen, Gesprächsleitfäden und Begriffen bergen diesem tastenden Vorgehen gegenüber das Risiko einer von Beginn an inadäquaten Methodisierung der ethnographischen Erfahrung. Die teilnehmende Beobachtung beginnt statt dessen mit einer scheinbar trivialen und *unmethodischen* Ausgangsfrage: „What the hell is going on here (Geertz)?"(20) Es kommt eben nicht primär darauf an, dass ein privilegierter (wissenschaftlicher) Beobachter selbst eine Beobachtung angestellt hätte, sondern darauf, dass er oder sie als Person in ein sich selbst beobachtendes Feld verstrickt wird. (26)

Dies erinnert an die Askesen der *disziplinierten Subjektivität*. Die eigenen Selektionen sollen für das Unerwartete offen und begriffliche Festlegungen für das Überraschende reversibel gehalten werden, so Amann und Hirschauer (20f.).[11] Es wird versucht, mit Hilfe eines gleich-gültigen und *schielenden* Blicks aus einer sich vor den Sinnen abspielenden Lebenswirklichkeit das Material einer soziologischen Analyse zu machen (27). Dies erinnert an die Blicktechniken *starker DokumentaristI2nnen* und auch die mitgelieferten Legenden scheinen der Spielart *starkes Dokumentieren* entnommen: Amann und Hirschauer schreiben, dass sich über eine Verzögerung der Festlegungen eines Forschungsprozesses die eigensinnigen Strukturen des Untersuchungsgegenstandes dem ethnographischen Forschungsprozess einschreiben können (21).

---

[11] Beim Theaterregisseur Tabori, der mit dem Nichtintendierten als besonders Wahrhaft igem arbeitet, wird das Bühnengeschehen so weit offengehalten, dass „auf der Bühne bis zuletzt alles in Gefahr schwebt, schiefgehen zu können" (Hanna Schygulla in Ohngemach 1989). In ähnl icher Weise riskieren gute EthnographInnen das Scheitern ihrer Forschungskonze ptionen.

Allein der Ausdruck *schielender Blick* deutet bereits an, dass es bei diesem Konzept nicht darum geht, durch den Gegenstand hindurchzusehen; vielmehr geht es um Verschiebungen. Die schielende BeobachterIn soll fremde Blicke produzieren und dabei auf etwas überraschend Nüchternes zielen: auf Material einer soziologischen Analyse. Schielende Blicke *paradoxen Dokumentierens* bedienen die Indirektheiten eines *Weder-noch-Spielens*.

... als auch Anti-Dokumentieren

Denkbar ist, dass die situationssensitive EthnographIn durch das Feld geeicht wird, sich aber auch selber als TeilnehmerIn eicht, sich sowohl im Feld positioniert, als auch durch das Feld positioniert wird. Implizit wird auch bei diesem Konzept von doppelter Autorschaft ausgegangen. Doch im Gegensatz zum ethnomethodologischen Konzept geht es weniger um die Annahme einer Zweistimmigkeit des Feldes, als vielmehr um die Stimmen zweier Felder, des Beobachtungsfeldes zum einen und des eigenen wissenschaftlichen Kontextes, vertreten durch die EthnographIn, zum anderen.

Die Anwesenheit im Feld hat neben der situationssensitiven Steuerung von Selektionen bei der Datenerhebung daher weitere Funktionen: Die EthnographIn soll eine Differenz zwischen Teilnehmer- und Beobachterverstehen realisieren. Ihre leibhaftige Präsenz wird in diesem Zusammenhang nicht als *Aufzeichnungsgerät* gedacht, sondern in Gestalt eines kulturalisierten menschlichen Wesens entworfen: Sie soll sich als eine *Fremde* verstehen und kann in dieser Rolle in den Blick bekommen, was für TeilnehmerInnen im Modus des Selbstverständlichen ist.

> Befremdete Beobachter können lokales Wissen explizieren, das für Teilnehmer weder in Handlungssituationen, und erst recht nicht auf vages Nachfragen hin sprachlich verfügbar ist, weil sie es im Modus des Selbstverständlichen und der eingekörperten Routine haben. (24)

Die präreflexiv gelebte kulturelle Praxis der TeilnehmerInnen zu beobachten, wird gegenüber Interviews bevorzugt, bei denen bloß kognitive Wissensbestände abgefragt werden können. Allerdings ist diese Differenz zum Teilnehmerselbstverständnis, so sehr sie auch der fremden AutorIn bedarf, letztlich ein weiteres Element *starken Dokumentierens* und zielt auf die wissenschaftliche Transzendenz eines situativ verkörperten Wissens der Beforschten. Dennoch: Das Nutzen kultur- und kontextspezifischer Blickdifferenzen bringt die Autorschaft auf den Spielplan und widerspricht der ethnologischen Tradition, Forschungserfolge am Abbau dieser Differenzen zu messen.

Im Anschluss an die Feldphase gewinnen die Distanzierungsleistungen im Ethnographiekonzept Amann und Hirschauer immens an Bedeutung: Während die EthnographIn im Feld einer teilweisen Enkulturation ausgesetzt ist, hat sie bei der Textproduktion ein *coming home* zu realisieren, bei dem ihr wissenschaftlicher Kontext die Relevanzen bestimmen soll, in denen Datenanalyse und ethnographische Vertextung stattfinden. Das Pendeln zwischen Annäherung und Distanzierung ist mit einer leibhaftigen Verstrickung in Relevanzen des Feldes und deren teilweiser Auflösung verbunden. Amann und Hirschauer sprechen von einem

> Denken, dessen *Fortschritt* nicht in einem *Immer weiter* auf ein Ziel hin besteht, sondern in einer kontinuierlichen Fort-Bewegung von einer Alltagswelt, an die es ständig wieder anknüpft. (40)

An dieser Stelle liebäugelt dieses Ethnographiekonzept mit postmodernem *Weder-noch-Spielen*, das derartige Fortbewegungen organisiert. Allerdings geht es nicht vorrangig um Formen der Indirektheit oder um herrschaftsfreie Materialien. *Paradoxes Dokumentieren* wird genutzt, um über interessante Differenzen neue soziologische Sichtweisen zu erarbeiten. Die Pole der dualen Paradoxie heißen **Feld** und **Wissenschaft**, nicht Konstruktion und Nichtkonstruktion. Die Differenz von wissenschaftlichem Wissen und Teilnehmerwissen soll auf die Waagschalen des empirischen Wissensprozesses gelegt werden. Das Bild einer Waage angenommen, gewinnt der Bezug auf den eigenen wissenschaftlichen Kontext soweit an Gewicht, dass der Bezug auf den Gegenstand daran ausbalanciert werden kann: Es bleiben zwei schwebende Schalen – *sowohl-als-auch*.[12] Im Falle des ethnomethodologischen Konzeptes neigt sich eine der beiden Waagschalen ganz nach unten: zugunsten des Feldbezuges.

Regeln des Sowohl-als-auch dieses Ethnographiekonzepts

- Spiele in zwei Spielphasen.
- Begebe dich ins Feld mit der Frage „what the hell is going on?" und liefere dich einem Erkenntnisprozess aus.
- Lass dich in ein sich selbst beobachtendes Feld verstricken, aber vergiss nicht, zwischen einer partiellen Enkulturation und dem Ausspielen von Fremdheit zu wechseln.

---

12 A: *Was ist jetzt Authentizität? Also manchmal hab ich das Gefühl, Authentizität ist das Aussetzen von Reflexion und manchmal ist es das Einsetzen von Reflexion, also das –* B: *mm, so ist das wohl auch* (Gelächter). C: *Und genau das ist das Paradox*. (Kolloquium *Empirische Kultursoziologie*, Bielefeld 28.1.1997)

- Behalte die Differenz zwischen Teilnehmer- und Beobachterverstehen im Auge und oute dich immer wieder als AutorIn.
- Übernehme die situationssensitive Steuerung der Selektivität deiner Beobachtungen und Aufzeichnungen in der Vorstellung, dass weder das Feld noch du ohne den jeweils anderen zu „ihrer" Darstellung kommen.
- Nutze einen schielenden Blick, um aus Lebenswirklichkeiten Material einer kulturwissenschaftlichen Analyse zu gewinnen.
- In der zweiten Phase spiele nach anderen Regeln.
- Verabschiede dich aus der Nähe zum Feld, kehre zurück und verstricke dich in die eigenen, wissenschaftlichen Relevanzen.
- Gib den LeserInnen deiner Texte Einblicke in die beschriebene Kultur und die Kultur deines Beschreibens.

Bei dieser Variante findet zum einen permanent ein Oszillieren statt zwischen Gegenstandsbezügen und Autorschaftsbehauptungen und zum anderen gibt es einen Registerwechsel zwischen zwei großen Forschungssequenzen: der beobachtenden Annäherung und der distanzierenden Vertextung. Dies Konzept ist das einzige der von mir untersuchten, das für Verfahrenswechsel in Abhängigkeit von Forschungsphasen plädiert (im 6.Kapitel wird diese Strategie ausgebaut).

Paradoxien situationssensitiver Kameraführung

Wie sieht eine Forschung mit der Kamera aus, die auf die Anwesenheit und Aufmerksamkeit der beobachtenden Ethnographin setzt? Bei ethnologischen Filmprojekten wird der Kameraeinsatz häufig dem eigentlichen Wissensprozess nachgeordnet. Schriftliche Ergebnisse einer Forschung werden verfilmt. Dabei bleibt das Erkenntnispotential des beobachtenden Kameraeinsatzes weitgehend unausgeschöpft.[13] David MacDougall schlägt für die *Visuelle Anthropologie* einen *nichtprivilegierten Kamerastil* vor:

---

13 Beate Engelbrecht hebt hervor, dass auch bei einem solchen Verfahren, anlässlich der Verfilmung ein Mehr an Wissen über die untersuchte Kultur entsteht. „Angesichts des hohen Interesses der Gefilmten an der Darstellung ihrer Kultur liefern sie während des Geschehens, vorher und nachher, laufend Informationen, die unabhängig vom Geschehen hätten nie gegeben, bzw. erfragt werden können.(...) In der Zusammenarbeit wird aber nicht nur einfach informiert, sondern es findet ein Austausch von Wissen und möglichen Interpretationen statt" (Engelbrecht 1995: 158).

> Die in diesem Begriff implizierte Arbeitsweise basiert auf der Annahme, dass ein Film ein Kunstprodukt ist, in dem die soziale und physische Begegnung des Filmemachers mit seinem Stoff zur Erscheinung gelangt. (MacDougall 1984: 78)

Über die Herstellung des Film *The Wedding Camels* berichtet MacDougall:

> Als wir dann *The Wedding Camels* gedreht haben, versuchten wir ganz bewusst, durch das Medium Film zu zeigen, in welcher Situation sich ein Beobachter innerhalb eines komplexen Geschehens befindet, wenn er versucht, den Sinn dieses Geschehens zu ermitteln. (...) Jedes Verständnis des Geschehens bleibt letztendlich provisorisch, und in diesem Sinne handelt der Film von dem, was man wissen beziehungsweise nicht wissen kann. (MacDougall 1984: 83)

MacDougall sieht den persönlichen Erfahrungshorizont als Anteil eines speziellen kulturellen Dokuments, das ausgehend von zwei Kulturen hergestellt wird und stellt fest: „Increasingly, ethnographic films cease to be one society's private notes or diaries about others" (MacDougall 1999: 148). Dies ist bei MacDougall kein Vorschlag, legitimerweise nur noch Aussagen über die eigene Kultur zu treffen. Die Aussage über andere soll jedoch kulturell zurechenbar sein durch das persönliche Erleben wissenschaftlicher AutorInnen, die ihren kulturellen Hintergrund an die Darstellungsoberfläche versetzen. Wie bei dem Ethnographiekonzept von Amann und Hirschauer geht es um ein Oszillieren zwischen Gegenstandsbezügen und Autorschaftsbehauptungen. Der *nichtprivilegierte Kamerastil* wird als ein Angebot zur Auseinandersetzung zwischen Kameraforschern und RezipientInnen diskutiert.

> Der Terminus *nichtprivilegierter Kamerastil* ist ein negativer, ein korrektiver Begriff. Er ist eine Hervorhebung des Offensichtlichen: dass nämlich Filmemacher menschlich fehlbar, im physischen Raum und in der Gesellschaft verwurzelt sind, vom Zufall gelenkt und von begrenzter Wahrnehmung – und dass man Filme in diesem Bewusstsein entschlüsseln muss. Der Verzicht auf gewisse stilistische Privilegien ist ganz gewiss nicht der Weg zur Erleuchtung, aber er bietet der Kommunikation einen Bezugspunkt. Er stellt den Versuch dar, die Distanz zwischen der Person, die den Film macht, und jener Person, die ihn sich ansieht, zu verringern. (MacDougall 1984: 80)

Verzichtet werden soll auf das Privileg, über Kameraposition und Montagestil einen magischen Blick zu erzeugen, der eine nicht nachvollziehbare Darstellungsautorität ausübt.¹⁴ Statt dessen soll der Kommunikation ein Bezugspunkt geboten werden. Ähnlich argumentieren Amann und Hirschauer, die Ethnographien in einem doppelten Sinne für kommunikativ anschließbar halten:

> Wenn Ethnographien soziologischen Lesern Möglichkeiten der virtuellen Teilnahme an einer geschilderten sozialen Praxis anbieten, so bieten sie umgekehrt jenen Laien, für deren Praxisprobleme sie Informationswert haben, eine Möglichkeit, am soziologischen Diskurs zu partizipieren. (41)

MacDougall hat sein Konzept nicht im Hinblick auf den wissenschaftlichen Wissensprozess, sondern im Hinblick auf eine Rezeption von Ergebnissen reflektiert. Im Rahmen des DFG-Projekts *Visuelle Soziologie* erprobten und konzipierten wir methodische Strategien kamerageleiteten Forschens und kamen zu Ergebnissen, die das Konzept der *nichtprivilegierten Kamera* teilweise in Frage stellen.¹⁵ Ziel war es, anstelle einer Orientierung an kognitivem Wissen einen beobachtenden Zugang zu verkörpertem Wissen zu erlangen und darüber hinaus das Potential der Fremdheit des Forscherblickes auszuschöpfen.

Wenn der eigene Erkenntnisprozess mit einer beobachtenden Kameraführung gestartet wird, „liefern wir uns beim Kameragebrauch der Wissensordnung des Feldes aus. Dagegen bestehen wir bei der analytischen Beschäftigung mit dem audiovisuellen Material darauf, genuin wissenschaftliches Wissen zu generieren, das auch nicht durch TeilnehmerInnen der beforschten Kultur evaluiert werden kann, sondern sich an disziplinären Kriterien messen lassen muss" (Mohn und Amann 1998: 10).

Die Oszillation zwischen zwei großen Forschungssequenzen wird beibehalten und noch pointiert, indem wir zwei Konzepte formulierten für die Orientierung an zwei verschiedenen Wissensordnungen: das Konzept einer *situationssensitiven Kameraführung* für ein beobachtendes Aufzeichnen im Feld und das Konzept eines *soziologischen Visualisierungslabors* für den daran anschließenden analytischen Umgang mit audiovisuellem Material. *Sowohl-als-auch-spielen* soll an dieser Stelle bezüglich der situationssensitiven Kameraführung analysiert werden. Auf das Visualisierungslabor wird im 5. Kapitel *Alltag der Wissenschaft* noch eingegangen.

---

14 Der Eindruck magischer Beobachtung entsteht diesem Konzept nach durch privilegierte Kamerapositionen, die der Seherfahrung widersprechen, sowie durch einen Montagestil, der dem Situationserleben widerspricht.
15 Die Überlegungen zur Forschung mit der Kamera beziehen sich auf meine Mitarbeit beim DFG-Projekt *Visuelle Soziologie* (Leitung Klaus Amann), Universität Bielefeld 1996-98. Unsere Forschungspraxis zur *Visuellen Soziologie* wird im Kapitel *Alltag der Wissenschaft* zum Thema.

Physische Kamerapräsenz

> Denkt man den Erkenntnisprozess vom ersten Moment der Generierung der Daten an als einen auf interpretierende Dokumente gerichteten Prozess der Beobachtung, dann rücken nicht technisch reproduzierbare Oberflächenstrukturen, sondern die symbolischen Dimensionen beobachtbarer Kultur in den Mittelpunkt der Datenproduktion. Die gestalteten Aufzeichnungen sind dann Resultat von situierten Entscheidungsprozessen. (Mohn und Amann 1998: 6)

Die leibhaftige Anwesenheit des Filmteams in der beobachteten Situation ist dieser Prämisse nach kein Störfaktor, sondern ist im Gegenteil das Instrument einer Erzeugung interpretierender Dokumente. „Für eine teilnehmende Beobachtung sind situatives Verstehen und Mitspielkompetenzen die Voraussetzung, um Beobachtung als strukturierte und begründete Selektion in der Situation zu realisieren." Anstelle einer Minimierung von Selektivität bei der Datenproduktion, wie es im Falle automatisierter Aufzeichnung versucht wird, geht es bei einem ethnographischen Forschen mit der Kamera um Beobachtungskompetenzen und qualifizierte Selektion. „Die Führung der Kamera muss aus der Feldsituation heraus begründet werden. (...) Es geht um die Vorstellung, dass die Akteure selbst durch ihre Aktivitäten Kontextualisierungshinweise geben. (...) Es wird deshalb auf die Entwicklung von Beobachterkompetenzen gesetzt, die diese Hinweise in die Kameraführung übersetzen. (...) Dies hat nichts mit interpretieren in einem emphatischen Sinne zu tun. Es geht um ein kontextsensitives Bemerken, die aktive Orientierung an situativ generierten Relevanzen" (6 und 11f.). So wie die situierten Modi des Zuhörens und Zusehens auf die wechselseitige Unterstellung der Verständlichkeit der sichtbaren und hörbaren Akzentuierungen der jeweils anderen Situationsteilnehmer angewiesen sind, um den nächsten kommunikativen Schritt tun zu können, so ist für den jeweils nächsten Schritt des videographischen Beobachtungsteams solche situierte Verständlichkeit der entscheidende Ansatzpunkt für Selektions- und Fokussierungsentscheidungen. Wir gehen davon aus, Videoaufzeichnungen anhand unserer Situationsteilnahme optimieren zu können, indem auf Kosten einer oberflächenorientierten Breite nach einer Tiefendimension situierter Ordnung gesucht wird. Dies erfordert das Konzept einer aktiven Kamera. „Entscheidend wird die aktive Beobachtung: die Wahl des Fokus, mit dem Sichtbares und Hörbares in aufgezeichnete Bilder und Töne transformiert wird. Diese Entscheidung muss situationssensitiv immer wieder aufs Neue getroffen werden und zielt darauf, Videosequenzen so zu gestalten, dass sie mit soziologischen Fragestellungen bearbeitet werden können"

(12). Dieses Potential aktiver Gestaltung von Videoaufzeichnungen wird bei einem registrierenden Kameraeinsatz unterbunden und folglich nicht genutzt.

Anhand eigener Videobeispiele soll ein Blick auf *situationssensitives Filmen* geworfen werden.[16] Insbesondere die Momente des Schwenkens, Zoomens und Ein- und Ausschaltens der Kamera werden an ungeschnittenem Videomaterial beobachtet und ethnomethodologisch untersucht. *Ethnomethodologisch* bedeutet in diesem Zusammenhang, nach den in der Situation vollzogenen und sichtbar werdenden Ordnungsprinzipien der (in diesem Fall eigenen) Kamerahandhabung zu fragen.

Das Filmteam als Ko-Teilnehmer der beobachteten Situation

Videobeispiele:

1 (6-B9):[17] Schwenk zum Laborleiter, der durch seine Abwehrgeste den Schwenk wieder zurückzuschicken scheint. Die Legitimität des Filmens ist noch nicht ausreichend hergestellt.

2 (8-B23): Der Ellbogen des Laborleiters stößt ans Mikrophon. Eine unbeobachtete Beobachtung wird zur Panne und thematisiert die Aufzeichnungssituation.

Anhand von Störungen wird sichtbar, wie die aufgesuchte Situation durch das Beobachtungsteam und sein Medium erweitert wird. Als Filmteam ethnographisch beobachten zu können, erfordert die Akzeptanz der Beobachteten. Situationssensitivität setzt eine Teilnahme an der erweiterten Situation voraus, bei der das Filmteam keineswegs unabhängig agiert, sondern sich in Relevanzen des Feldes verstricken lässt. Videobeispiele:

3 (9-B20): Ein Gastwissenschaftler kommt ins Labor und begrüßt die Kamerafrau, die – einbezogen in die Interaktion – die Kamera nicht mehr führen kann.

4 (10-B21): Eine Biologin fragt den Tonmann: "Kannst du die Pipette grad mal halten?" Hand und Arm des Tonmanns werden in den Bildausschnitt gestreckt.

5 (28-B26): Eine Biologin schlägt eine Nahaufnahme vor und die Kamera folgt ihrem Vorschlag.

---

16 Die Beispiele situationssensitiver Kameraführung stammen aus dem Videomaterial der Beobachtungen im Biologielabor (Amann und Mohn 1992/1993) und beziehen sich auf den Vortrag *Kontextsensitives Filmen* (Amann und Mohn, Bielefeld 6.-7.6.97). Siehe auch die mit der Audioaufzeichnung des Vortrags vertonten Videobeispiele (Mohn 1997).
17 Quellenangabe 1 (6-B9) bedeutet: 1. Beispiel, Sequenz 6 auf Videoband 9

Jemenitische Kinder belichten den Fotografen   Foto: Rainer Komers 1994

Es entstehen bei der filmischen Beobachtung soziale Verbindlichkeiten, die auch darin bestehen können, sich etwas zeigen zu lassen und sich dem Gezeigten angemessen zuzuwenden. Zeigesituationen sind für die Situationsteilnehmer eine adäquate Form, sich gegenüber einer Kamera mitzuteilen. Es entsteht eine partielle Enkulturation des filmenden Teams, das gleichzeitig in der Rolle eines Beobachtungsteams fremd bleibt. MacDougall schreibt über den Eintritt der BeobachterIn in die Welt der Beobachteten:

> Beyond observational cinema lies the possibility of a participatory cinema, bearing witness to the 'event' of the film and making strengths of what most films are at pains to conceal. Here the filmmaker acknowledges his or her entry upon the world of the subjects and yet asks them to imprint directly upon the film aspects of their own culture. (MacDougall 1998: 134)

Kameraführung als paradoxes Dokumentieren

Den Bildausschnitt festzulegen bedeutet Selektion. Dem Sehen ähnlich, wird der Blick auf Ausschnitte des Geschehens gerichtet. Dem Formulieren ähnlich, hat Kameraführung damit zu tun, dem Gesehenen eine Form zu geben.

> *The burden of responsibility to create meaning begins with the first pressure of the finger on the camera button and ends with deciding about the content of the final credits, and no film is easy.* (Judith MacDougall 24.6.2001)

Beobachtendes Filmen erfordert Rahmungsarbeit. Dreharbeiten in einem kulturwissenschaftlichen Feld können als ein Herstellen audiovisueller fieldnotes betrachtet werden, die mit der Kamera *formuliert* werden.[18] Im Sucher der Kamera wird das Beobachtete zu Bildern, die während des Drehens permanent daraufhin vermessen werden, ob sie Aspekte des Beobachteten auch adäquat zeigen. Eine Paradoxie ergibt sich bereits an dieser Stelle zwischen Wahrnehmungs- und Darstellungsarbeit. Obwohl eine filmende EthnographIn den Bildausschnitt festlegt und kontrolliert, überführt sie bei beobachtender Kameraführung einen Teil ihrer Autorschaft in einen Modus der Reaktivität.[19] Videobeispiel:

6 (4-B2): Im Bildausschnitt der Kamera sind zwei Hände gerahmt, die auf einem Papier etwas skizzieren. Eine Geste sprengt den gesetzten Rahmen,

---

18 Alexandre Astruc wurde nachträglich zu einem Wegbereiter der *Nouvelle Vague*, indem er bereits 1948 den Begriff *caméra stylo* prägte (1948/1964: 111ff.).
19 Vgl. den Begriff *ciné-trance*, über den Jean Rouch schreibt: "Instead of elaborating and editing his notes after returning from the field, the ethnographic filmmaker must, under penalty of failure, make his synthesis at the exact moment of observation" (1974: 41).

worauf die Kameraführung reagiert: Der Bildausschnitt wird per Zoom vergrößert und die sich langsam ausbreitenden Arme durchmessen den neuen Bildraum.

Es wird beobachtet und re-agiert. Als Orientierung bei der Kameraführung dienen Gesten, Haltungsänderungen, Blicke, aber auch sprachliche Hinweise und Gesprächspausen. Das ethnographische Filmteam ist ein situationssensitives Aufzeichnungsgerät, nicht weil es eine Kamera laufen lässt, sondern weil es die Selektionen der Aufzeichnung situationssensitiv steuert. "Ciné-trance perhaps represents a form of ethnographic dialogue, or at least one half of such a dialogue, in which the ethnographer celebrates his or her own response to a cultural phenomenon" (MacDougall 1998: 113).

Im Kontext der beobachteten Situation

Das Auf- und Abtreten von ProtagonistInnen scheint ein Kriterium des Ein- und Ausschaltens der Kamera zu sein. Sie wird als ein Motiv erkannt, an dem eine grobe sequenzielle Ordnung des Beobachteten festgemacht werden kann. Diese vorgegebenen Sequenzschließungen seitens der TeilnehmerInnen ermöglichen eine reaktive Einbindung der aktiven Kameraführung in szenische Kontexte der beobachteten Situation. Dies entspricht dem *starken Dokumentieren* im Dokumentarfilmschaffen. Videobeispiele:

> 7 (37-B18): Zwei Biologen handeln aus, wer wann einen Vortragsgast „kriegt". Die Worte „lass uns das festhalten" bereiten die Kamerafrau auf die Schließung der Sequenz vor. Die Teilnehmer ändern ihre Körperhaltung, woraufhin die Kameraführung reagiert und dafür sorgen kann, die Sequenz auch ihrerseits abzuschließen. So schwenkt die Kamera im richtigen Moment den Protagonisten hinterher und lässt sie abtreten.

> 8 (35-B11): Eine unerwartete Änderung der Körperhaltung eines Biologen irritiert die Kameraführung: H scheint erst nach rechts zu J zu gehen, verlässt dann aber doch nach links den Raum. Hier ist die Kameraführung sichtbar hin- und hergerissen.

Im Stil eines *direct cinema* folgt die Kameraführung szenischen Darstellungen vor der Kamera. Judith MacDougall nennt die Philosophie, die sie mit David MacDougall teilt, einen beobachtenden Ansatz, der von langen Einstellungen Gebrauch macht und „Szenen der internen Situationslogik kreiert" (J. MacDougall 24.6.2001). Genutzt wird dabei die soziale Kompetenz der Kamerafrau, situative Darstellungen zu bemerken und darauf reagieren zu können. Der Gebrauch des technischen Instruments Kamera führt jedoch darüber hinaus seine eigenen Selektionskriterien ein.

Kamerasensitivität

Unter einer mikro-ethnographischen Perspektive betrachtet, ist Kameraführung an mehr als nur zwei Polen orientiert: Sie bedient z.B. neben dem Situationskontext und dem wissenschaftlichen Hintergrund nicht zuletzt auch die technische Medialität und damit verbundene Konventionen. Film- und Videokameras eignen sich, Bewegungen aufzuzeichnen. Dies produziert, unabhängig von den Vorgaben der beobachteten Situation, eine Suche nach *action*. Videobeispiele:

9 (19-B10): Schwenk über sich bewegende Maschinen
10 (22-B24): Schwenk zu einer sich bewegenden Person, wobei die Kamera auf den Ton von sich nähernden Schritten zu reagieren scheint

Darüber hinaus erzwingt die Abhängigkeit der Kamera vom Licht, z.B. die Gegenlichtproblematik, eine Kamerasensitivität. Bei der Platzierung von ethnographischen Kamerateams im Raum müssen Kompromisse geschlossen werden zwischen technisch Erforderlichem und dem in der Situation Möglichen.

Im Kontext der eigenen Szene

Neben ihren technischen Potentialen konfrontiert eine Kamera mit Darstellungskonventionen. Konventionen filmischer Darstellung kommen zum Einsatz, wenn z.B. die szenische Ordnung einer Videosequenz hergestellt wird. Wann die Kamera ein-, wann ausschalten? Es wird nicht allein auf beobachtete Szenen reagiert, sondern auch im Kontext der eigenen Szene gefilmt. Videobeispiel:

11 (42-B13): Der Laborleiter hält eine Folie (eine Visualisierung) in der Hand. Als er eine Handbewegung in Richtung Fußboden macht, folgt die Kamera der sinkenden Folie, die jedoch plötzlich wieder angehoben wird. Die schwenkende Kamera setzt die einmal begonnene Bewegung zum Fußboden fort.

Ein solches Beispiel zeigt neben der Verstrickung in die Situation die durch Autorschaft entworfene Geschlossenheit der filmischen Handlung, die sich in diesem Fall gegenläufig zur Situationsorientierung entwickelt. Bei dem vorliegenden Videomaterial konnten Konventionen der Sequenzschließung seitens der Kameraführung beobachtet werden: So wurde die Kamera häufig nach Abtritten von ProtagonistInnen aus dem Bildausschnitt noch ca. 2 Sek. laufen gelassen und dann ausgeschaltet. Videobeispiel:

12 (36-B11): Biologe verlässt den Bildausschnitt, taucht aber nach 2 Sekunden hinter einer Tür unerwartet wieder auf. Die Kamera läuft durch den überraschenden Wiederauftritt des Biologen zwei plus weitere zwei

Sekunden, bevor sie abgeschaltet wird.

„Der Gebrauch, den eine formulierende EthnographIn von Sprache macht, ist geprägt von Darstellungsmethoden, die ihr durch ihre eigene Sprach- und Schreibkompetenz und etablierte Formen des Beschreibens und Formulierens zur Verfügung stehen. Für eine videographische Aufzeichnungstätigkeit sind es entsprechend die Kompetenzen der Kameraführung. (...) Schreibt die EthnographIn, so formuliert sie (in Anlehnung an Schreibkonventionen ethnographischer Forschung). Filmt sie, so erwarten wir die situationssensitive Gestaltung von Bild- und Tonsequenzen. Für das Formulieren wie für das Gestalten gilt, dass das jeweilige Resultat Ausdruck von persönlicher Autorschaft ist" (Mohn und Amann 1998: 6).

Im Kontext wissenschaftlicher Relevanzen

Die Videobeispiele stammen aus ersten Beobachtungen im Feld und geben noch sogenannte „what the hell is going on – Perspektiven" wieder. Das Material zeigt Schwächen in Bezug auf Distanzierungsleistungen: So sind viele Einstellungen dieser ersten Beobachtungen im Biologielabor an technischen Prozeduren orientiert, anstatt an einer sozioanalytischen Perspektive. Videobeispiel:

> 13 (60- B4): Eine Biologin füllt mit einer Pipette eine Substanz in die „Taschen" eines Gels. Im Bildausschnitt der Kamera ist nicht die Biologin im Fokus, sondern die Spitze ihrer Pipette beim Einfüllen der Flüssigkeit.

Situationssensitivität führt zwar zu einer Orientierung an Relevanzen des Feldes, wenn es aber nicht gelingt, darüber hinaus eine eigene, wissenschaftliche Perspektive als fremden Blick zu nutzen, entsteht eine Schwierigkeit: Im Falle der Laborbeobachtung bestand die Gefahr, Schritt für Schritt und unbeabsichtigt einen Lehrfilm über „How to run a gel" zu drehen, anstatt eine kulturwissenschaftliche Perspektive auf molekularbiologischen Laboralltag zu entwickeln. Um diesem Problem zu entkommen, steht ein ethnographisches Filmteam vor der Aufgabe, reaktives Filmen mit einer kulturwissenschaftlichen Fokussierung zu verknüpfen. Es geht darum, der Kamera ein Schielen abzuverlangen. Dies verweist auf eine doppelte Orientierung der Kameraführung, auf ihr *Sowohl-als-auch-Spielen*.

Schielende Kamera-Augen

Der *nichtprivilegierte Kamerastil* erzeugt die Vorstellung einer leibhaftigen und der BeobachterIn zurechenbaren Begegnung mit dem Feld. MacDougall unterscheidet den nichtprivilegierten Kamerastil von privilegierten Kamerapositionen, die in der alltäglichen Seherfahrung nicht vorkommen und die zusammen mit einem Montagestil augenblicksschneller Standortwechsel „die Erfahrung einer magischen Beobachtung" (MacDougall 1984: 76) vermitteln. Dagegen sieht Dziga Vertow (1973) das besondere Potential von Kameradarstellungen gerade darin, ein „Kameraauge" einzusetzen, das nicht die gewohnte Perspektive des menschlichen Auges einnimmt sondern diese bricht.

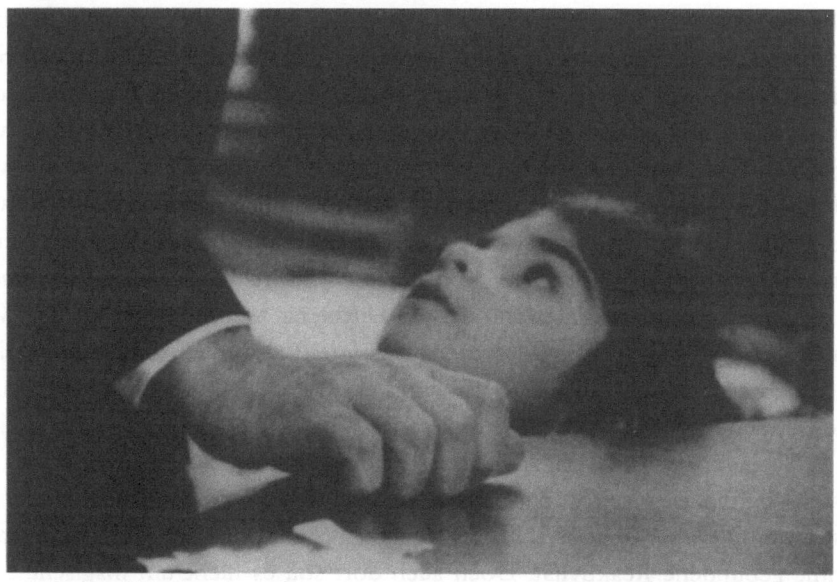

Kameraauge auf nichtprivilegierten Blick[20]   Standfoto: Rainer Komers 1994

Situationssensitives Filmen greift insofern auf einen nichtprivilegierten Kamerastil zurück, als die Instrumente Auge plus Kameraauge eine koordinierte Reaktivität im Situationsverlauf bewerkstelligen sollen. Erforderlich ist eine dem augenblicklichen Situationsverlauf folgende Kameraführung. Dies bedeutet jedoch keine Auflösung aller Privilegien einer filmisch aufzeichnenden BeobachterIn: Die Kamera z.B. an der Augenhöhe der EthnographIn auszurichten, ist eine relative Angabe. Die EthnographIn kann sich in ihrer ohnehin exponierten Rolle einer

---

20 Aus Material zum Film *Ofen aus* (Komers, Duisburg-Rheinhausen 1994). Während einer türkischen Hochzeit.

BeobachterIn legitimer Weise in ungewöhnliche Positionen begeben, sich beispielsweise auf den Fußboden hocken, auf einen Tisch setzen oder sich in einem Raum bewegen, wo alle anderen sitzen. Kamera in Augenhöhe wäre in solchen Fällen eine Übersetzung der privilegierten Beobachtungsposition in die filmische Darstellung und gar nicht mehr so weit entfernt von Vertows Idee des Kameraauges. Dies könnte als ein Befremdungspotential filmischer Beobachtung und Darstellung genutzt werden, solange die Orientierung an der Situation dabei nicht abgebrochen wird. Das Potential eines fremden Blicks in die filmische Beobachtung einzubringen, eröffnet dem situationssimultanen Filmen Spielräume, die sich auch kamerastilistisch auswirken. Anstelle eines magischen Blicks soll der Blick der ForscherIn in seiner Differenz zu möglichen Blicken der TeilnehmerInnen zur Darstellung kommen. Ihre Neugier als Situationsfremde erlaubt der EthnographIn ungewohnte Kamerapositionen. Dies entspricht letztlich auch der Idee des *nichtprivilegierten Kamerastils*. MacDougall schreibt, nichtprivilegierer Kamerastil nehme an, dass die soziale und physische Begegnung des Filmemachers mit seinem Stoff im Film zur Erscheinung gelangen könne (vgl. 1984: 78). Die situationssensitive, nichtprivilegierte Kameraführung wird erweitert um eine Differenz: Die BeobachterIn darf auch ungewöhnliche Perspektiven und fremde Blicke einsetzen, wenn die Kameraführung gleichzeitig am Situationsverlauf orientiert bleibt. Dies zu realisieren entspräche einer *schielenden Kamera*, die *paradox dokumentiert*, indem sie die Differenz zwischen den beiden Wissensordnungen (Feld versus Wissenschaft) aufgreift und in ein situationsevoziertes Interpretieren überführt. Sowohl wird eine Darstellung beobachtet, als auch eine andere Darstellung hergestellt.

Erst beim Wechsel vom situationssensitiven Filmen zu einem forciert am wissenschaftlichen Kontext ausgerichteten Blick bei der Materialbearbeitung im Visualisierungslabor geht es schließlich nicht mehr um die an die Situationsteilnahme gebundene Reaktivität. Doch auch dort soll es nicht um magische sondern um analytische Blicke gehen, die auf das Material gerichtet werden oder den Zuschnitt darzustellender Aspekte anleiten. Bei der Zerlegung von Videoaufzeichnungen zu Forschungszwecken erhält der dem Spielfilm zugerechnete Montagestil *augenblicksschneller Standortwechsel* eine neue, am analytischen Erkenntnisinteresse ausgerichtete Relevanz. Wissenschaft beansprucht Differenz. Durch die Unterscheidung von einem vorrangig am Situationsverlauf ausgerichteten situationssensitiven Filmen und einer vorrangig an wissenschaftlichen Relevanzen orientierten Weiterverarbeitung der Materialien, wird *Sowohl-als-auch-spielen* auf zwei Forschungsphasen verteilt.

Effekt des Sowohl-als-auch-Spielens

Als Fazit lässt sich über die ethnomethodologische wie auch ethnographische Variante des *Sowohl-als-auch* festhalten, dass beide mit einer Unterscheidung von Stimmen operieren: Ethnomethodologie konstruiert **zweistimmige TeilnehmerInnen**, die in natürlicher Einstellung handeln, dabei der ForscherIn aber bereits alle notwendigen Hinweise für eine Interpretation ihres Tuns geben. Die Spannung zwischen Konstruktion versus Nichtkonstruktion wird in einen Dialog überführt zwischen Darstellung und Herstellung sozialer Praxis. *Sowohl* und *auch* sind zwei Stimmebenen desselben Gegenstandes.

Ethnographie (nach Amann und Hirschauer) nutzt die **Stimmen zweier Felder** und spielt mit Annäherung und Distanzierung. Die ethnomethodologische Variante wird dabei um einen Spielzug erweitert: Die Interpretation der Darstellung und Herstellung sozialer Praxis durch Situationsteilnehmer wird nochmals dialogisiert, indem die Relevanzen der Wissenschaft den Status einer eigenen Stimme erhalten. So entsteht ein interkultureller Dialog, der latent auch zwei unterschiedliche Gegenstände zur Darstellung bringt: die wissenschaftlichen Strategien und den durch sie behaupteten Gegenstand.

Effekte des *Sowohl-als-auch-Spielens* liegen bei beiden Varianten in einer **Dialogisierung** des empirischen Wissensprozesses. Unterschiedlich bleibt die kulturelle Verortung der Dialogpartner als binnen- oder interkulturell und die Beheimatung der Dialogführung im Feld oder in der Wissenschaft.

4.3 Was leistet paradoxes Dokumentieren?

> Ich habe im Montageprozess, in dem die Erzählung hergestellt wird, das Gefühl, mich in Paradoxien zu bewegen, aus denen kein Entkommen ist. Es geht aber auch nicht um das Entkommen. Es geht um das Finden von Balancen. Der Autor und sein Material, Linearität und Nicht-Linearität, Ordnung und Un-Ordnung, Vor-Geschichte und Erneuerung, Fertigstellen und Nicht-zu-einem-Ende-kommen. (Voss 1998: 9)

Weder-noch-Spielen wurde analysiert als Herstellung einer Spannung: AutorInnen sollen in Annäherung an Gegenstände bleiben, anstatt sie zu Dokumenten zu verschließen. Für den erzeugten Spannungszustand gibt es eine Ortsangabe: das okkulte Dokument. Es steht für eine „inbetweenness", die erkenntnistheoretisch vertreten wird und nun in der eigenen kulturwissenschaftlichen Praxis nicht überschritten werden soll. Wissen wird suspekt. Demgegenüber befassen sich die

Sowohl-als-auch-Konzepte eher forschungspragmatisch damit, ein Dilemma zu bewältigen: Konstruktivistische Annahmen gelten auch für die eigenen Konstruktionen, dies soll aber nicht zur Aufgabe kulturwissenschaftlicher Forschung führen. *Sowohl-als-auch-spielen* wurde als Dialogisierung des Forschungsprozesses analysiert. Die Schwingung zwischen den jeweiligen Dialogpartnern dynamisiert den Wissensprozess. Dabei wird Wissen von einer festen zu einer flüssigen Kategorie, nicht festzuschreiben, nicht aufzuhalten.

Beides, Spannung und Dynamik, erzeugt *Dazwischensein* und *Dazwischenbleiben*. Hieraus ergibt sich ein Effekt auf kulturwissenschaftliche Wissensprozesse: Die Strategien *paradoxen Dokumentierens* halten das Forschen am Laufen, indem sie es regeln, nicht zu einem Ende zu kommen. Dass mehr als dies ohnehin nicht erreicht werden kann, entspricht den Theorien heutiger qualitativer Forschungsansätze, die von verstehenden oder rekonstruktiv beschreibenden Annäherungen an fremde Lebenswelten ausgehen und von daher ein Ankommen nicht wirklich in Betracht ziehen. Doch zwischen Theorien und Praktiken klaffen Welten. Wie die Konzepte des Dokumentierens zeigten, werden in forschungspraktischen Zusammenhängen sehr wohl starke Dokumente oder sichtbare Autorschaften als Ziele genannt, bei denen angekommen werden soll. Dem wirkt das Wedernoch-Konzept explizit entgegen. *Paradoxes Dokumentieren* trägt dazu bei, im Prozess eines analytischen Spiels zu bleiben.

Streitpunkt: Wohin mit der Alltagspraxis?

Der Effekt, Wissensprozesse nicht zum Ende zu bringen, verweist implizit auf das, was im Rahmen der Konzepte *paradoxen Dokumentierens* nicht wirklich eintreten soll: etwas endgültig zu wissen. Der Begriff *Paradoxie* umarmt gewissermaßen die sich darin verbergenden methodischen Konflikte und produziert dabei Entspannung und Ratlosigkeit zugleich. Die untersuchten Konzepte scheinen attraktiv, indem sie die umstrittene Autorität wissenschaftlichen Wissens in gebrochenen Formen ins Spiel bringen. Wissen wird verwandelt in eine Kategorie des In-Frage-Gestellten oder Nicht-Aufhaltbaren. Bei genauerem Hinsehen sind es dennoch realistische Effekte, die einen möglichen Erfolg *paradoxen Dokumentierens* versprechen. Sie haben ausgerechnet mit jenem Konzept zu tun, von dem sich alle professionellen Spielarten des Dokumentierens – die paradoxe eingeschlossen – zu entfernen suchen: dem alltagspraktischen Dokumentieren.

Beim Weder-Noch-Konzept wird der schwarze Peter des dokumentarischen Interpretierens weiter gereicht an die RezipienInnen und ganz darauf vertraut, dass dabei „Wirklichkeitsphantasien" realisiert werden. Ethnomethodologische Sowohl-als-auch-Spieler beziehen die *dokumentarische Methode der Interpretation (DMI)* ausdrücklich ein, verwandeln sie von einem schwarzen Peter in einen stolzen Schwan, den es zu respektieren gilt, und verbannen gleichzeitig das eigene dokumentarische Interpretieren an einen unauffindbaren Ort: ihren blinden Fleck. Das ethnographische Sowohl-als-auch-Spielen schließlich nimmt die eigene Sinnstiftungspraxis ernst und entwirft ein auf den Gegenstand bezogenes und dennoch eigenes Wissen. Dabei wird nicht allein zwischen Strategien *starken Dokumentierens* und *Anti-Dokumentieren* gewechselt, wie es das untersuchte Konzept mit seinen Näherungen und Distanzierungen vorschlägt. Unter der Hand findet eine weitere Rehabilitierung *dokumentarischen Interpretierens* statt, das diesmal nicht bei Alltagsteilnehmern oder RezipientInnen sondern im eigenen wissenschaftlichen Kontext verortet werden darf. Dies ist Anlass genug, ein weiteres Mal die *dokumentarische Methode der Interpretation* unter die Lupe zu nehmen, um ihren Effekt im Rahmen kulturwissenschaftlicher Wissensprozesse näher bestimmen zu können.

5 Alltag der Wissenschaft.
Dokumentarische Methode der Interpretation

Die Differenz zwischen alltagspraktischen Selbstverständlichkeiten und den professionellen Strategien *starken Dokumentierens* soll nun methodologisch ernst genommen werden. Im Zusammenhang mit der ethnomethodologischen Variante *paradoxen Dokumentierens* wurde bereits auf eine Unterscheidung verwiesen zwischen einem Handeln in *natürlicher Einstellung* und einem *starken Dokumentieren*. Obwohl in beiden Fällen Wirklichkeiten behauptet werden, handelt es sich doch um zwei grundverschiedene Verfahrensweisen des Dokumentierens und um zwei unterschiedliche Wissenspraktiken: Die eine hat exklusiv mit professionellem Forschen, die andere elementar mit Alltagspraxis zu tun. Die eine bemüht sich um disziplinierte Subjektivität und um eine Verzögerung gewohnten Sinnstiftens, um zu neuer Erkenntnis vorzustoßen. Die andere nutzt und behauptet in natürlicher Einstellung geteiltes Wissen. Während *starkes Dokumentieren* sich darum bemüht, (noch) nicht zu interpretieren, wird Alltagspraxis bei Garfinkel als eine *dokumentarische Methode der Interpretation (DMI)* beschrieben, bei der Dokumentieren und Interpretieren sich wechselseitig erzeugen. Welche Relevanz hat alltagspraktisches Dokumentieren für die Forschungspraxis? Bietet die *DMI* – wie die professionellen Spielarten des Dokumentierens – spezifische Lösungen an zur Gestaltung kulturwissenschaftlicher Wissensprozesse?

Die *DMI* wird in der Soziologie ambivalent reflektiert. Einerseits räumt man ein, einer elementaren Alltagspraxis selbstverständlich nicht entkommen zu können. Garfinkel beschreibt die *DMI* als eine Praxis, die für jeden – also auch für WissenschaftlerInnen – gilt. Andererseits aber wird die eigene methodische Konzeption daran ausgerichtet, dieser Alltagspraxis nicht anheim zu fallen. Mit der Widersprüchlichkeit gleichzeitiger Alltagspraxis und Nichtalltagspraxis befasst sich das folgende Kapitel. Strategien der Abwehr, bis hin zu einem Reparaturversuch an der *DMI*, werden vorgestellt, um anschließend danach zu fragen, welche Rolle genau die *DMI* in der Forschungspraxis spielt. *DMI* wird anhand von Beispielen eigener Praxis in einem soziologischen Visualisierungslabor aufgespürt und analysiert.[1] Dies führt schließlich zu einer Differenzierung zwischen elementarer *DMI* und ihrer forschungsstrategischen Überbietung.

---

1 Bei der Untersuchung der *DMI* weiche ich ein weiteres Mal von dem Verfahren ab, Varianten des Dokumentierens allein anhand von Konzepten zu analysieren. In diesem Fall werden Aufzeichnungen aus eigener Praxis einbezogen, um eine aus den Selbstbeschreibungen von Wis-

5.1 Dokumentarische Methode der Interpretation als Regelverletzung

Die *DMI* ist verglichen mit den vorgestellten drei Spielarten des Dokumentierens kein Konzept, das Forschende in Bezug auf ihr eigenes Vorgehen formulieren. Es sieht zunächst so aus, als sei die *DMI* eher ein Forschungsergebnis als eine Forschungsmethode. Garfinkel beispielsweise deckt *dokumentarisches Interpretieren* als Alltagsmethode auf und konzipiert dabei sein eigenes Verfahren ganz im Sinne ethnomethodologischer Prinzipien: Diese bestehen zum einen darin, ein Nichtinterpretieren im Sinne der Spielart *starkes Dokumentieren* anzustreben und zum anderen darin, sich bestmöglichst der *DMI* zu enthalten und eine Differenz zu Alltagspraktiken zu behaupten.[2] *"Garfinkel will nicht dokumentieren, sondern, dass der Prozess erschüttert wird und sich dadurch selbst dokumentiert. Er will die Instrumentarien, Methoden, Kompetenzen rekonstruieren, mit denen TeilnehmerInnen dokumentieren"* (Wolff 1.10.1999).

Ethnomethodologie versteht sich nicht als Methodologie. Es geht um Demonstrationsexperimente, bei denen intelligent interveniert wird, um Methoden des Dokumentierens sichtbar zu machen. Orthodoxe Ethnomethodologie betrachtet Methoden als etwas, das sich offenbaren kann und nicht über Rekonstruktion erschlossen werden muss. Anstelle einer Aufdopplung der Verfahren - indem z.B. Forschende beim Blick auf das Dokumentieren von TeilnehmerInnen selbst dokumentieren – kommentiert Wolff das Verhalten ethnomethodologischer ForscherInnen als eine „Hippiestrategie" des Unterlaufens dieser Methode durch eine Art zivilen Ungehorsams. Dies sei kein Reflexionsmangel, so Wolff, sondern eine Strategie, Methoden in dem Material, das man hat, zu fokussieren, anstelle der Methode, der die eigene Aufzeichnung geschuldet ist.

Die *DMI* als eine auch für die Kulturwissenschaft relevante Weise des Dokumentierens ernst zu nehmen, erscheint zunächst problematisch. *„Ich hab diese anderen Methoden* (des Dokumentierens, Anm. E.M.) *immer als Disziplinierungen verstanden - Selbstdisziplinierungen im weitesten Sinne; als Empfehlungen, diese dokumentarische Methode aus heuristischen Zwecken in Grenzen zu halten. Das Interessante ist, sie zu stoppen. (...) Das passt mir nicht, sie positiv als Methode - die anderen sind ja eigentlich alle negative Methoden."* (Wolff 1.10.1999). Der *DMI* mangelt es an Disziplinierungen:

---

senschaftlerInnen ausgeklammerte Methode dennoch als relevantes Konzept im wissenschaftlichen Alltag berücksichtigen zu können.

2 Garfinkel schreibt z.B. bei der Darstellung seiner Experimente zur *DMI*: „The following are illustrative unedited protocols" (1967: 80). „Unedited" ist ein Hinweis auf *starkes Dokumentieren* im Sinne von nicht interpretierten und dadurch starken Dokumenten, während „illustrative" dennoch ein Hinweis darauf ist, dass Garfinkel der *DMI* nicht entkam und die Protokolle benutzt, um etwas dokumentarisch zu interpretieren - in diesem Falle das *DMI* - Betreiben der Situationsteilnehmer.

Sie operiert mit gleichermaßen zugeschriebenen wie abgeleiteten Mustern. Nichtwissen wird unter Einsatz von Wissen bearbeitet. *DMI* führt gerade nicht zu einer Offenheit der Deutungsmöglichkeiten, sondern organisiert die Geschlossenheit einer Version. *DMI* als eine kulturwissenschaftliche methodische Strategie gelten zu lassen, bedeutet Regelverstöße gegenüber den professionellen Konzepten des Dokumentierens in Kauf zu nehmen. Es entsteht ein Konflikt durch die latente aber irritierende Einsicht, dass die *DMI* unentrinnbar ist und darüber hinaus sogar etwas Wichtiges leistet, dabei aber den favorisierten Forschungspraktiken widerspricht.

Stephan Wolff: *Mich stört, dass man einen Begriff, der grundlagentheoretisch angesiedelt ist, zu einer Methode erklärt. Dokumentarische Methode ist nicht als wissenschaftliche Methode normalerweise gedacht, sondern als eine alltagsweltliche. Man könnte versuchen, sie zu methodisieren, aber ob man dann denselben Begriff verwenden muss - das hat mich immer gestört.*
Elisabeth Mohn: *Ich würde es gern bei der alltagsweltlichen Methode belassen, aber ich würde dann gucken, wo brauchen Wissenschaftler diese alltagsweltliche Methode selbst?*
SW: *Andauernd natürlich.*
EM: *Ja, natürlich andauernd und das ist jetzt ne Frage des Proporzes, da Wissenschaftler dagegen angehen aus guten Gründen – es ist keine Forschungsmethode – ja, aber was ist es? Ich hab's jetzt mal Verständigung genannt.*
SW: *Das ist Handlungsforschung. Es geht um Wissen. Die Interaktion besteht eigentlich zwischen dem Dokument und der Information.*
EM: *Es ist so was ähnliches wie: Wissen behaupten. Es ist nicht empirisch Forschen.*
SW: *Ja nicht nur. Man bildet z.B. Typen, was Alltagsteilnehmer tun und offensichtlich auch in dieser wissenschaftlichen Version bei Bohnsack. Typenbildung. Verständigung auf Wirklichkeit, man kann sich einigen (...) in der Handlungsforschung. Aber das ist ein problematisches Konzept, weil ich dann die Differenz nicht mehr aufrechterhalte zwischen Wissenschaft und - das frage ich dann immer: Was ist die Differenz? Und wenn mir jemand ne Methode anbietet, die alle anderen auch verwenden (...) hier ist keine Form der Enthaltsamkeit, keine irgendwie geartete Disziplin.*
EM: *Welchen Platz hat es denn, dass man es ständig tut beim Forschen? Es gibt eindeutig diese Gegenpraktiken, die man dagegen setzt – aber punktuell lässt man das doch zu.*
SW: *Die dokumentarische Methode ist die Normalität der natürlichen Einstellung. Sie ist auch eine Weise, die mir das ermöglicht. Wenn ich das als wissenschaftliche Methode mache, muss ich diese Methoden unterbieten oder überbieten. (...) Kann man es positiv bestimmen und nicht als Rückfall – als Disziplinlosigkeit – in diesen gemütlichen Sumpf des alltäglichen Interpretierens? Kann ich das überhaupt als Option wählen? Wie kann man das anders als eine Restkategorie behandeln? Es gibt eine Differenz zwischen Muster und Gegenstand, damit arbeite ich permanent.*
(Wolff und Mohn 1.10.1999)

Wenn *dokumentarisches Interpretieren* gleich Alltagspraxis und Forschung ungleich Alltagspraxis ist, dann wollen ethnomethodologisch orientierte ForscherInnen nicht dokumentarisch interpretieren. Sie verstehen ihre Rolle als ein Irritieren, damit sich das Dokumentieren der Alltagsteilnehmer zeigt. Die Kluft zwischen alltäglichem Deuten versus deutungsasketischen Verfahren begründet einerseits wissenschaftliche Professionalität. Andererseits bleibt bei den Differenzierungsbemühungen der Stellenwert elementarer Alltagspraktiken beim wissenschaftlichen Arbeiten unbeleuchtet. Dass auch Wissenschaft einen Alltag hat und genau dies eine übersehene Dimension der Konstruktion von Erkenntnis ist, beschreiben die wissenschaftssoziologischen Laborstudien.[3] Die *DMI* berührt Wissenschaft in ihrer alltäglichen Eingebundenheit in Situationen und Kontexte.

Die Provokation, die das Konzept eines *elementaren dokumentarischen Interpretierens* für das professionelle Selbstverständnis empirischer Kulturforschung darstellt, führt einerseits zu Versuchen, sich dieser Ethnomethode zu enthalten und andererseits zu Reparaturversuchen. Die *DMI* soll im Kanon qualitativer Forschungsmethoden salonfähig gemacht werden, indem ihr genau das ausgetrieben wird, was beim professionellen Dokumentieren als Regelwidrigkeit gilt. Einen solchen Reparaturversuch stellt die Lesart der *DMI* durch den Soziologen Ralf Bohnsack dar.

Ein Reparaturversuch

Es gibt eine Diskrepanz zwischen der *DMI* und den asketischen Strategien einer Sinnstiftungsverzögerung. Bohnsack stellt fest, dass, auch wenn nach Garfinkel (1962: 689) zwischen den grundlegenden Methodiken laienhafter und professioneller Tatsachenkonstruktion kein Unterschied bestehe, die sozialwissenschaftliche Interpretation eine erkenntnislogische Differenz zur Alltagspraxis beanspruche, nämlich eine grundlegend andere Analyseeinstellung (Bohnsack 1997: 192f.). Bohnsack nimmt die Differenz von Alltagspraxis und wissenschaftlichem Forschen zum Ausgangspunkt seiner Überlegungen zur *DMI* und bemüht sich, die *DMI* in eine qualitative Forschungsmethode umzuformulieren. Sein Versuch nimmt nicht wirklich ernst, dass die *DMI* elementare Alltagsmethodik beschreibt. So gerät aus dem Blick, dass die *DMI* als Alltagspraxis der Wissenschaft eine Rolle spielen könnte. In einem 1999 publizierten Text von Hans-Josef Wagner über „die von Ralf Bohnsack entwickelte Methode der dokumentarischen Inter-

---

3 Zu soziologischen Laborstudien siehe z.B. Amann und Knorr Cetina 1988, Amann 1990 und 1994, Knorr Cetina 1984, 1988 und 1999, Latour und Woolgar 1979, Lynch 1985.

pretation" ist die Rede vom „*Analyseverfahren der DMI*", sowie von einer „*Forschungspraxis der DMI*", nicht aber von ihrer Alltäglichkeit und Unentrinnbarkeit. Die Frage, ob diese Alltagspraxis methodisierbar wäre, möchte ich an dieser Stelle noch unbeantwortet lassen. Beim Lesen von Bohnsacks Ausführungen zur *DMI* (1997) entsteht eine Zweiteilung in alltägliche versus wissenschaftliche Verfahren, bei der Schritt für Schritt die *DMI* den wissenschaftlichen Praktiken zugeordnet wird. Dies lässt sich so darstellen:

Alltagspraxis – „ein erster Schritt"	science – „die eigentliche DMI"
Was-Frage	Wie-Frage

Die Beziehung der beiden Spalten zueinander wird hierarchisch gedacht: Die Alltagspraktiken sind erste Schritte, die von wissenschaftlichen Verfahren in Form der eigentlichen *DMI* überboten werden.[4] Nach Bohnsack geht es in der linken Spalte darum, die **Was-Frage** zu klären und in der rechten darum, **wie** gesellschaftliche Tatsachen hergestellt werden. Links eine immanente Einstellung, rechts eine prozessrekonstruktive oder genetische Einstellung.[5] Links die formulierende und rechts die reflektierende Interpretation. Links pragmatische Zwänge, rechts die Suspendierung natürlicher Einstellung und der Ausschluss eines objektivistischen Zugangs zum Gegenstand. *DMI* wird bei diesem Versuch einer Professionalisierung vereinseitigt und in ihrem Kern unterlaufen.

Ausgehend von Garfinkels Lesart der *dokumentarischen Methode der Interpretation* lässt sich folgende Kritik an Bohnsacks Kategorisierung entwickeln: Die *DMI* – von Bohnsack im Interesse eines wissenschaftlichen Analyseverfahrens auf die rechte Spalte projiziert – spielt sich eher in der linken Spalte ab, denn die *DMI* ist

---

4 „Die methodologische Leitdifferenz von immanentem und dokumentarischem Sinnehalt schlägt sich forschungspraktisch in zwei klar voneinander abgrenzbaren Schritten der Textinterpretation nieder: ‚Formulierende Interpretation' und ‚Reflektierende Interpretation'. Im ersten Schritt geht es darum, den immanenten Sinngehalt insoweit zu erfassen, als der ‚wörtliche' Gehalt des Mitgeteilten zusammenfassend formuliert wird. Dies ist eine Leistung der Reflexivität. Die Grundstruktur der Formulierenden Interpretation ist die thematische Gliederung, die Thematisierung von Themen, die Entschlüsselung der weitgehend impliziten Struktur. Erst im nächsten Schritt, demjenigen der **eigentlichen dokumentarischen Interpretation** (Hervorhebung E.M.), wird auf den erlebnismäßigen und diskursiven Herstellungsprozess von Wirklichkeit reflektiert - vor dem Hintergrund von Vergleichshorizonten. Grundgerüst der Reflektierenden Interpretation ist die bereits erwähnte Rekonstruktion der Formalstruktur der Diskurse" (Bohnsack 1997: 202).
5 Genetische Interpretation basiert nach Bohnsack (1997: 196) auf der prozess - oder sequenzanalytischen Rekonstruktion. Die ordnet er bei seinem Reparaturversuch der *DMI* zu. Die *DMI* nach Garfinkel beschreibt etwas völlig anderes: In einer wechselseitigen Zuschreibung und Herleitung von Mustern wird situatives Deuten und sich Verständigen bewältigt. Insofern beruht die immanente Einstellung auf genetischer Interpretation und die genetische Interpretation auf immanenter Einstellung.

eine Methode, die Was-Frage situativ zu bewältigen. Wenn Garfinkel die *DMI* beschreibt, nimmt er eine Metaperspektive ein und nähert sich der Was-Frage über eine Wie-Frage: Wie wird die Behauptung von Tatsächlichkeit (was) oder die Annahme von Sachsinn (was) hergestellt? Wie funktioniert *formulierende Interpretation* in ihrem augenblicklichen situationsbezogenen Verlaufszusammenhang? Garfinkel kann durch seine Experimente zeigen, wie Askese bezüglich eigener Vorannahmen die Situation gerade nicht gelingen lässt. Stattdessen sind Wissensbestände, wie sie in Form der sogenannten natürlichen Einstellung verfügbar sind, grundlegend dafür, Muster herleiten und zuschreiben zu können. Ihr interaktiver Gebrauch ist auch für ein Gelingen von Forschung zuständig.

Bohnsack schlägt eine Unterscheidung vor zwischen einem *unmittelbaren Verstehen*, welches auf konjunktiver Erfahrung und atheoretischem Wissen beruhe, und einem *kommunikativen Interpretieren*, bei dem die Prozessstruktur expliziert werde. Ein kommunikativ erzeugter Bedeutungssinn wird von einem Wesens- oder Dokumentsinn unterschieden, dessen Träger z.B. der *Habitus* sei. „Unmittelbares Verstehen" trennt Bohnsack von der *DMI*, da es seiner Ansicht nach nichts mit kommunikativem Interpretieren zu tun habe (vgl. Bohnsack 1997).[6] Meinem Verständnis nach wird eine Unterscheidung von Verstehen und Interpretieren deshalb bei Garfinkel nicht getroffen, weil es genau darum geht, situatives Verstehen als Ergebnis des *dokumentarischen Interpretierens* aufzuweisen. Auch konjunktive Erfahrung ist als Element eines konkreten Situationsverlaufs Ergebnis *dokumentarischer Interpretation*. Es geht um ein situationsspezifisches Unterstellen von Common Sense.

Bei Bohnsacks Reparaturversuch werden Verfahrenselemente der *DMI* voneinander getrennt und nur prozessrekonstruktive Elemente favorisiert.[7] Bohnsack verteilt die Merkmale der *DMI* sozusagen auf zwei Dampfer, die in verschiedene Richtungen fahren. Für ein Verständnis der *DMI* ist diese Zerlegung destruktiv, denn es geraten zwei wesentliche Aspekte aus dem Blick:
1. Rekonstruktion berührt bloß einen Teilaspekt der *DMI*. Es geht stattdessen um die kommunikative Erzeugung von formulierenden Interpretationen.
2. Dokumentieren und Interpretieren fallen bei der wechselseitigen Herleitung und Zuschreibung von Mustern zusammen und nicht auseinander.

---

6 An seine Unterscheidung von konjunktiver Erfahrung versus kommunikativem Interpretieren schließt Bohnsack weitere Schlussfolgerungen an: So sei bei Garfinkels Krisenexperimenten das fraglos selbstverständliche Verstehen verweigert worden, um die Situation von einer des konjunktiven Erfahrungsraumes in eine des kommunikativen dokumentarischen Interpretierens zu verwandeln (vgl. Bohnsack 1997: 195). Dabei übersieht Bohnsack, dass die *DMI* keine Methode ist, die erst in der Krise zur Anwendung kommt. Garfinkel führt vor, dass die *DMI* in der Krise sichtbar wird und studiert werden kann.

7 Wagner (1999) setzt die Zuordnung der *DMI* zu prozessrekonstruktiven Praktiken fort, indem er die *DMI* (als „Bohnsacks DMI") in einem Text mit dem Titel *Rekonstruktive Methodologie* behandelt.

Seinem Ziel entsprechend, Alltagsmethoden aus der Forschungspraxis herauszurechnen, transformiert Bohnsack das Konzept der *DMI*, welches Ethnomethoden von Alltagsteilnehmern beschreibt, in sein Konzept der *DMI*, welches eine wissenssoziologische Analysemethode darstellen soll. Diese Methode könne man anwenden, sie werde insbesondere eingesetzt, um Diskurse analytisch zu rekonstruieren (vgl. Bohnsack 1997: 199f.). Bei Garfinkel geht es jedoch darum, eine elementare Methode aufzuweisen, für deren Anwendung man sich überhaupt nicht entscheiden kann.

Das Provozierende an der *dokumentarischen Methode der Interpretation* ist ihre unabwendbare Aufforderung, einige der mühsam gesicherten Grundsätze empirischen Forschens, wie die Suspendierung natürlicher Einstellung, zu verletzen. Dem möchte Bohnsack um jeden Preis entkommen. Die Art und Weise, in der er die *DMI* überarbeitet, verweist auf die immense Problematik, in der sich Kulturforschende befinden, wenn sie die asketischen Maximen disziplinierter Subjektivität vertreten, dann aber mit der These konfrontiert werden, ihre Forschung könne nur gelingen, indem Alltagsmethoden zugelassen werden. Bohnsack bemüht sich um eine Lösung dieses Dilemmas, indem er die *DMI* in Übereinstimmung bringt mit einer wissenssoziologischen Analyseeinstellung, die auf Wie-Fragen zielt. Dies setzt aber den Ausschluss eines objektivistischen Zugangs zum Gegenstand voraus und eine Distanz bezüglich des Geltungscharakters.

Verfehlt wird dabei Methodik und Ziel der *DMI* als einer Ethnomethode: Ziel ist die Klärung der Was-Frage und die Methode besteht darin, die Distanz bezüglich des Geltungscharakters bei jeder Durchführung einer *dokumentarischen Interpretation* aufzugeben. Nach generellen erkenntnislogischen Differenzen zur Alltagspraxis ausgerechnet bei der *DMI* zu suchen, verpasst deren Clou.

Alltag der Wissenschaft

Garfinkel geht davon aus, dass auch ein kulturwissenschaftlicher Forschungsprozess unter Bedingungen gemeinschaftlich organisierter sozialer Aktivität stattfindet. Er stellt fest, dass viele der Merkmale *dokumentarischen Interpretierens*, die er durch sein Experiment zeigen konnte, bei der professionellen soziologischen Faktenproduktion wiedererkennbar seien (vgl. 1976: 96f.). So blieben soziologische Untersuchungssituationen bis zuletzt provisorisch und offen für Entscheidungen z.B. darüber, was unter den verschiedenen Weisen, momentan gegebene Antworten als Antworten auf eine Frage zu behandeln, gefragt und geantwortet worden sei. Dies gelte bis zur Komposition von Forschungsergebnissen für die

Publikation (vgl. Garfinkel 1967: 98). Die *DMI* löst nach Garfinkel (vgl. Garfinkel 1967: 79f. und 94f..) folgende Probleme:

- **Realisieren**, worüber jemand überhaupt spricht: Bei der Durchsicht von Interviewnotizen z.B. entscheiden, was der oder die Befragte wohl im Sinn hatte.
- **Erkennen** gewöhnlicher Vorfälle oder Objekte: Dies ist eine freundliche Geste. Hier handelt es sich um eine Briefträgerin.
- Über soziologisch analysierte Ereignisse **entscheiden**: Es handelt sich um eine Selbstdarstellung. Es geht um eine Identitätskrise. Dies sind magische Praktiken, jenes abweichendes Verhalten.
- **Selektion und Ordnung** vergangener Ereignisse: Dem gegenwärtigen Zustand seine relevante Vorgeschichte und Aussicht einrichten (z.B. bei der Konstruktion von Lebensgeschichten), indem das Ereignis in sein angenommenes Wissen über soziale Strukturen eingebettet wird.
- Aus Interviews **Berichte** machen, beispielsweise aus Interviews mit Büropersonal Berichte über bürokratisch organisierte Aktivitäten machen.
- Beabsichtigte Ereignisse dokumentarisch interpretierend **verkörpern**: Z.B. Beobachtungen und Forschungsziele in eine Bedeutungskorrespondenz setzen, so dass beobachtete Vorkommnisse als Evidenzen dessen behandelt werden können, was die Forschenden zu studieren meinen.

realisieren, erkennen, entscheiden, selektieren, ordnen, berichten, verkörpern ...

DMI ermöglicht Verständigung durch kommunikatives Sinnschließen. Dies hat Berührungspunkte zu einer Hermeneutik, wie sie Gadamer und Habermas verstehen. Diese gehen von einem „Vorgriff auf Vollkommenheit" (Gadamer 1990: 299) aus, mit der Konsequenz, dass Äußerungen des Anderen innerhalb des eigenen Erfahrungsraumes interpretiert werden (was VertreterInnen disziplinierter Subjektivität, wenn sie nur könnten, verhindern möchten). Es sind ausgerechnet die Geltungsansprüche aus immanentem Sinngehalt (die Bohnsack durchweg suspendieren möchte), die nach dieser Theorie Ausgangspunkt einer „Verständigung über eine Sache" sind (Gadamer 1990: 308).

Da die *DMI* kein Anwendungsfall in dem Sinne ist, dass man sich für ihren Einsatz oder ihre völlige Unterlassung entscheiden könnte, scheint es mir notwendig, genauer zu verorten, wo es im kulturwissenschaftlichen Kontext Sinn macht, die asketischen Bemühungen um Sinnstiftungsverzögerung aufzugeben und die Verfahren alltäglichen *dokumentarischen Interpretierens* unter Verzicht auf Gegenstrategien zuzulassen. Eine Ortsangabe für ein solches Zulassen der *DMI*

DMI als Regelverletzung

beim empirischen Forschen könnte sein: Immer dort, wo es um die praktische Bewältigung des Anliegens geht, Verbindungen zwischen beobachteten Erscheinungen und Forschungszielen herzustellen. Dies ist spätestens dann unverzichtbar, wenn es um Datenanalyse und Erstellung von Präsentationen geht.

Elisabeth Mohn: *Als ForscherInnen wollen wir nicht illustrativ mit unseren Daten umgehen - aber es ist nicht so ganz rauszuschmeißen aus dem, was wir tun.*
Stephan Wolff: *Ja genau, es ist so was ganz Elementares, was wir immer bei Verstehens- und Wissensprozessen anwenden. Garfinkel erschwert in seinen Krisenexperimenten diesen Mechanismus und macht ihn sichtbar, indem er ihn aufhält.*
EM: *Ich möchte gucken, ob das nicht ganz andere Praktiken beschreibt als die bisherigen Spielarten des Dokumentierens und welchen Platz sie im Wissensprozess haben (...) Ich müsste mal gucken, ob ich Beispiele aus unserer Arbeit am Schneidetisch hab, um in etwa Situationen zu beschreiben, wie der Garfinkel sie beschreibt. Was wir denn in dem Moment des Umgangs mit dem Material interpretierend dokumentierend tun.*
SW: *Ja, man könnte das hier einsetzen und nachvollziehen. Aber entweder ist es trivial: naiver Dokumentarismus - nun aber der ist auch methodisch, der verwendet auch einige Methoden.*
EM: *Ja genau, und dem möchte ich auch einen praxeologischen Effekt zuweisen in meinem Konzept.*
SW: *Aber ist es nur der Ausgangspunkt für die anderen Verfahren oder ist es selber eine bewusste Strategie, mit der man umgehen kann, oder ist es nur die Naivität selbst?*
EM: *Gibt es beim Forschen einen Restbestand an dokumentarischer Methode der Interpretation, den man jetzt nicht Naivität nennt, sondern den man als Praxis zulassen würde?*
SW: *Also ich hab da immer ganz große Probleme gehabt.*
(Wolff und Mohn 1.10.1999)

Im Dialog klingt an, wie die elementare Praxis *dokumentarischen Interpretierens* gewöhnlicher Weise aus forschungsstrategischen Überlegungen ausgeklammert wird. Sie gilt als unvermeidlicher Ausgangspunkt, an dem professionelle Strategien gewissermaßen als Gegenstrategien anzusetzen haben. Dies entspricht auf der einen Seite dem Status der *DMI* als einem wissenstheoretischen Konzept, hinterlässt andererseits aber das ungelöste Problem, wie Kulturforschende damit zurechtkommen, *DMI* und *Nicht-DMI* gleichzeitig zu praktizieren. In die Nähe eines naiven Dokumentarismus gerückt, scheint *DMI* uninteressant für ernsthafte methodologische Überlegungen. Sie wird zum „trivialen Fall" (Wolff im Dialog s.o.). Mir geht es darum, dieses Konzept, seine Regeln und Potentiale nicht zu schnell als elementar oder trivial beiseite zu legen, sondern seine Effekte auf den Wissensprozess konkreter zu verorten. Nur so – nehme ich an – lassen sich die Widersprüche zwischen dem als elementare Praxis apostrophierten Konzept und den professionellen Vorstellungen aller bisherigen Spielarten aufklären. In der Alltäglichkeit von Wissenschaft sind kommunikative Aspekte maßgeblich. Dies legt es nahe, nach der *DMI* Ausschau zu halten, statt ihr widerstrebend zu begegnen.

5.2 DMI im wissenschaftlichen Alltag. Ein empirisches Beispiel

Stephan Wolff: *Der Filmschnitt scheint mir ein interessanter Hinweis. Bei der Spielart starkes Dokumentieren gibt es eigentlich keinen Filmschnitt.*[8] *Bei der starken Autorschaft gibt es sehr bewusste Schnitte und Filme über den Autor. Bei der Weder-noch-Version paradoxen Dokumentierens gibt es Filme, die selbst verhindern, dass sie als Filme gesehen werden - und dann vielleicht jetzt ein ganz ordinärer, vielleicht ein bisschen herausgehobener Film, z.B. durch diese Taktik, eine Person fürs Ganze zu nehmen. Oder bestimmte Formen der dichten Beschreibung: Jemanden beim Hahnenkampf darstellen und da beim Schnitt Kontinuität reinbringen, eine dokumentarische Interpretation nahe legen.*
Elisabeth Mohn: *Mich stört so ein bisschen, wenn das so strategisch geplant wird – die Dokumentarische Methode* **passiert** *doch in der Praxis.*
SW: *Sie müssen ja schneiden, sie müssen auswählen (...) nur wird bei der dokumentarischen Methode der Interpretation die Differenz zwischen Wissenschaft und dem Gegenstand fast Null gemacht (...) also da ist Aufklärungsbedarf.*
(Wolff und Mohn 1.10.1999)

Eine Unterscheidung wird getroffen zwischen der *DMI* als etwas, das „passiert" und der *DMI* als einer möglichen Präsentationsstrategie, die z.B. RezipientInnen eine bestimmte *dokumentarische Interpretation* nahe legt. Beiden Aspekten soll an Beispielen unserer Forschungspraxis im DFG-Projekt *Visuelle Soziologie* nachgespürt werden.[9] Im Zusammenhang dieses Projektes gab es zwei Themen zu bearbeiten: Eine Videoanalyse von Führungshandeln im Managementalltag und die Reflexion des Umgangs mit audiovisuellem Material im kulturanalytischen Wissensprozess. Eigene Praxis exemplarisch auf *dokumentarisches Interpretieren* hin zu untersuchen, wurde durch den wissenschaftlichen Kontext erleichtert, in dem dieses Projekt stattfand. Es handelt sich um einen wissenssoziologisch orientierten Kontext mit wissenschaftssoziologischem Hintergrund, in dem davon ausgegangen wird, dass Forschung unter interaktiven Rahmenbedingungen stattfindet

---

8 Hier spricht Wolff von der in der Ethnomethodologie favorisierten Variante der automatisierten Aufzeichnung.
9 Das Projekt *Visuelle Soziologie* (Leitung Klaus Amann) wurde an der Universität Bielefeld von der DFG 1996-98 gefördert. Die Projektgruppe hatte ein interdisziplinäres Potential: Klaus Amann (Wissenssoziologie), Georg Jongmanns (Medientheorie), Elisabeth Mohn (Kulturanthropologie). Ergebnisse wurden unter dem Namen VISULOG präsentiert.

und es sich um sozial vermittelte Konstruktionen von Erkenntnis handelt.[10] Für unsere Perspektive auf *Visuelle Soziologie* konnten wir das durch die Laborstudien der neueren Wissenschaftsforschung entwickelte Verständnis wissenschaftlicher Erkenntnisprozesse nutzen. Demnach sind Laboratorien sowohl Orte der Materialität der Wissensproduktion als auch Orte der Ko-Präsenz von ForscherInnen, die den Wissensprozess kommunikativ realisieren. Für unsere Forschung zur *Visuellen Soziologie* spielte weiterhin eine Rolle, dass sich die Bielefelder „scientific community" für den Status von Objekten in der Interaktion interessierte und offen dafür war, Materialien und Instrumenten eine einflussreiche Rolle im Wissensprozess zuzugestehen.[11]

Wir konzipierten unsere Forschung als Arbeit in einem soziologischen Visualisierungslabor (VISULAB). Dies spielt bewusst auf eine naturwissenschaftliche Laborforschung an, bei der Beobachtungsgegenstände systematisch erzeugt werden, und es selbst eingeleitete Prozesse sind, die beobachtet werden. Eine solche Perspektive auch auf den eigenen kulturwissenschaftlichen Kontext anzuwenden, fordert Amann: Weitgehend unbeachtet sei bisher die soziale Verfasstheit der eigenen Wissensgemeinschaft geblieben und der Prozess der kollektiven Erzeugung anthropologischen oder soziologisch-ethnographischen Wissens. Die bisherige Debatte um die ethnographische Repräsentation zeige „eine Indifferenz gegenüber dem eigenen Interpretationsprozess" (Amann 1997: 327).

Amann schlägt vor, anhand einer Öffnung des Interpretationsbegriffs das zu tun, was in der vorliegenden Studie anhand einer Öffnung des Dokumentationsbegriffes versucht wird: Die Reproduktions- und Erzeugungsformen von Sinn unterscheidbar zu machen und der Frage nachzugehen, wie wir „aus unseren immer rudimentär bleibenden Beobachtungen flüchtiger Ereignisse zuerst für uns und dann für andere überzeugende Belege machen und so zu (sozialen) Tatsachen kommen" (Amann 1997: 325).

---

10 Wissenschaftlichen Kontext verstehe ich hier in einer konkreten Form: Er findet an O rten und durch Personen statt. Kristallisationspunkt „meiner" wissenschaftlichen Umgebung war das Kolloquium *Empirische Kultursoziologie* (Amann u. Hirschauer, Universität Bielefeld), welches aus dem soziologischen *Laborstudienkreis* (Knorr Cetina, Universität Bielefeld) hervorgegangen ist. Dieser Kreis hat sich zu einem kontinuierlichen Forschungszusamme nhang für Studierende und WissenschaftlerInnen entwickelt, die mit ethnographischen, ethnomethodologischen u nd wissenssoziologischen Ansätzen arbeiten.
11 Siehe Knorr Cetina 1997.

Kommunikation im Kolloquium   Fotoserie: Elisabeth Mohn 2000

Kommunikation und Materialität eines Laborsettings

Ein Laborsetting ergibt sich dadurch, dass Materialien vorliegen, anhand derer sich Kulturforschende außerhalb des Feldes mit Aspekten des Feldes befassen können. Das Labor setzt ausgiebige Beschäftigung mit Material an die Stelle ausgiebiger Situationsteilnahme. Es sind Bildinformationen, die ethnographisch beobachtet werden. Im Labor wird ungleich mehr Zeit mit Beobachtungen verbracht als bei der beobachtenden Kameraführung im Feld. Die Proportion von Feld- zu Laborbeobachtungen wird am Beispiel der vielen Beobachtungsstufen eines Forschungszirkels deutlich:

1. Feldaufenthalt   - Situationsbeobachtung
                    - beobachtende Kameraführung
   Labor   **- erste Materialsichtung**
                    - fokussierte Materialbeobachtung
                    - Beobachtung von Versuchsanordnungen
                    - Beobachtungen bei der Produkterstellung
2. Feldaufenthalt   - Beobachtung der feedback-Präsentation im Feld
                    - retrospektiv-reflexive Beobachtung eigenen Forschens

Die acht Stufen korrespondieren mit einer Einteilung des Forschungsprozesses in drei grobe Phasen: Die **Aufzeichnungsphase** umfasst Stufen 1-2 und bringt in Stufe 3 Material in das Labor ein. Die **Analysephase** konzentriert sich auf die Stufen 3-5 und ab Stufe 6 beginnt die **Präsentationsphase**, bei der die analytische Arbeit in ein Produkt und seine Präsentation überführt wird. Wird das Präsentieren der Ergebnisse wiederum aufgezeichnet und analytisch genutzt, ist bereits ein nächster Forschungszirkel eingeleitet. Alternativ kann die Forschung auch anhand einer retrospektiven Phase der Reflexion fortgesetzt werden. In beiden Fällen folgt auf die Laborphase wieder eine Feldphase.

Das Labor ist zentraler Ort der analytischen Phase eines wissenschaftlichen Erkenntnisprozesses. Während das Material sich in dieser Phase als das eigentliche Feld der Erkenntnis entpuppt, degradiert der Feldaufenthalt immer mehr zu einem Materiallieferanten.[12] Wir analysieren **Datenmaterial, nicht Situationen**. Indem audiovisuelles Material den Status eines zu erforschenden Gegenstandsfeldes erhält, beschleunigt sich die Taktung von Nähe und Distanz. Aus wochenlangen Feld- versus Schreibtischphasen werden im VISULAB Beobachtungsphasen am Monitor versus analytisch distanzierten Diskussionen im Forschungsteam. Ein schnelles Wechseln zwischen diesen Phasen ist unproblematisch. Ein Laborsetting strukturiert zeitliche Verläufe im wissenschaftlichen Alltag auf eine besondere Art und Weise und bietet spezifische kommunikative Instrumentarien (siehe Knorr Cetina 1988). Sich außerhalb des Feldes mit dem Feld als wissenschaftlichem Gegenstand befassen zu können – Laboratorisierung also – ermöglicht geradezu erst die **Arbeit in Forschungsteams**. Vor einem Monitor stören zahlreiche oder wechselnde forschende ExpertInnen weniger als bei einer teilnehmenden Beobachtung vor Ort. „Im soziologischen Visualisierungslabor wird Beobachtungsarbeit zur Teamarbeit, wenn wir z.B. Bildentwürfe, Video-Sequenzierungen oder ihre experimentelle Anordnung einsetzen, um gemeinsames Explizieren auszulösen" (Mohn und Amann 1998: 14).

Ein weiteres Charakteristikum von Laborforschung ist die experimentelle Beschäftigung mit den Untersuchungsmaterialien. Im VISULAB knüpft die Herstellung von Beobachtbarkeit an die materiellen und technischen Potentiale von Video und digitalem Schnitt an. Video-Aufzeichnungen können kopiert, hin- und hergespult, gerafft oder verlangsamt abgespielt, beliebig zerlegt werden. Gewohnter Weise wird beim kulturwissenschaftlichen Gebrauch audiovisuellen Materials ausschließlich auf die Wiederholbarkeit des Materials gesetzt, auf die Konstanz dessen also, was bei der Aufzeichnung in chronologischer Ordnung

---

12 Bei meinen Beobachtungen im molekularbiologischen Labor erstaunte und befremdete mich zunächst der Umgang der BiologInnen mit DNA, die sie als bloßes Material zur Visualisierung handhabten.

fixiert wurde. Durch die Möglichkeit zur Digitalisierung von Video ergeben sich jedoch insbesondere neue Möglichkeiten, das **Material zu verändern**. Das Laborkonzept legt nahe, analytische Zugänge zur Struktur der Bildinformationen zu suchen, indem experimentell sequenziert und collagiert wird. Videomaterial ist experimentiertauglich, sofern ihm nicht die dokumentarische Interpretation zugeschrieben wird, eine Situationskonserve zu sein. *Visuelle Soziologie* verstehen wir als einen am Material betriebenen Wissensprozess, bei dem die Veränderbarkeit und Gestaltbarkeit von Videomaterial genutzt wird.

Im VISULAB - Zuschnitte von Blicken und Materialien

Die Videoaufzeichnungen aus dem Managementalltag eines Großkonzerns verstanden wir nicht als Situationskonserven, sondern als audiovisuelle Notizen der Beobachtung im Feld, als Visualisierungen unserer ersten Interpretationen. Bereits für die Kameraführung gilt demnach, dass wir dabei Beobachtungsgegenstände erzeugen. Dies hat etwas mit der *DMI* zu tun.

Bei einer situationssensitiven Kameraführung findet im sogenannten Sucher der Kamera ein Suchen nach zugrundeliegenden Mustern statt: Ein *bemusterndes Sehen* und ein *vermusterndes Drehen*, das während der Kameraführung permanent daraufhin vermessen wird, ob Aspekte des Beobachteten adäquat zum Ausdruck kommen. „Adäquat" steht für die gelungene Verschmelzung des interpretierten Dokuments mit der dokumentierten Interpretation. Von Mustern zu sprechen, bedeutet im Falle von Videoaufzeichnungen keine begriffliche Festlegung auf ein Muster, sondern ein Festlegen von Bildern, die bei der Kameraführung gleichzeitig zu Dokumenten **von** und **für** etwas werden. Es kann bereits in der Aufzeichnungsphase – bei der sogenannten Datenerhebung – von selbst eingeleiteten Beobachtungsprozessen gesprochen werden.[13] Im Folgenden sollen die beiden weiteren Forschungsphasen im Hinblick auf die *dokumentarische Methode der Interpretation* untersucht werden: analytische Arbeit am audiovisuellen Material und Herstellung von audiovisuellen Präsentationen. Diese Phasen finden im Videoschnittraum der Universität – unserem Visualisierungslabor – statt.

Anstatt wie bei der situationssensitiven Kameraführung im Feld die eigene Situationsteilnahme interpretativ zu meistern, geht es nun vorrangig darum, **Bedeutungskorrespondenzen am Material zu meistern**. Für dieses Problem

---

13 Ein Beobachtungsprozess wird hier über den aktiven Gebrauch der Kamera selbst eingeleitet, nicht über die Inszenierung der beobachteten Situation. Als erzeugter Beobachtungsgegenstand gelten die interpretativ vorgeordneten Videoaufzeichnungen.

bietet die *DMI* Lösungen an, denn sie besteht darin, unter Common Sense Bedingungen beobachtete Vorkommnisse als Evidenzen dessen behandeln zu können, was die Forschenden zu studieren meinen. Die Laborphase markiert den Wechsel vom Feld zum wissenschaftlichen Ort und damit auch zur wissenschaftlichen Wissensordnung der analytischen Beobachtungs- und Darstellungsarbeit.[14] Im VISULAB können an die Konstanz und Varianz von Video-Material eine Reihe von Praktiken angeschlossen werden, die aus Geistes- wie Naturwissenschaften bekannt sind: spielen und verfremden, selektieren und verdoppeln, sezieren, basteln und testen, experimentell anordnen, manipulieren, evozieren, explizieren, abstrahieren und nicht zuletzt darstellen, beweisen und bestreiten. Was mit den Videoaufzeichnungen geschieht, ist Ergebnis ihrer Einbindung in kulturwissenschaftliche Forschungsstrategien. Diese sind zunächst an analytischer Erkenntnis ausgerichtet und noch nicht an der Produktion einer filmischen Endpräsentation.

Materialmusterung

Videomaterial wird zunächst wie ein unüberschaubares Gelände gehandhabt, für das eine grobe, aber zuverlässige Landkarte erstellt werden muss. Zuverlässig erscheint das Zählwerk des Videorekorders, sozusagen als Marker, der den Längengrad angibt. Als Label für konkrete Ortsangaben dienen zitierbare Informationen der Tonspur, auch wenn sie für die weitere Arbeit am Material kaum Informationswert haben. Notiert wird z.B. Kassette X, bei Bandlaufzeit Y und eine beobachtete Tätigkeit oder ein Gesprächsthema. Beispiel aus einer ersten Protokollierung:

Band V008 bei 28.35: Diskussion über den „exzellenten Mitarbeiter"
Band V003 bei 24.23: englische Broschüre – „Wir schaffen das bis Ende nächster Woche"

Marker und Label dienen allein dem Auffinden von Stellen im Material und haben mit derjenigen Protokollierung wenig zu tun, die später in der genauen Erkundung des Materials entsteht und die den Fokussierungsprozess und seine Ergebnisse wiedergibt. Die *DMI* spielt eine Rolle, wenn realisiert werden soll, was zu sehen ist oder worüber jemand spricht, wenn also Ereignisse oder Objekte ‚erkannt' und benannt werden sollen. Materialsichtung besteht in einem alltäg-

---

14 Nicht mit den Augen des Feldes wird versucht zu blicken, sondern ein fremder Blick soll zu neuen Sichten führen, die dann auch einen Dialog mit dem Feld anreichern können. „Entscheidend bleibt die Entfaltung einer Differenz zwischen Teilnehmer- und Beobachterverstehen" heißt es bei Amann und Hirschauer (1997: 24).

lichen elementaren Bemustern. *DMI*, auf visuelle Darstellungen angewandt, erweist sich als eine Ethnomethodik des ‚Sehens'.

Explikationsarbeit: Blickmuster entwerfen

Projektteamsitzungen werden einberufen, um zu bestimmten Zeiten gemeinsam Blicke auf das Material zuzuschneiden oder die Glaubwürdigkeit von Interpretationen zu überprüfen. Kommuniziert wird dann mit und am Videomaterial. Anhand einer Audioaufzeichnung interpretiere ich eine solche Teambesprechung hinsichtlich der *DMI*. Sie fand vor dem Monitor des Schnittcomputers statt, nachdem das Videomaterial gesichtet, Videosequenzen auf den Computer eingespielt und in Form erster Schnittlisten[15]aufbereitet worden waren.

P= Projektleiter, M1= Mitarbeiter, M2= Mitarbeiterin

M2: *Das fängt ja schon mit den Keksen an –* „*Meine Hälfte, deine Hälfte; ich die Braunen, du die Hellen - wir sind ein gutes Team.*"
M1: *Ja genau –* „*Wir wissen wo die Grenze ist.*"

Es wird über eine Videoszene gesprochen, die den Beginn einer Arbeitsbesprechung der beiden Führungskräfte G und S darstellt. Beide sitzen an einem kleinen runden Tisch. Herr G reicht Frau S eine offene Schachtel Kekse und sie kommentiert: „*Ich mag ja die Dunklen am liebsten. Wir ergänzen uns hervorragend*", Herr G bemerkt: „*Du die Braunen, ich die Hellen*" und Frau S fügt hinzu: „*Meine Hälfte, deine Hälfte*". „Wir sind ein gutes Team" und „Wir wissen wo die Grenze ist" sind keine wörtlichen Zitate aus dem Video, sondern Formulierungen der Projektmitarbeiter. Ein *Mein-Dein-Muster* wurde in der Szene entdeckt und auf der Folie *Teamarbeit* interpretiert. Die Videoszene wird im Vollzug der Teamsitzung zu einer Verkörperung dieser aktuellen dokumentarischen Interpretation.

M2: *Diese andere Sache hab ich nur reingenommen - mit dem Bernd Bond - weil da die Anbindung ans Sekretariat* **deutlich wird**. „*Der ist noch nicht verbucht...*" (....) *Ich konnte aus dieser langen Sitzung nicht mehr nehmen, weil der DRACO einfach voll ist.*

---

15 Eine Schnittliste ist eine Spur auf dem digitalen Schnittcomputer, auf der in beliebiger Reihenfolge Videosequenzen aneinander gereiht und betrachtet werden können. Erste Schnittlisten sind grob ausgewählte, thematisch vorgeordnete Videocollagen. Beim vorliegenden Beispiel ging es um 5 erste Schnittlisten mit den Arbeitstiteln 1. Sekretariat: Tisch decken, 2. Abschiedsablage Frau K., 3. Chefbüro: kommunizierende Stapel, 4. Sekretariat: Ablageordnung, 5. Chefbüro: mein und dein. Die Audioaufzeichnung bezieht sich auf die Teamsitzung der Projektgruppe VISULOG vom 28.8.1998.

Eine Videoszene wird „reingenommen", weil daran etwas „deutlich wird". Die Szene wird zu einer dokumentarischen Interpretation mit dem zugrundeliegenden Muster *Anbindung ans Sekretariat*. Die Rechtfertigung von M2 bezieht sich auf eine soeben gesichtete Videoszene, bei der im Gespräch der beiden Führungskräfte G und S der Name Bernd Bond fällt, der Herrn G daran erinnert, dass derjenige „noch nicht verbucht" sei. Er springt mitten im Gespräch auf, hastet durch die nächste Tür ins Sekretariat und erteilt den Verbuchungsauftrag. Dann kehrt er zurück und gibt mit seinen Armen ein Signal zur Fortsetzung des Gesprächs. Nur eine begrenzte Anzahl an Szenen auf den digitalen Schnittcomputer *DRACO* einspielen zu können, verweist darauf, dass Wissenschafttreiben ein Managen von Situationen mit technischen und sozialen Dimensionen ist.

P: *Alle diese Papiere haben auch für sich ne* **Zeichenqualität** *– er hält es hoch – „das da."* Und da sagt sie sofort: „Da hab ich mir viel Mühe gegeben" und er: „Ja, hab ich nicht gelesen", *also*
M2: *Vielleicht sollten wir diese letzte Dings noch mal angucken – das ist nämlich ganz interessant.*

Video-Standbild VISULOG 1998, Kamera: Georg Jongmanns

Auf dem Monitor wird eine Videoszene vorgeführt, bei der die beiden Führungskräfte S und G selbst *dokumentarische Interpretation* betreiben: „*Guck mal Sara, Astro*" sagt G und hält dabei ein Papier vor sich in die Höhe. S ist noch mit einem anderen Papier beschäftigt. Doch schließlich erreicht G durch die Handhabung seines Papiers, dass es zum Blickfang beider Gesprächsteilnehmer wird (siehe folgendes Standbild). Es entsteht ein Blickwinkel G-Papier und S-Papier, an den völlig selbstverständlich eine Kommunikation anschließt, bei der das Papier im geteilten Alltagsverständnis von G und S ein *Vorgang namens Astro* ist. Es verkörpert den konkreten Vorgang. Dies wiederum entdeckt der Projektleiter des soziologischen Forschungsteams als *Zeichenqualität von Papieren*.

P: *Wenn man nicht darauf achtet, was der G unten auf dem Tisch tut, dann versteht man überhaupt nicht, was da los ist. Wenn du nur die beiden anguckst, wie die miteinander reden – ist völlig konfus. Aber es ist sofort verständlich, wenn man sieht, was da auf dem Tisch passiert. Auch die Strukturierung der Redebeiträge von S durch ihn mittels Papier ist interessant, ne? Also er beendet praktisch ihren turn, indem er das Papier umdreht. Also für nen Konversationsanalytiker fänd ich das hochspannend, weil das ne Konversation ist, bei der man nichts versteht, wenn man nicht die Objekte sieht, was mit ihnen getan wird.*
M2: *Das wäre ne Fortführung dieser Streeckschen Keksstudie.*[16]
P: *Ja ja, genau. Passt gut dazu (...)*

Es gibt in diesem Gesprächsabschnitt zwei Hinweise auf die *DMI*: Der eine beschäftigt sich mit dem Videomaterial und deutet an, dass z.B. auch Gesprächsverläufe durch die *DMI* bewältigt werden. Ein Gespräch zu beenden kann im Umgang mit Objekten verkörpert werden: Das aktuelle Blatt wird umgedreht und zur dokumentarischen Interpretation von Sequenzschliessung. Der andere Hinweis richtet sich auf das soziologische Team: Durch den Verweis auf die allen Teammitgliedern bekannte „Streecksche Keksstudie" wird ein Muster verkörpert, mit dem die Videosequenzen dokumentarisch interpretiert werden könnten. Dabei wird aus der Keksstudie selbst eine dokumentarische Interpretation.

P: *Also moralisch klar ist das* (wer was zu tun hat) *zwischen den beiden nicht*
M1 (in Kenntnis der Abteilung als Praktikant): *Überhaupt nicht.*
P: *Weil er sich nämlich auch dafür rechtfertigt, dass er's nicht gelesen hat und dabei so ne Unsicherheitsgeste macht - und sie aber auch (...)*

DMI als alltägliches Managen von Situationen durch Bezug auf ein Common Sense Knowledge wird hier z.B. sichtbar durch die Selbstverständlichkeit, mit der

---

16 Jürgen Streeck untersucht in seiner Studie *How to Do Things with Things* anhand einer Video-Aufzeichnung die Verhandlung zweier Keksproduzenten. Es geht um eine gestische Einbeziehung von Objekten in die Interaktion. Das Verrücken der Keksschachtel auf dem Tisch oder der Biss in den Keks werden zu Elementen von Gesprächsorganisation und Sinnstiftung (Streeck 1996).

eine auf dem Video gesehene Geste als *Unsicherheitsgeste* dokumentarisch interpretiert wird.

P: *Ja, wobei diese Sozialdynamik, die find ich gar nicht so spannend – sondern eher hier jetzt wieder die etwas formalere Geschichte des Zusammenhangs zwischen der mündlichen Kommunikation, die sie hier haben, und der Einbettung dieses Materials in diese mündliche Kommunikation.*
M2: *Papierführungshandeln.* (Lachen)

Zur Disposition stehen die Muster *Sozialdynamik* und *Einbettung von Material in mündliche Kommunikation*. Für das Projektteam gibt es spannende und langweilige Interpretationsmuster. Dies steht in Bezug zu dem Konzept der *Befremdung der eigenen Kultur* (vgl. Amann und Hirschauer 1997). Das geplante Muster soll geteiltem Alltagsverständnis so fremd sein, dass die Forschungsergebnisse überraschen. Im Gegensatz zur alltäglichen Situationsbewältigung befassen sich die WissenschaftlerInnen hier mit der Wahl des Musters, welches den folgenden Arbeitsschritten zugrunde gelegt werden soll und bemühen sich um Common Sense bezüglich der gewählten Strategie.

P: *Wie ist es denn mit Goffman und den* **Territorien des Selbst**?
M1: *Ach Gott, jetzt kommt der damit wieder an.*
P: *Sind diese Mappen – ja, das ist einfach so, nen* **Lieblingsthema** *von mir – wie ist das mit diesen Mappen? Gehörn die dazu und wann gehörn die dazu? Und wann gehörn sie nicht dazu? Wie verändert sich denn das? Was spielt sich da eigentlich ab?*
M1: *(lacht) Damit du Goffman besser interpretieren kannst.*
P: *Nein. Den Goffman würd ich nur als* **Hilfsmittel** *nehmen.*

Muster werden durchgespielt im Hinblick auf mögliche und interessante Interpretationen des Videomaterials. Es gibt Widerspruch im Team und der Projektleiter wirft seine persönlichen Vorlieben in die Waagschale. Er führt vor, zu welchen Fragen und für welche Zugänge zum Material das vorgeschlagene Muster taugen würde. P besteht darauf, nicht das Muster, sondern das Material interpretieren zu wollen.

M1: *Irgendwas kommt ins Sekretariat geschwemmt durch die Post, die sortieren das vor, legen's ihm hin und er delegiert's. Glaub ich, das ist so der Weg. Aber das passiert hier* (aktuelle Videoszene) *ja gar nicht.*
M2: *Die meiste Anhäufung von Papieren ist ja wohl im Sekretariat. Die diversen Stapel bis hin zur Post.*
M1: *Das verschiebt sich ja permanent.*
M2: *Das verschiebt sich permanent. Floatierende Papiere – das ist eigentlich das Sekretariat hauptsächlich - das* **Zentrum**. *Weil es auch in irgendeiner Form ein Bearbeitungszentrum ist.*

M1: *Man könnte Oberzentrum dazu sagen. Aber richtig Zentrum ist es eigentlich nicht.*
P: *Aha, was wär denn Zentrum?*
M1: *Ich glaub es gibt in dem Sinne kein Zentrum. Klar, die wichtigen Sachen liegen im Sekretariat – aber das wär ja ne reine Themenhierarchie.*
M2: *Sie müssen umwälzen und ordnen, sie müssen Herr dieser Papiermasse werden. Aber* **Schaltzentrale** *ist dann doch wahrscheinlich eher.*
P: *Es gibt wahrscheinlich keine Schaltzentrale. Es gibt Regeln, diesen Fluss zu strukturieren (...) Wenn man so'n Bild von* **Flusslauf oder von regulierten Kanälen** *vor sich hat, dann könnten wir auch sagen, das, was die oft hier tun, wenn man sie an diesem Tisch sitzen sieht, ist eigentlich: so Dinge, die an der Oberfläche dieses Flusses treiben, rauszupicken und mit denen was zu machen. Aber dieser Unterstrom, den kriegt man möglicherweise hier gar nicht zu Gesicht, weil der läuft ohnehin.*

M2 behauptet, ein Muster entdeckt zu haben: *Sekretariat als Zentrum*. Dieses Muster wird verhandelt. M2 unterstellt, es müsse eine *Schaltzentrale* geben. Auch dieses Muster wird kritisch verhandelt. Es gibt einen Konsens darüber, das vorgeschlagene Interpretationen Testmuster, bzw. Spekulationen sind. Ein alternatives Muster kommt über eine Metapher ins Gespräch: Die Beobachtungen passen besser zu dem Bild eines *Flusslaufs* oder dem *regulierter Kanäle*.

P: *Aber dieser Unterstrom, den kriegt man möglicherweise hier gar nicht zu Gesicht, weil der läuft ohnehin.*
M1: *Das ist ne klassische* **soziologische Fehlleistung**: *"Das blinde Operieren" heißt das bei Luhmann. Was passiert, das passiert. Daran glaub ich nicht.*
P: *Wie würdest du das dann sehen hier? (...)*
M1: *Das ist alles gleich beobachtbar.*
P: *Ich meinte das gar nicht so theoretisch aufgeladen.*
M1: *(...) Ich würd sagen: die verschiedenen Stapel beobachten sich schon gegenseitig, die verschiedenen Papiere.*
P: *Na ja, gut.*
M1: *Jetzt wird's schwierig.*
P: *Wenn's sein muss.*
M1: *Ja, kann man so definieren.*

M1, der andere AutorInnen bevorzugt als P, legt folglich seinen Interpretationen auch andere Muster zugrunde. Die Nichtübereinstimmung zugrundegelegter Muster führt zu der dokumentarischen Interpretation, dass die These von P eine *soziologische Fehlleistung* sei. Die Beziehung zwischen P's Äusserung und dem von M1 zugrundegelegten Muster bleibt stabil.[17]

---

17 Siehe Garfinkels Studie, bei der aus dem Muster *Beratung* in der Krise das Muster *Betrug* wird (vgl. S. ...f. aus dem Kapitel Alltagspraxis).

> **M2**: *Aber dieses Zirkulieren, jetzt ohne Zentrum und Peripherie, aber so als Fließen, Ineinanderfließen, Zufließen, Abfließen, das könnte ja so'n **Modell** sein. In der Richtung könnte sich auch ne Filmcollage dann bewegen, dass wir versuchen, diese Settings, die es gibt – Räume, Personenkonstellationen – auch in einer Filmcollage rotieren zu lassen (...)*
> **M1**: *Jetzt sind wir schon bei der Präsentationsform. Womit fangen wir an und wo kommen wir dann thematisch hin? Also bei all den Ideen, die du jetzt wieder gehabt hast – bleiben wir bei der Präsentation jetzt schon bei den Papieren?*
> **M2**: *Das würde ich mal vorschlagen, das **daran aufzumachen, das Thema**.*
> **P**: *Ja (...)*
> **M2**: *Wir werfen einen Blick auf die Logik der Arbeit der Abteilung **über die Papiere**.*
> **M1**: *Ja natürlich, das kann man spezifizieren.*

Gesucht wird nach Modellen, die dazu taugen, „ein Thema daran aufzumachen" (s.o.). Ernst genommen wird die Möglichkeit, dass Papiere Abteilungslogik verkörpern, und dass man anhand ihrer auch Abteilungslogik verkörpern könnte. Wenn das Beobachtete ein Zirkulieren ist, sollte auch die Filmcollage Dinge rotieren lassen. Die *DMI* hat zum Ziel, Beobachtetes und Beabsichtigtes miteinander zu verbinden.

> **P**: *Mir fällt grad was ein. Und zwar diese **Schlüsselszene** aus der 1. Videopräsentation in Gülow, wo zwischen G und F das Ding hin- und her ging. Da haben wir ne ähnliche **Denkfigur** benutzt, indem wir gesagt haben: Dieses – wie mit dem Stück Papier umgegangen wird – das sagt uns ne ganze Menge. Das ist **Indikator für** etwas. Genauso können wir das hier an der Stelle auch wieder tun, wo sie das Papier übernimmt letztendlich. (...)*
> *Mir geht's an der Stelle um was ganz Bestimmtes, nämlich dass wir das, was wir hier tun, allein aufgrund des audiovisuellen Ablaufs, den wir hier haben, entscheiden. Wenn ich allein das, was gesprochen wurde, im Transkript angucke, käm ich nicht auf die Idee. Das könnte ich nicht reproduzieren dieses Phänomen, was wir hier ohne weiteres, wie ich finde, beobachten können. Auf solche Dinge würd ich **gezielt achten**.*

Der Projektleiter macht seinem Team den Vorschlag „gezielt auf etwas zu achten" und wieder geht es um ein Interpretationsmuster, „um was ganz Bestimmtes". Indem der Projektleiter von einer *Denkfigur* (vgl. zugrundeliegendes und zugrundegelegtes Muster) spricht und dies in Verbindung bringt mit einem Verfahren, wo etwas zum *Indikator für etwas* wird, scheint er zu wissen, dass hier ein methodisches Vorgehen praktiziert wird. Genau genommen geschieht das exakte Gegenteil von dem, was qualitativ Forschende im Interesse ihrer methodologischen Orientierung geneigt sind zu behaupten: Die *DMI* wird nicht durch Offenheit und Sinnstiftungsverzögerung zurückgedrängt, sondern wird in dieser Forschungsphase geradezu in Form eines *gezielten Achtens* überboten. Die *DMI* lässt sich an diesen Beispielen nicht allein aufweisen, sie erscheint als forschungspraktische Strategie.

Zusammenfassend lässt sich über die Projektteamsitzung sagen: Es treten dieselben Merkmale auf, die nach Garfinkel durch die *DMI* bewältigt werden. Es wird realisiert, erkannt, entschieden, selektiert, geordnet, berichtet, verkörpert. Bei der Videoszene „Guck mal Sara, Astro" wurde analysiert, wie S und G vor der Kamera *DMI* betreiben. Unter Einsatz von Common Sense handhaben sie das *dokumentarische Interpretieren* von Papieren als Verkörperung konkreter Vorgänge. Die Papiere haben eine Zeichenqualität, bemerkt der Projektleiter. Den TeilnehmerInnen der im Video dargestellten Szene ist diese Zeichenqualität verständlich und sie wird auch bei einer Videobetrachtung am Monitor von Externen verstanden, die nun aus einem *Vorgang namens Astro* ein *Papier mit Zeichenqualität* machen. Im Soziologenteam wird kommunikativ realisiert, was auf dem abgespielten Video ihren Blicken entsprechend zu sehen ist. Auch hier findet alltägliches *dokumentarisches Interpretieren* statt. Sofort herrscht beispielsweise über eine *Unsicherheitsgeste* Einigkeit. Darüber hinaus werden Entscheidungen darüber getroffen, ob sich Papiere über *Schaltzentralen* oder *Fließbewegungen* durch das Unternehmen bewegen. Es wird daran gearbeitet, die Beobachtungen am Material für die Dokumentation eines zugrundeliegenden und zugrundegelegten Musters zu benutzen. Auf der Suche nach Mustern werden Bezüge auf ein Expertenwissen hergestellt, das als Common Sense Knowledge des Forschungsteams unterstellt wird. So z.B. die Verweise auf die *Streecksche Keksstudie* oder auf *Goffmans Territorien des Selbst*. Auch Metaphern mobilisieren geteilte Vorstellungskraft im Team, wie z.B. das Bild *regulierter Kanäle*. Beobachtungen sollen Indikator für etwas sein und werden.

Das Projektteam entschied sich „für einen Blick auf die Logik der Arbeit der Abteilung über die Papiere".[18] Diese Formulierung einer Untersuchungsstrategie legt nahe, dass es ein implizites Wissen darüber gibt, sich für ein Muster entscheiden zu können und zu müssen und dieses Muster im Material finden und am Material zeigen zu können. Die *DMI* wird durch das Durchspielen variabler Interpretationsmuster methodisch überboten. Hierzu ein Beispiel: Auf einer weiteren Teambesprechung stand Videomaterial zur Diskussion, dass während einer Sitzung von Jungmanagern gedreht wurde, die Vorschläge zur Innovation im Konzern entwerfen.

---

18 Die Analyse dieser Videomaterialien mündete 1998 in eine Präsentation im Unternehmen, bei der Videoschnitt und mündlicher Vortrag wechselten. Titel der Präsentation: *Papier Kommunikation*. Die befilmte Abteilung nahm unseren fremden Blick auf ihren Alltag mit Interesse und Anerkennung auf.

Wir könnten mit Goffmann verfahren und nach der "presentation of self" fragen. Wie beweisen sich die Sitzungsteilnehmer als Junioren im Management?
Wir könnten im Sinne einer Geertzschen Analyse, die Junioren als einen Stamm identifizieren, dessen Aufführungen wir betrachten. Welche rituelle Logik wird praktiziert? Auf den Spuren von Ritualen der Effizienz.
Wir könnten uns auf den Zusammenhang von Geschlechterdifferenz und Macht konzentrieren.
Wir könnten Tools der Sitzung betrachten, z.B. den Gebrauch des Flip-Charts, um Instrumente der Kommunikation zu analysieren. (VISULOG 19.8.1997)

Die durchgespielten Fokussierungsvarianten bedienen soziologische Repertoires. Es wird strategisch abgeschätzt, was am Material gut zu beobachten und mit soziologischem Know How zu bearbeiten sein wird. Es geht bei diesen Aushandlungen nicht mehr darum, was während der Situation womöglich alles geschah, sondern was am gegebenen Materialfundus herausgearbeitet werden kann.[19] Im obigen Fall wurde zugunsten der Flip-Chart-Perspektive entschieden, da sie im Bielefelder Kontext die aktuelle Auseinandersetzung mit Objekten in der Kommunikation bediente. Ist das Muster im Team umstritten, läuft die Forschung Gefahr, durch die dokumentarische Interpretation *Fehlleistung* auch fehl zu schlagen. Ist jedoch das Interpretationsmuster geklärt, kann eine Videoszene die dokumentarische Interpretation so prägnant verkörpern, dass sie zur *Schlüsselszene* wird. Vor jedem weiteren Zuschnitt des Videomaterials einigt man sich wieder neu auf aktualisierte Muster, die den folgenden dokumentarischen Interpretationen zugrundegelegt werden. Sie stellen dann bei der Materialbeobachtung das Bewertungs- und Selektionskriterium dar. Diese gezielte Vorwahl interpretativer Muster im wissenschaftlichen Analysekontext stellt eine Differenz zur *DMI* als Alltagsmethode dar. Die Mustersuche wird reflexiv angegangen anstatt schlichtweg zu passieren. Man könnte von einem *starken Bemustern* sprechen, durch das die *DMI* überboten wird. Die explizite Reflexion der perspektivischen Einwirkung auf das Material ermöglicht eine Rekonstruierbarkeit von Ergebnissen der Laborforschung.

Experimentelles Suchen und Testen von Mustern

Ist über eine Fokussierung vorläufig entschieden, so können Beobachtungsprotokolle, Videoclips für den Schnittcomputer und ethnographische Be-

---

19 Als interessante Alternative praktiziert der Filmemacher Thomas Imbach ein nonverbales Verfahren der Ordnung von Videosequenzen: Er druckt Standbilder aus, ordnet sie in ein visuelles Archiv ein und spielt mit Zuordnungen. Auch bei diesem Verfahren geht es nicht mehr um den Situationsbezug, sondern um einen radikalen Zugriff auf Material, der zu neuen Blicken auf das Beobachtete führt.

schreibungen daran orientiert werden. Die Protokollierung ist selektiv und ohne Anspruch auf vollständiges Materialerfassen. Notiert werden diejenigen Beobachtungen, die eine aktuelle Fokussierung bedienen. Protokolliert wurde z.B. unter der Perspektive des Umgangs von Managern mit einem Flipchart:

Kamera 1	12.40	A: „SETZ DICH doch mal wieder"
	13.02 - 13.17	BLICKE. He: kurzer Blick zum Flipchart
Kamera 2	6.00...	A: „SETZ DICH doch mal wieder"
	5.58 - 6.08	STIFTE. He nimmt 2.Stift mit an den Platz

oder:

Band V007	26.34	A unterbricht Hu: „Ham wir jetzt alles?" W fasst zusammen, UMBLÄTTERN des Charts dabei: 3 Personen schließen eine Sequenz
	43.20	A plus He am Chart. Eskalation, KAMPF ums Chart
Band V011	17.36	Schnittbild: He trinkt mit offenem STIFT in der Hand (in Bereitschaft)

In Großschrift wurden im Protokoll die Begriffe gedruckt, die zu Fokussierungen wurden. Zunächst sehen diese Arbeitsschritte banal und ungeordnet aus. Die Protokolle zeigen, wie Videomaterial in der Analysephase als **Dokument für** den Umgang mit einem Flipchart genommen wird. Sequenzen werden zu Dokumenten interpretativer Muster, die man findet und anwendet. Dieses mustersuchende und mustererkennende Beobachten wird dann in einem Schritt der analytischen Distanzierung strukturiert. Im Anschluss an die fokussierte Protokollierung (s.o.) konnten die Projektmitarbeiter Mittel identifizieren, die Situationsteilnehmer in ihrer Bezugnahme auf ein Flipchart einsetzten:
- gestische Referenzen auf das Flipchart
- das Bewachen der Stifte als Zugangskontrolle zum Flipchart
- das Auf- und Abtreten zwischen Tisch und Flipchart mit strukturierender Funktion
- das körperliche Erobern des Flipchart-Territoriums als Machtposition usw.

Es werden Kategorien gebildet, die der weiteren analytischen Videomaterialgestaltung eine Struktur geben. So entstehen schließlich durch digitalen Videoschnitt unterschiedliche Bereichsanalysen, die am Material vergegenständlicht werden.

VISULAB als Dokument-Erzeugungsmaschine

Die Laborprozeduren erzeugen spezifische Beobachtbarkeiten, indem Video-Material gezielt zerlegt wird und die Arrangements hergestellt werden, die beobachtet werden sollen. Während z.B. BiologInnen über ein Lehrbuchwissen verfügen, aus welchen Teilen die Dinge bestehen, die sie sezieren, müssen KulturwissenschaftlerInnen erst definieren, was relevante Teile sind. Zu definieren ist erstens: Mich interessiert genau diese Stelle und zweitens in den Grenzen von hier bis dort. Über den zur Beobachtung relevanten zeitlichen Kontext der ausgewählten Stelle im Material ist zu entscheiden. Ein solches **Sezieren** geschieht anhand des zugrundegelegten Musters. Es wird ausgewählt, mit welchen Teilen des Ganzen weiter gearbeitet werden soll, wobei das zerlegte Videomaterial im weiteren Verfahren keineswegs in diesen Einheiten belassen wird.

Die Kategorien einer Bearbeitung von Video-Material müssen nicht „passend" sein, um zu funktionieren. Allein der Umgang mit Kategorien schärft den Blick, indem explorativ zugeordnet, untergeordnet, verworfen wird: **trial and error**. Unpassende Kategorien können sogar gezielt genutzt werden, um herauszufinden, wo genau sie nicht passen. Ziel ist es, Entscheidungen über die Übereinstimmung zwischen beobachteter Erscheinung und fokussiertem Geschehen herzustellen, was einem Merkmal der *DMI* entspricht.

Funktioniert eine Visualisierung nicht, so ändern z.B. BiologInnen ihre Parameter. Sie verändern Temperaturen oder Verdünnungen an Stellen, die einen Effekt haben können. „Mach's mal mit niedrigerer Stringenz ..." gehört zu den O-Tönen aus einem Biologielabor. Karin Knorr Cetina spricht von der Bedeutung der „blind variation" in der molekularbiologischen Forschung. "In the practice of molecular biology variation is 'blind', in the sense that problems are treated by varying components of the experimental strategy until things work out, not by launching an investigation of the cause of the problem" (Knorr Cetina 1999: 109). Es gehört durchaus zum Forschungsalltag, irgendetwas am Material zu verändern, um Varianz zu erzeugen. Dies trifft auch auf ein soziologisches Visualisierungslabor zu: Bei der Suche nach interessanten Stellen im Material kommt es am Schnittcomputer zu flitzenden Schnellläufen auf dem Monitor und zu unberechenbaren Stops. Zufällig aufgerufene Standbilder verändern den Beobachtungsprozess. Im Alltag der Wissenschaft steht ein methodologisches Probieren vor methodologischer Stringenz. Die Labor-Arrangements haben etwas von einem Spielplatz.[20] Durch die Digitalisierung des audiovisuellen Materials steigen die Möglichkeiten spielerischer Evokation. Z.B. können durch

---

20 Dies ist ein Hinweis Amanns aus seinen Analysen molekularbiologischer Fo rschung.

Wechsel von schwarz-weiß zu Farbe Strukturen visualisiert, durch Zeitlupen parallele Gesten und Mikrovorgänge thematisiert und durch Juxtaposition von Videosequenzen Analogien und Differenzen in den Blick gerückt werden. Es wird nebeneinander gestellt, was in der Situation nicht aufeinander folgte, nun aber verglichen werden soll. Nicht nur wird ein fremder Blick auf das Datenmaterial gerichtet, sondern das Material selbst wird zu Beobachtungszwecken verfremdet, der beobachtende Blick darauf im Gegenzug normalisiert.

Ziel ist es, Beobachtungen hervorzurufen, die in der Situation nicht gemacht wurden und z.T. nicht gemacht werden können. Eine Voraussetzung dieser Verfahrensweise besteht darin, Material der jeweiligen analytischen Strategie unterzuordnen und es nicht zu einem unantastbaren Situationsdokument zu stilisieren. Der Dokumentcharakter hängt nicht mehr am Material sondern in der durchgeführten Prozedur. Dieses musternde Dokumentieren führt im Falle visuellen Forschens zu Materialzuschnitten, die außerhalb des Labors so kein Ebenbild finden. Es sind Versuchsanordnungen des Materials zu Beobachtungszwecken.

Die folgenden Videostandbilder stammen aus einer solchen analytischen Versuchsanordnung, bei der die Beobachtung auf die Rolle von Papieren für die kommunikative Praxis gelenkt werden sollte. Die Auswahl der ersten vier Bilder aus einer nur wenige Sekunden dauernden Videosequenz folgt der Idee, dass die beobachtete Führungskraft einen Stapel Papiere – seine Unterlagen – einsetzt, um die Arbeitsbesprechung mit seiner Sekretärin abzuschließen. Durch die Papierform kann *das Besprochene* „zusammengefasst" werden. Man kann *einen Aktenstapel* demonstrativ so auf den Tisch fallen lassen, dass ein akustisches Signal entsteht. Dann, nach einem Blick auf die Uhr, wird die *Besprechung* mit beiden Händen „beschlossen". „Vorgänge in Papierform können geöffnet und geschlossen, zur Seite gelegt und wieder aufgegriffen werden," heißt es im Manuskript einer unserer Präsentationen im Unternehmen (*VISULOG* 29.9.98). „Das Papier bekommt durch seine Materialität einen eigenen Wert, es erfordert Aufmerksamkeit; man muss sich ihm widmen. Anfangen heißt anfassen. (...) Der Vorgang wird jemandem zugewiesen und gestartet. D.h. die Mappe wird jemandem übergeben."

Stapel „zusammenfassen"

Stapel auf Tisch fallen lassen

DMI im wissenschaftlichen Alltag 187

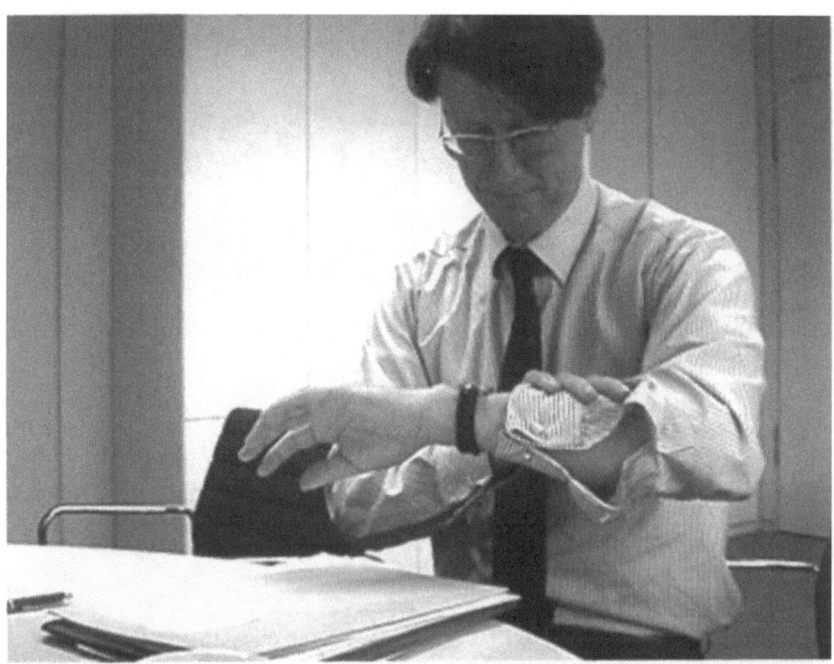

Blick auf die Uhr

Hände „beschließen" den Stapel Video-Standbilder VISULOG 1998
Kamera: Georg Jongmanns

188　　　　　　　　　　　　　　5. Kapitel / Alltag der Wissenschaft

In den Vorgang hineinschauen

Übergabe eines Vorgangs

Am Videomaterial beobachteten wir, wie Papiere Orte schaffen. „Man kann schlecht durch die offene Tür über den Vorgang sprechen, man geht zum Tisch des Sekretariats und schaut drauf. (...) Papier-Orte werden genutzt, um beiläufig Dinge zu besprechen, die mit dem Vorgang nicht in Zusammenhang stehen müssen: Man sucht eine Unterlage, bespricht dann aber: Wie war das mit dem Messestand?" Der große Doppelschreibtisch im Sekretariat wird nicht zuletzt durch die Ansammlung aktueller Papiere zum zentralen Treffpunkt für die vielen informellen Gespräche, die das Gelingen von Abteilungsalltag ausmachen.

Das Visualisierungslabor erweist sich als eine Dokument-Erzeugungsmaschine, bei der die Kriterien, für die Videomaterial zum Dokument wird, variabel gehandhabt werden können. Der Fokus auf Papiere und betriebliche Kommunikation ermöglichte selektive Beobachtungen. Wir entdeckten die Materialität des Papierformats als relevant für ein spezifisches Kommunizieren. Bei einer weitgehenden Umstellung von Papieren auf Computerdateien würden sich Abteilungsabläufe, Arbeitsorganisation und Projektbezüge verändern. Anhand von Papieren lassen sich Vorgänge ergreifen und fokussieren, sie können visuell und haptisch im Raum präsent sein. Dies wird unseren Beobachtungen nach genutzt.

Auch in einem sozialwissenschaftlichen Visualisierungslabor spielt die Materialität des Datenmaterials eine Rolle. Anders als bei der Papierform – und ähnlich einer elektronischen Datei – werden Videos abgespielt, müssen also über eine technische Prozedur „belebt" werden. Auch wenn man mit einer Videokassette im Kolloquium winken und dazu sprechen kann „Guck mal Astrid, Labor", so ist eine Beschäftigung mit dem Vorgang doch an den Ort der Projektion (Monitor, Leinwand) gebunden.[21] Da Wissensprozesse im VISULAB an Material vollzogen werden, bleibt die Konstruktion wissenschaftlicher Erkenntnis bis zu einem gewissen Grade an Sequenzeinspielungen auf dem Schnittcomputer und an Schnittversionen nachvollziehbar.[22] Retrospektiv ergibt ein Blick auf die Namensgebung der auf dem Computer archivierten Video-Clips Aufschluss über die Dynamik dokumentarischen Interpretierens beim Zuschnitt von Material.

---

21 Ort der Projektion ist bei Papieren das umstandslos transportable Papier selbst. Es spielt sich direkt – beim Lesen – ab.
22 Auch dies hat eine Parallele zu naturwissenschaflichen Laborexperimenten: Über „visual scripts" schreibt Knorr Cetina: "The favorite strategy for finding an explanation for experimental results is to look into the biography of a procedure for clues as to what may have gone wrong. Like psychologists and psychoanalysts, who see in the biography of an individual the source of his or her difficulties, molecular biologists look at the biography of their objects and biochemical reactions as a major source of the problems they experience" (1999: 109).

Clip-Taufe

Beim digitalen Videoschnitt werden Szenen in ungefährer Länge in eine Szenenliste eingespielt und zur besseren Handhabung durch einen Titel benannt. Da neue Fokussierungen veränderte Zugriffe auf das Videomaterial zur Folge haben, kommt es im Verlauf der Arbeit am Material zu Umbenennungen von Sequenzen. Dies ist Ausdruck veränderter dokumentarischer Interpretationen. Anhand der im Computer gespeicherten Titel eingespielter Clips kann rekonstruiert werden, wie sich der Zugriff auf das Material verändert:

Videoclip-Benennungen sind anfangs **Zitate**. Die Clips heißen nach einem markanten Ausdruck, der in der Sequenz geäußert wird, z.B.: *zerfladdern, mangels Chef, Eigennotiz* oder *Andreas* (weil jemand darin sagt: *„Andreas soll das machen"*). Im Prozess der Interpretation des Materials verändern sich die Regeln der Namensgebung. Clipnamen geben wieder, woraufhin die Sequenz gedeutet wird, stehen also für die **Fokussierung**. Z.B. heißen in dieser Phase Sequenzen *Sitzordnung* oder *Koordination, Schreibduo* und *Schulze turn*. Clip-Taufe am Schnittcomputer bietet Gelegenheit zu ironisieren und seinen subjektiven Bezug zum Material auszudrücken. Clips können *rosige Szene* heißen oder *Ehepaar auf der Bank*, für eine parallele zurückgelehnte Sitzhaltung von Chef und Chefsekretärin.

Bei der Präsentationsarbeit schließlich werden Clip-Namen unter darstellungsstrategischen Gesichtspunkten vergeben. Der Name beinhaltete die **Platzanweisung** für den Schnittplan: *Intro S1, Intro M1* steht nicht dafür, dass Sekretärin1 oder Manager1 sich durch diese sogenannten „Intros" auf der befilmten Sitzung vorgestellt hätten, sondern dafür, dass wir sie in der Präsentation mit diesem Clip vorstellen werden. *Schnibi P1* heißt ein Clip, der als Schnittbild vorgesehen war und den Praktikanten 1 beim Zuhören zeigt. Zitieren, Fokussieren und Platzanweisen sind drei Zugriffsvarianten auf Videomaterial, die alle *DMI* betreiben und eine Übereinstimmung zwischen beobachteter Erscheinung und beabsichtigtem Geschehen erreichen. Die zugrunde gelegten Muster sind jedoch jeweils andere und unterscheiden sich in ihrer Zielsetzung je nach situativem Kontext. So stellt ein Präsentationskontext andere Anforderungen als ein Analysekontext. Aus experimentellen Arrangements und deren interaktiver Beobachtung wird in dieser Phase ein gemeinsames Basteln an einer Darstellung. Zeigestrategien kommen zum Einsatz: Es wird pointiert, wiederholt, gerahmt, kontrastiert und kommentiert. Die Komplexität der Videobilder ist in der Präsentationsphase nicht immer Entdeckungspotential, sondern auch störend. Unerwünschte Komplexität wird reduziert, um den gewählten Fokus einem Publikum plausibel zu machen. Darstellungsrhetorik verdrängt den analytischen Spielplatz. Gewissermaßen wird der analytische Prozess zu Zwecken der Präsentation zu einem vorläufigen Stillstand gebracht. Eine veränderte Situation produziert auch andere dokumentarische Interpretationen. Bei der Präsentationsproduktion tritt ein didaktisches Anliegen in den Vordergrund: Virtuelle RezipientInnen sollen die Forschungsergebnisse nun selbst dokumentarisch interpretierend nachvollziehen können.

> The reader must engage in interpretive work and an assumption of "underlying" matters "just known in common" about the society in terms of which, what the respondent said, is treated as synonymous with what the observer meant. Correct correspondence is apt to be meant and read on reasonable grounds. Correct correspondence is the product of the work of investigator and reader as members of a community of co-believers. (Garfinkel 1967: 96)

Ein geteiltes Alltagsverständnis von Forschenden und Rezipierenden wird zum Kriterium gelungener Präsentation. Die dokumentarischen Interpretationen des Forschungsteams sollen in einem anderen Kontext verstanden werden. Es kommt bei ersten Vorführungen von Videoschnittversionen oft zu der ernüchternden Erfahrung, dass die durch den Schnitt verkörperte dokumentarische Interpretation von RezipientInnen nicht erkannt wird, weil ohne Kenntnis des zugrundegelegten Musters die Verkörperung nicht decodiert werden kann. Eine Konsequenz daraus ist die Bemühung, in der Präsentation die interpretativen Muster erkennbar zu machen. Beispiel aus dem VISULAB: Damit bei der Rezeption einer Videopräsentation auf die Kooperation von zwei bestimmten Personen fokussiert wird, blenden die wissenschaftlicher Cutter kurzerhand den störenden Ton einer 3. Person aus.[23]

Aus den bemüht absichtslosen Videobeobachtungen des Aufzeichnungsphase werden im Vollzug des Forschungsprozesses zunächst analysestrategische und schließlich didaktische Zwecke erfüllende Dokumente. Im Sinne einer starken Bemusterung wird zum Ausdruck gebracht, was die RezipientInnen in Grundzügen an der Präsentation selbst entdecken können sollen. Dies schließt ein, stilistisch festzulegen, wie viel Spielraum zur eigenen Beobachtung den BetrachterInnen eingeräumt bzw. zugemutet wird. Da mit Videomaterial nicht beliebig verfahren werden kann bietet selbst die Präsentationserstellung noch Anlass, neue Beobachtungen hervorzurufen oder die beabsichtigten Muster zu modifizieren. Bis zuletzt geht es um ein Managen von Situationen, weit entfernt von der gradlinigen Umsetzung eines Plans. Nach Garfinkel besteht die *DMI* darin, über die retrospektiv-prospektiven Möglichkeiten der momentanen Situation unter Zu-

---

[23] Das Beispiel bezieht sich auf die Video-Präsentation *Routine(n)* der Forschungsgruppe VISULOG 1997.

grundelegung eines Musters zu entscheiden. Garfinkel, Livingston und Lynch sprechen von einer lokalen Historizität der Forschungssituation.

> Dass etwa ein sichtbarer ‚Sprung' auf dem Oszilloskop ‚überhaupt etwas' besagt, hängt zum Teil vom weiteren Forschungsverlauf ab: Es kann sich dabei um eine Evidenz für ein positives Ergebnis, aber auch um ‚nichts weiter' als ein Artefakt handeln. Dementsprechend ist das an jedem Punkt des Experiments ‚Geschehene' ein historisiertes Konstrukt, das sich auf das stützt, ‚als was es sich am Ende herausgestellt hat'. Auf einem noch fundamentaleren Niveau lässt sich sagen, dass selbst die Tätigkeit des ‚Sehens' - ungeachtet der späteren Behandlung des Gesehenen als Tatsache oder Artefakt, ‚Rauschen' oder Nebensächlichkeit - in die lokale Geschichte technischer Handlungen eingebettet ist. (Lynch u.a. 1985: 195)

Im soziologischen VISULAB beruht jeder Zuschnitt des Materials auf einer in der Situation und durch sie hervorgebrachten Deutung. Oft entstehen die Strategien, die letztlich den analytischen Faden durch das Material spinnen, durch Spekulationen, die am Material getestet werden. Entscheidend bleibt, ob es am Material gelingt, zu dokumentarischen Interpretationen zu kommen, und ob es gelingt, zu übereinstimmenden Interpretationen zu kommen. Die Arbeit im Forschungsteam wird dabei regelrecht zu einem Instrument des Erkenntnisprozesses, indem sie systematisch Widersprüche hervorruft. Im gemeinsamen Ringen um dokumentarische Interpretationen werden die Blicke geschärft und Beobachtungen präzisiert. Die Vorwahl eines zugrundegelegten Musters wird dann außer Kraft gesetzt, wenn die Übereinstimung von Herleitung und Zuschreibung von Mustern am Material und im Team nicht funktioniert. Teamarbeit erweist sich als produktive Bre8mse im Verfahren.[24]

Videomaterial wird gleichermaßen als **Dokument für** soziologische Entdeckungen gehandelt und im nächsten Moment wieder als **Dokument von** etwas. Genau dies ist das Charakteristikum der *DMI* mit ihrer Verschmelzung von Dokumentation und Interpretation. Dies – und nicht etwa die strikte Trennung von Dokument und Analyse – ermöglicht einen interaktiven Sinnstiftungsprozess am Material, für den das Labor einen Rahmen stellt. Eine Analogie zur naturwissenschaftlichen Laborforschung besteht darin, dass Darstellungsarbeit benötigt wird, um Substanzen bzw. Datenmaterial überhaupt lesbar zu machen. Durch Visualisierungsprozeduren wird der Untersuchungsgegenstand erst hervorgebracht, er wird also dargestellt und hergestellt.[25]

---

[24] „Gespräche als technische Instrumente zu behandeln heißt, sie nicht als Ergebnis der Interaktion individueller Sprecherpersonen zu untersuchen, sondern als Teil einer beobachtenden Darstellungspraxis, durch die sie gemeinsam methodisch erzeugt werden" (Amann 1997: 316).

[25] „Im Deutschen sprechen wir oft von ‚Erkenntnis' und von ‚Erkenntnistheorie' und neigen dazu, das Wort so zu verstehen, als handele es sich um das Erfassen von etwas, das schon vor dem

„IT"

Bei ihrer Analyse der Entdeckung eines optischen Pulsars beschreiben Garfinkel, Lynch und Livingston anhand einer Tonaufzeichnung der nächtlichen Gespräche zwischen Forschern am Steward Observatory, wie aus einem „evidently vague IT" ein entdecktes Objekt wurde.[26] Diese Transformation sei erkennbar „an der Art und Weise, wie die Entdecker gemeinsam über das im Verlaufe ihrer nächtlichen Arbeit heranreifende Objekt sprachen" (Lynch u.a.1985). "Cocke and Disney's discovery is this: From the local historicity of the embodied night's work they extract a cultural object, the independent Galilean pulsar" (Garfinkel u.a. 1981). Die Bezeichnung *cultural object* für eine astronomische Entdeckung verweist auf den Entdeckungskontext, den die o.g. Autoren in einer konkreten Arbeitssituation und ihrer lokalen Historizität sehen. „Die Bemühungen um die Lokalisierung des Pulsars innerhalb der Natur sind als Folge situationsbestimmter Voreingenommenheit zur Zeit der Entdeckung zu interpretieren" (Lynch u.a. 1985: 196).[27] Die *DMI* nimmt in diesem Fall eine besondere Form an: Das dem Forschungshandeln zugrundegelegte Muster scheint das noch zu Entdeckende selbst zu sein: ‚*IT*'. "Sacks described an 'IT' that occurs in conversation, i.e., it is produced, recognized, and understood before it has a definiteness of sense or reference" (Garfinkel u.a. 1981). Die angenommene Tatsächlichkeit dieses *IT* ermöglicht es, in der Situation eine auf das imaginäre vage Muster bezogene Entdeckung gemeinsam zu realisieren. *IT* kann zugrundegelegt werden, um ein ‚entdecktes Objekt' herzuleiten. In dieser Variante fungiert der Entdeckungskontext als zugrundegelegtes/zugrundeliegendes Muster.

Akt des Erkennens vorhanden ist, fast als wäre es ein Entdecken. Sofern wir es so verstehen, rutschen wir unweigerlich ab in eine Form des naiven Realismus, der in dem Glauben besteht, wir könnten Dinge ‚erkennen', so wie sie *an sich* sind, als hätte eben jene Tätigkeit des Erkennens keinen Einfluss auf die Beschaffenheit des Erkannten" (Glasersfeld 1991: 18). Di eser Standpunkt des radikalen Konstruktivismus provoziert bis heute Natur- wie Kulturwissenschaften.

[26] Harold Garfinkel, Michael Lynch und Eric Livingston (1981) führten eine ethnomethodologische Analyse der Entdeckung des optischen Pulsars am 16.1.1969 durch John Cocke, Michael Disney, Don Taylor and Robert McCallister durch.

[27] Über ethnomethodologische Wissenschaftsstudien schreiben die Autoren: „Diese Untersu chungen nähern sich der Frage der Genealogie des Objektes in völlig neuartiger Weise, i ndem sie die ‚Galileischen Objekte' der Wissenschaft auf ihre verkörperten U rsprünge in den gewöhnlichen technischen Handlungen in der Wissenschaft zurückführen" (Lynch u.a. 1985: 197).

5.3 Was leistet die dokumentarische Methode der Interpretation?

Die *DMI* ist für das Gelingen auch des wissenschaftlichen Alltags unverzichtbar. Dennoch stellt sie grundlegende Vorstellungen professioneller Spielarten des Dokumentierens auf den Kopf: Weder beruht dieses elementare Dokumentieren auf dem Versuch, nicht zu interpretieren, noch geht es darum, allein die interpretativen Aspekte eines jeden Dokuments aufzuweisen. Die *DMI* beruht auf einem Ineinandergreifen von Wissensunterstellungen und Wissensherleitungen. Im Unterschied zum *paradoxen Dokumentieren* zielt die *DMI* nicht darauf, den Wissensprozess offen zu halten und zu verhindern, dass Gegenstände zu Dokumenten verschlossen werden. Ganz im Gegenteil: Es geht um eine Methode der Vereindeutigung, durch die im Verlauf einer konkreten Situation Bedeutungskorrespondenzen gemeistert werden.[28]

Die *DMI* ist eine Sozialform des Dokumentierens, anhand derer es in Situationsverläufen gelingt, ‚Tatsachen auf Zeit' zu erschaffen. Diese Form des Dokumentierens fällt insofern mit dem Begriff *natürliche Einstellung* zusammen, als sie im Rahmen des momentanen Situationsverlaufs unreflektiert Geltung beansprucht. Es wird also gerade kein Ausschluss von Faktizität betrieben, wie es in der qualitativen Sozialforschung (vgl. Bohnsack 1997) gefordert wird. Die *DMI* unterscheidet sich jedoch von der *natürlichen Einstellung* insofern, als sie nicht die Einstellung eines Individuums beschreibt, sondern den Prozess kollektiver Sinngenerierung.

DMI ermöglicht die praktische Bewältigung aller Situationen, in denen Verbindungen zwischen Erscheinungen und Forschungszielen benötigt werden. Im Falle visuellen Forschens geht es um Bedeutungskorrespondenzen zwischen einer Situation und deren Kamerabeobachtung, zwischen einer Videosequenz und deren Analyse, sowie zwischen einer filmischen Präsentation und deren Rezeption. Wird beim *starken Dokumentieren* eine Öffnung des Wissensprozesses betrieben, beim *Anti-Dokumentieren* eine Rückschau auf geleistete Arbeit gehalten und beim *paradoxen Dokumentieren* auf ein Dazwischenbleiben geachtet, so leistet die *dokumentarische Methode der Interpretation* ein momentanes Beenden der Sinnsuche, das bis auf Weiteres gilt. Die *DMI* verzichtet auf sinnstiftungsasketische Strategien zugunsten von Bezügen auf geteiltes Wissen. Ein Immer-schon-Wissen wird zum Einsatz gebracht. Das Noch-nicht-Wissen des *starken Dokumen-*

---

28 Im Rahmen des Graduiertenkollegs *Authentizität als Darstellungsform* (Universität Hildesheim 1995 - 2001) wurde die These vertreten: Alles authentisch Scheinende ist konstruiert! Anhand der *DMI* lässt sich diese Behauptung durch eine Umkehrthese erweitern: Alles in kommunikativer Absicht Konstruierte produziert auch Authentizitätseffekte!

tierens erweist sich als Gegenkonzept. Der spezifische Effekt der *dokumentarischen Methode der Interpretation* liegt in der alltäglichen Bewältigung sozialer Situationen, und dies ist eine grundlegende Säule wissenschaftlicher Verständigungspraxis nach innen und außen. Die Frage, ob es sich bei der *DMI* auch um eine „Spielart" des Dokumentierens handeln könnte, lässt sich mit „jein" beantworten: Zunächst einmal ist sie keine Spielart, denn als elementare Praxis kann sie keine sein. Es bleibt aber neben dem Aufweisen dieser elementaren Praxis ein Spielraum, *DMI* strategisch zu nutzen und Alltagspraxis durch eine methodische Reflexivität forschungspraktisch zu überbieten.

5.4 Instrumentelle DMI

Am Beispiel eigener Forschungspraxis im soziologischen Visualisierungslabor wurde gezeigt, dass die *DMI* einerseits permanent „passiert" und andererseits aber auch zu einer Art „Einsatz" kommt. Mit der Mustersuche wird offen, sogar reflektiert umgegangen. Gesprochen wird von *Denkfiguren* und *Hilfsmitteln*. Muster werden am Material getestet und wieder verworfen. Sie werden ausprobiert, ob sie taugen, das Thema daran aufzumachen. WissenschaftlerInnen sind sich einig, dass man etwas **so oder so** definieren kann. Zum alltäglichen Fachjargon gehören Formulierungen wie: „Dies könnte eine Arbeitshypothese sein ... ; der Punkt, auf den es mir im Moment ankommt, ist ... ; das ist der Punkt, den man am ehesten machen könnte ..." (VISULOG 24.9.1997). Ohne es selbst *DMI* zu nennen, scheinen WissenschaftlerInnen in ihrer Praxis offensiv und keinesfalls defensiv mit *dokumentarischem Interpretieren* umzugehen. Die *DMI* wird strategisch überboten, indem mit interpretativen Mustern experimentiert wird. So kommt etwas ins Spiel, was Knorr Cetina *Fiktion* nennt. Sie spricht von fiktionalisierenden Repertoires im Wissensprozess. „Fictions institute and suggest a play upon orders, a progress from one arrangement and from one disciplinary framework to another" (1994: 17). Dieses *play upon orders* ähnelt der gezielten Mustersuche einer überbotenen *DMI*. Harun Farocki (2001: 12) spitzt den Gedanken fiktionalisierender Repertoires in Bezug auf das Filmemachen zu: „Ich versuche stets Interpretationen zu vermeiden, bei denen der Film in der Deutung – sozusagen rückstandslos – aufgeht. Eine meiner Strategien ist, dass ich einen Film über- oder fehlinterpretiere. Vielleicht ist mit dieser Übertreibung etwas zu retten." Auch Trinh stellt eine Überleitung her von interpretativen Schließungen zu einem Denken in *Musterpassagen*:

Jede Arbeit stellt unweigerlich eine Form greifbarer Geschlossenheit (closure) dar. Aber Closures sind nicht unbedingt Absperrungen; sie können Türen sein, die sich zu anderen Closures hin öffnen und die als fortgesetzte Passagen zu einem Anderswo (- im Hier) funktionieren. (Trinh 1995: 8)

Aus elementarem Bemustern wird ein strategisches Zulassen operativer Fiktionen. Die *DMI*, mit ihrem Effekt, den alltagspraktischen Bedarf an ‚Tatsächlichkeit' zu erfüllen, wird genutzt, ohne den Wissensprozess durch die getroffenen dokumentarischen Interpretationen für abgeschlossen zu erklären. Diese strategische Praxis nannten wir im Projektteam VISULOG *instrumentelles Dokumentieren*.[29] Um die Differenz zu anderen Konzepten des Dokumentierens im Blick zu behalten, soll an dieser Stelle von *instrumenteller DMI* gesprochen werden.

Einem *Anti-Dokumentieren* ähnlich geht *instrumentelle DMI* davon aus, dass es keine Darstellungen gibt, die frei von einer Perspektive wären. Die Konsequenzen daraus sind jedoch unterschiedlich: *Anti-Dokumentieren* sieht in Authentizitätsbehauptungen ideologische Tricks bis hin zum Betrug. *Instrumentelle DMI* begrüßt Authentizitätseindrücke als nützliches Element wissenschaftlicher Alltagspraxis.[30] Situiertes Sinngeben durch *DMI* und *instrumentelle DMI* stehen in einem Zusammenhang: Bei der Musterentscheidung reflexiv zu agieren, überbietet die elementare *DMI*, die jedoch bei der Anwendung des Musters wieder greift. Anhand des gewählten Musters darf und soll *DMI passieren* bis zu einem Punkt, an dem es sinnvoll erscheint, das einmal entschiedene Muster zu variieren.

Regeln instrumentellen dokumentarischen Interpretierens

- Ändere deinen Dokument-Begriff und handhabe die Erzeugung von Beobachtbarkeit sowie die Generierung von Beobachtungsergebnissen als einen konstruktiven Prozess. Verabschiede die Konvention der Unantastbarkeit von Aufzeichnungen und gehe nicht davon aus, der befilmten Situation als Originalschauplatz gerecht zu werden.
- Betrachte Aufzeichnungen nicht allein als Dokumente **von** Situationen, sondern auch als Dokumente **für** soziologische Entdeckungen. Erkunde im Umgang mit den Aufzeichnungen deinen wissenschaftlichen Gegenstand

---

[29] Der Entwurf eines *instrumentellen Dokumentierens* entstand bei der methodenreflexiven Arbeit der Forschungsgruppe VISULOG (vgl. Mohn und Amann 1998). Zum anderen wurde diese Kategorie zeitgleich auch im Rahmen von Diskussionen des Graduiertenkollegs *Authentizität als Darstellungsform* (Universität Hildesheim) diskutiert und entwickelt (vgl. Mohn, Strub und Wartemann 1998).
[30] Vgl. Mohn, Strub und Wartemann 1998: 4.

und überführe deine Materialien in evokative Verfahren, die Imaginationen hervorrufen.
- Setze eine Dokument-Erzeugungsmaschine in Gang und erzeuge diejenigen Evidenzen, die gebraucht werden, um den konkreten Wissensprozess am Laufen zu halten und um seine Ergebnisse plausibel zu präsentieren.

Instrumentelle DMI beinhaltet einen erkenntnistheoretischen Begriff von Analyse als einem konstruktiven Vorgang der Herstellung des Gegenstandes in seiner Deutung.[31] Durch *instrumentelle DMI* wird *DMI* dann überboten, wenn aus einer elementaren Praxis ein reflexiv eingesetztes Instrument wird. Dieses Instrument stellt eine weitere Spielart des Dokumentierens dar, durch welche die praktischen Effekte der *DMI* auch forschungsstrategisch nutzbar werden.

Auf die Frage, worin sich ethnographisches Forschen von alltäglicher Sinnstiftung unterscheide, antworten Amann und Hirschauer mit ihrem Konzept der *Befremdung der eigenen Kultur*. Auf die *instrumentelle DMI* bezogen ist es zum einen die Wahl der interpretativen Muster und zum anderen deren strategischer Gebrauch und Wechsel, die Differenzen zur Alltagspraxis erzeugen. Elementare *DMI* wird beim *instrumentellen dokumentarischen Interpretieren* anhand ungewöhnlicher, also befremdeter, Muster und Musterpassagen zu neuer Erkenntnis verzerrt. Festzuhalten bleibt, dass im Alltag der Wissenschaft keinesfalls ausschließlich an Sinnstiftungsaskesen gearbeitet wird. Durch *DMI* werden die erforderlichen Sinnstiftungsprozesse in Hochgeschwindigkeit zu momentanen Abschlüssen gebracht, was ein Aussetzen sinnasketischer Strategien und ein Zulassen alltagspraktischer Common Sense-Routinen erfordert. „Empirisches Wissen ist Wissen, das wir mit anderen teilen", schreibt Siegfried J. Schmidt (1991: 43). Dokumentarisches Interpretieren, diese Sozialform des Feststellens, wird jedoch überboten in ihrer instrumentellen Variante. So bleiben die Schließungen latent reflexiv und empfänglich für „Passagen zu einem Anderswo" (s.o.).

---

31 In ihrem Arbeitspapier über Authentizitätskonzepte (1998: 5) schreiben Mohn, Strub und Wartemann über instrumentelle Authentizität: „Je nach Konstruktion szweck fällt auch das konstruierte Unmittelbare verschieden aus. Das Unmittelbare gibt es nicht, sondern es ist nur fassbar in einem für einen bestimmten Zweck hergestellten Dokument, das behauptet, es sei ein Dokument von etwas. Das zu deutende Material, worauf die Deutungen aufbauen, wird so in den Deutungen erst hergestellt."

Streitpunkt:
Die Unvermeidbarkeit methodologischer Wechsel

In den ersten 5 Kapiteln des Buches wurde *Dokumentieren* in unterschiedlichen diskursiven Kontexten untersucht. Die Analyse der verschiedenen praxeologischen Potentiale führte zu einer Differenzierung von genau vier Spielarten. Festgestellt wurde, dass jedes der Konzepte eigene Effekte auf einen Erkenntnisprozess ausübt. Damit ist bereits ein entscheidendes Ergebnis der Supervision erzielt: Die kontroversen Konzepte des Dokumentierens sind forschungspraktisch gesehen komplementär, nicht aber exklusiv. Es gibt gute Gründe, sie zu aktualisieren anstatt zu historisieren, sie also als Spielarten nebeneinander statt hintereinander anzuordnen. Der beste Grund, dies zu tun, besteht in der Vermutung, dass sie ohnehin in der Praxis alle gemeinsam zum Einsatz kommen.

Tabelle 1: Differenzierung

Konzept	Variante	Forschungsideologie	Effekt
Starkes Dokumentieren	-Transzendenz -Automatisierung	Noch-nicht-Wissen	Entdeckungsprozess eröffnen
Anti-Dokumentieren	- empirische Reflexivität - legitime Autorschaft - doing fiction	Alles-ist-gemacht	eigene Methodologie reflektieren
Paradoxes Dokumentieren	- weder noch - sowohl als auch	Dazwischenbleiben	im Prozess eines analytischen Spiels bleiben
Dokumentarische Methode der Interpretation	- common sense	Immer-schon-Wissen	Wissensprozesse momentan Schließen

Wie aus sich bestreitenden Forschungsideologien kooperierende Forschungsstrategien werden können und welche methodologische Haltung dies voraussetzt, ist Thema des letzten Kapitels, das die Supervision mit der Idee einer Instrumentalisierung der untersuchten Konzepte im Hinblick auf ihre Effekte fortsetzt.

6 Realismus als nützliche Fiktion. Instrumentelles Dokumentieren

Beim Lesen der ersten vier Kapitel ergibt sich zunächst die Struktur einer Linie, auf der sich die Konzepte des Dokumentierens eines nach dem anderen aufreihen lassen. Von Spielart zu Spielart werden die Konzepte reflektierter. Sie reagieren aufeinander und erwecken den Eindruck einer Evolution hin zu immer reiferen, aufgeklärteren Strategien. Diese Sichtweise entspricht der Logik eines Diskurses, der darum ringt, die Autorität realistischer Paradigmen zu brechen. Doch dann führt im 5. Kapitel die erneute Thematisierung des alltagspraktischen Dokumentierens gewissermaßen zurück zum Ausgangspunkt des Buches: Eine evolutionistische Aufreihung wird fragwürdig, nachdem sich – oh wie schön ist Panama – ausgerechnet der Start der Reise durch die methodologischen Konzepte als eines der Reiseziele entpuppte. Die Konzepte sind eher mit „Zwischengliedern" (Wittgenstein) vergleichbar. Bedeutungsvarianten von Begriffen den Status von *Zwischengliedern* zu verleihen, steht im Zusammenhang einer Differenzierungsstrategie, bei der es darum geht, Phänomene in ihren verschiedenen Ausformungen in den Blick zu nehmen. Phänomenbereiche sollen zunächst für eine Vielfalt an Varianten geöffnet werden, um „Familienähnlichkeiten" dieser Zwischenglieder entwerfen zu können. Ein Beispiel: In ihrem Buch *Japan dicht beschreiben* verleiht Birgit Griesecke „Wrapping Cultures" den Status von Zwischengliedern.

> Der Zwischengliedstatus von ‚Verpackung' impliziert die Absage an evolutionistische Prinzipien, wonach entweder jene Kulturen, die am aufwendigsten verpacken, oder aber jene, die Verpackung am konsequentesten minimieren, an die Spitze gesetzt werden. (...) Wenn ‚Verpackung' aber nicht als Vehikel für Entwicklungsstufen, für gegenseitige Auf- und Abwertungen, sondern als ein ‚Zwischenglied' fungieren soll, dann gilt es, dieses reich facettierte Phänomen in ein interkulturelles Blickfeld zu rücken. (Griesecke 2001a: 185f.; vgl. 2001b)

Hier gibt es also ein Zwischenglied, bei dem es um aufwändiges Verpacken geht und eines, bei dem Verpackung vermieden werden soll. Ähnlich ist es beim Dokumentieren. Da gibt es Konzepte des Dokumentierens, bei denen Interpretationsverzicht gefordert wird und es gibt welche, bei denen Interpretationsaufwand von Bedeutung ist. Es gibt Zwischenglieder, bei denen Interpretieren und

Dokumentieren untrennbar sind, sich abwechseln oder bei denen alles beides vermieden werden soll. Man könnte also den Spielarten des Dokumentierens den Status sogenannter *Zwischenglieder* verleihen und auch sie nicht als Entwicklungsstufen werten – z.B. vom unterentwickelten Dokumentieren zur zivilisierten Interpretation oder umgekehrt – , sondern sie als ein „reich facettiertes Phänomen" in ein intermethodologisches Blickfeld rücken. „Es kommt darauf an, (interkulturelle) Phänomene in ihren unterschiedlichsten Aspekten als ‚Zwischenglieder' so zu arrangieren, dass wir auch verdeckte oder ignorierte, unvermutete oder irritierende Zusammenhänge, Übergänge und Familienähnlichkeiten aufspüren können, ohne dabei einem wie auch immer definierten Wesensgehalt zuzustreben" (Griesecke 2001c: 4). Die untersuchten Konzepte des Dokumentierens sind Facetten des zu beschreibenden Phänomens *Dokumentieren*. Mit Wittgenstein ist davon auszugehen, weitere Facetten – unbestimmbar viele – entdecken zu können. Der von mir gewählte Ausschnitt auf genau vier der möglichen Zwischenglieder stiftet insofern bereits einen besonderen Zusammenhang und folgt keinem prinzipiell offenen Untersuchungsdesign. Auch die Figur der Verknüpfung, die ich zwischen den untersuchten Konzepten derzeit sehe, besteht eher in einem Umbau einer evolutionistisch ausgerichteten Geraden in eine praxeologische Zirkulation. Sie erfüllt nicht die Vorstellung von einem offenen Netz an möglichen Zusammenhängen. Dies hat damit zu tun, dass es mir im Schlusskapitel weniger um die Fortsetzung des Forschens als vielmehr um Konsequenzen für die Forschungspraxis geht.

Die Übertragung methodentheoretischer Ergebnisse auf forschungspraktische Situationen stößt allerdings an die Grenze meiner gewählten Herangehensweise: Erst eine Vor-Ort-Beobachtung wissenschaftlichen Alltags könnte detaillierte Hinweise liefern für die Beschreibung des vermuteten Zusammenspiels der unterschiedlichen Effekte. Meine Überlegungen haben insofern den skizzenhaften Charakter einer „Überschlagsrechnung".

6.1 Orthodoxiekosten von Forschungsideologien

Bilanz
Anhand einer „Erfolgsprämisse" wurde bisher herausgearbeitet, dass die untersuchten Konzepte des Dokumentierens auf verschiedene nützliche Effekte zielen und insofern auch Erfolg versprechen. Sie sind dabei so unterschiedlich wie „Äpfel und Birnen" und eignen sich nicht dafür, einander ersetzen zu können. Beispielsweise zielt *starkes Dokumentieren* nicht auf Reflexion oder geht es bei der

dokumentarischen Methode der Interpretation nicht darum, Forschungsprozesse zu eröffnen oder offen zu halten. Dies ernst zu nehmen beinhaltet eine „Misserfolgsprognose": Jedes Konzept bedient seinen Kontext und nicht einen anderen. Eine orthodoxe Handhabung, der Versuch also, die Regeln *einer* Spielart in allen Phasen eines wissenschaftlichen Wissensprozesses so gut es geht zu befolgen, wird Kosten verursachen. Diese „Rechnung" soll für jedes Konzept in groben Zügen kalkuliert werden.

Misserfolgsprognosen

Die Varianten *starken Dokumentierens* geben vor, alltägliches Immer-schon-wissen aktiv zu unterschreiten. Dokumentieren wird als Sinnstiftungsverzögerung entworfen. Die Anforderung der Aufzeichnungsphase, sich einem noch unbekannten Gegenstand zuzuwenden, wird durch ein *Prinzip Offenheit* beantwortet. Dieses Prinzip taugt nicht für alle Phasen gleichermaßen. Die relativ zentrale Rolle *starken Dokumentierens* während des beobachtenden Aufzeichnens tritt spätestens bei der Herstellung einer endgültigen Schnittfassung in den Hintergrund. *Starkes Dokumentieren* ist mit abnehmender Tendenz vom Aufzeichnen, über das Analysieren, bis hin zur Erstellung einer Präsentation effizient. Was jedoch geschieht bei einer orthodoxen Spielweise?

> Bereits bei der Analyse visueller Daten entstehen bei einem orthodoxen *starken Dokumentieren* hohe Kosten, weil Eingriffe in das Material nur zögerlich praktiziert werden dürfen, um das starke Dokument nicht durch Sinnstiftungen zu verunreinigen. Orthodoxie verspielt die analytischen Chancen von Materialgestaltung. Beim ethnomethodologischen Vorgehen, das Sinnstiftungsprozesse in den Daten selbst aufspüren möchte, ist ein weitgehender Verzicht auf operative Fiktionen[1] als Kosten zu verbuchen. Bei den Dokumentarfilmern, die sich noch beim endgültigen Schnitt ihres Produktes darum bemühen, dass nicht sie ihr Material, sondern ihr Material sich selbst schneidet, kann dies neben einer *Ästhetik der Langsamkeit*, zu langweiligen Filmen führen, denen es an Zuschnitt, Pointierung und Streitbarkeit fehlt. Krisen am Schneidetisch sind vorprogrammiert bei einer Spielart, die Schneiden als problematisch sanktioniert und in die Nähe einer Regelverletzung rückt. Die teuerste Variante ist das Scheitern des gesamten Projektes an einer Hemmung, das Material zu gestalten.[2]

---

1 Vgl. Knorr Cetina 1994.
2 Ein Dokumentarfilmer erzählte mir, er scheue die Klarheit, meide jede Art von Entscheidung und leide darunter, Filme zwar drehen, sie aber nicht schneiden zu können.

Bei einer orthodoxen Spielweise entsteht ein Konflikt, sobald der Forschungsprozess es erforderlich macht, von Beobachtung auf Formulierung umzuschalten, von Registrieren auf analytische Rekonstruktion oder wie Metje Postma es in einem Vortrag formulierte, „from description to narration".³ Postma (24.9.1999) reflektiert den krisenreichen Herstellungsprozess ihres wunderbaren ethnographischen Dokumentarfilms *Van Mannen en Merries* (1998):

> As an ethnographer I was almost obsessively attached to hold on to 'whole actions' (Heider 1976). It was 'impossible' for me to cut in these scenes, as if interrupting spoken sentences. Not only out of ethnographic conviction, but also towards the farmers, who I wanted to be happy with the film. For the same reason I did not want to move scenes from their place in the chronological order. Clearly my quest for finding new forms and ways of representing the reality of the farmers, was hindered by my thorough enculturation in the ethnographic way of thinking. (...) After showing the first version to many different people it became clear that I should leave the idea of extensive description of agricultural techniques with the horses because it would draw the attention to much to the agricultural calendar and workprocesses and I would have to start to explain about agriculture. It was time to tell a story.
> Arjanne Laan who edited the final version was given a free hand, although she had to continue with a version that was already there. (...) Of many scenes, she took out the beginnings and the ends. (...) The main difference of the final version is that the scenes are more edited towards their 'message' than towards the representative description of actions. Only the shots that contribute to the message are kept in the scenes. Where agricultural work is shown it is kept in chronological order, but it is no longer the basis of the narrative structure.

Mit Hilfe einer Cutterin gelang es Postma, ihr filmisches Forschungsergebnis nicht an ihrer ethnographischen Haltung scheitern zu lassen. Ihr Vortragstitel verweist implizit auf die Problematik, sowohl Deskription als auch Narration beherrschen zu müssen. „It was time to tell a story" verweist auf einen Bruch mit der sinnasketischen Forschungshaltung und einen Übergang zu mehr analytischem Spiel und dokumentarischem Interpretieren.

Orthodoxiekosten *starken Dokumentierens* ergeben sich insbesondere daraus, sich der *dokumentarischen Methode der Interpretation* permanent enthalten zu wollen. Wer bis zum Abschluss seines Projektes Bezüge auf Common Sense Wissen zu

---

3 Postma (24.9.1999) berichtet: "In the Leiden school of ethnocinematography as established by Adrian Gerbrands and developed by Dirk Nijland, we still hold the (much disputed) point of view that the ethnographic value of a film is determined by its descriptive value; its value as a cultural record".

unterlaufen sucht, läuft Gefahr, sich nicht mehr verständigen zu können. Wäre es tatsächlich möglich, die angestrebte Reinheit dieser Methode ohne Rückgriff auf andere Konzepte des Dokumentierens zu praktizieren, so käme es zu unbefriedigenden Ergebnissen:

> Die Vorstellung, dass der Gegenstand durch die entleerten, offenen DokumentaristInnen hindurchwandern könne, produziert das Ideal unveränderter Gegenstände und forscherlosen Forschens.[4]

Ethnomethodologisch Forschende lassen sich bei ihren Versuchen autorloser Datenerhebung durch Aufzeichnungsautomaten ersetzen. Auch in diesem Fall soll der wissenschaftliche Gegenstand im Grunde so erscheinen, wie er schon vor seiner Beforschung war: Er soll durch die automatisierte Aufzeichnung zunächst in eine sinnfreie Oberfläche gebracht werden, die durch die anschließende wissenschaftliche Interpretation in eine Bildqualität mit hoher Auflösung verwandelt wird. Vorhandenes soll aufgedeckt werden. Beide Varianten dienen einem überhöhten Zugang zum Gegenstand, der jedoch zu banalen Ergebnissen führen würde, wenn es dabei bliebe.

Die *anti-dokumentaristischen Konzeptionen* zielen auf reflexives Wissen: Wie hat die AutorIn ihre Dokumente konstruiert? Wie kam sie zu ihrem Gegenstand und ihren Resultaten? Diese Fragen führen zur De- und Rekonstruktion des untersuchten Dokuments. Für eine retrospektive Forschungsphase liefert *Anti-Dokumentieren* ein adäquates Konzept, indem es einen Ebenenwechsel organisieren hilft, der es ermöglicht, *methodologische Überlegungen* zur eigenen Forschungspraxis anzustellen. Wer jedoch Konzepte des *Anti-Dokumentierens* auf orthodoxe Weise auf jede Forschungsphase anwenden möchte, gerät in Schwierigkeiten:

> Einem Krisenexperiment gleich stolpern Forschende im Feld, wenn sie sich auferlegen, permanent ihr Tun beim Tun zu hinterfragen oder beim Reden die Konstruktion des Gesagten aufzudecken. *Anti-Dokumentieren* steht (wie auch schon *starkes Dokumentieren*) in Widerspruch zur *dokumentarischen Methode der Interpretation*, indem es einen absoluten Verzicht auf die Behauptung von Tatsächlichkeit verlangt. Eine elementare Praxis (die *DMI*) wird zur Regelwidrigkeit. Dies verbietet im Extremfall, überhaupt zu forschen, was dann alle drei Forschungsphasen betrifft.

---

4 Nach Jaber Gubrium und James Holstein läuft eine naturalistische Forschungshaltung Gefahr, nur noch eine Reportage dessen betreiben zu können, was Informanten der untersuchten Kultur an Berichten überbringen. "The naturalist assumes no special analytic vantage point, but instead tries to get inside 'their world' to take the member's perspective on reality's side of a lived border that is all but ignored. Representation, both members' and researchers', is merely reportorial" (Gubrium und Holstein 1997: 106).

> Bei Versuchen, Forschen und Sichtbarmachen von Autorschaft zu vereinbaren, also gleichzeitig Darstellungen zu konstruieren und zu dekonstruieren, geraten zwei Gegenstandsebenen miteinander in Konflikt: der Forschungsgegenstand und seine Herstellung. Diesen Konflikt nicht zu lösen, produziert ein undefinierbares Rauschen. Ihn zu lösen hat jedoch auch seinen Preis: Sich in eine retrospektive Position zu begeben oder seinen Forschungsgegenstand gleich in ein reflexives Projekt umzubenennen kostet viel, nämlich den Verzicht auf diejenigen (meisten) Forschungsthemen, die sich nicht mit der Konstruktion von Forschung beschäftigen. Wird ein Ausweg darin gesehen, *Anti-Dokumentieren* in *paradoxes Dokumentieren* zu überführen, so um den Preis, auch in diesem Fall *Anti-Dokumentieren* als richtiges und einziges Konzept verabschieden zu müssen.

Orthodoxiekosten bestehen darin, keinen Ersatz für die Gegenstandszugänge der angefochtenen Spielart *starkes Dokumentieren* anbieten zu können.

Beim *paradoxen Dokumentieren* wird ein Dazwischenbleiben angepeilt, indem sowohl sinnasketisches Dokumentieren als auch sinnstiftende Autorschaft zugelassen werden oder weder das eine noch das andere. Die spezifischen Kompetenzen dieser Varianten bestehen darin, *Forschungsprozesse nicht zu einem Ende kommen zu lassen*. *Weder-noch-Spielen* ist mit Öffnungsstrategien befasst, die zudem dekonstruktiv eingesetzt werden. Weder die Offenheit gegenüber dem Gegenstand, noch das sichtbare Konstruieren oder Beschließen von Deutungen, sondern ein Öffnen zur Vermeidung jedweder Behauptung über den Gegenstand wird angestrebt.[5]

> Das permanente Variieren von Blicken, Materialien und Schnittfolgen produziert unaufhaltsam neue Effekte. Dies ist insbesondere für die Analysephase hilfreich, um Sinnstiftungsprozesse in der Schwebe zu halten und mit Deutungen explorativ zu spielen. Die innere Logik dieser Spielvariante verbietet es jedoch, diese einmal angeworfene *Imaginationserzeugungsmaschine* wieder abzuschalten. So wird sie bei einem orthodoxen Gebrauch zu einer *Ergebnisverhinderungsmaschine*. Orthodoxe Handhabung in allen Forschungsphasen führt dazu, weder einen Gegenstand in den Blick nehmen, noch ein Resultat glaubwürdig formulieren zu dürfen. Die

---

5 **Stephan Wolff:** Weder-noch müsste aus der Datenerhebungsphase rausfallen, weil der Gegenstand im Extremfall unter Naturschutz gestellt wird und ganz woanders bleibt – im Nochnicht. **Elisabeth Mohn:** Ja, deswegen eignet sich das Konzept, glaub ich, auch nicht für die Präsentation eines Ergebnisses. Es eignet sich aber sehr wohl – dieses immer wieder Differenzen einführen in die Wiederholung **SW:** das schon **EM:** – eignet sich im Analyseprozess. **SW:** Im Analyseprozess. Ja, genau. Es ist ja grässlich anzusehen, diese Filme, wenn ich das mal einfach so sagen darf – Rezeptionsverhinderer sozusagen. (Wolff und Mohn 1.10.1999)

Konstruktionen laufen Gefahr *no-thing* (Trinh) zu sein.⁶

Verspielt werden dabei insbesondere Effekte eines gegenstandsbezogenen Öffnens und formulierenden Schließens. Doch werden im Gegenzug Kosten des *Anti-Dokumentierens* gesenkt. Trotz Dekonstruktivimus gibt es beim *Weder-noch-Spielen* eine alternative Gegenstandsebene: Wirklichkeitsphantasien, die durch „sinnstiftungs- und herrschaftsfreie Materialien" hervorgerufen werden sollen. Ob diese Phantasien bei ProduzentInnen wie RezipientInnen entstehen können, ohne auf die anderen Spielarten des Dokumentierens zurückzugreifen, bleibt unbeantwortet. Bei der ethnomethodologischen *Sowohl-als-auch-Variante* wird den beobachteten TeilnehmerInnen gleichzeitig *dokumentarische Methode der Interpretation* und in Form der Reflexivität von Alltagshandlungen ein *Anti-Dokumentieren* zugeschrieben. Hieraus ergibt sich der Dauerauftrag an die Ethnomethodologie, diesem Paradox eine Stimme zu verleihen. Dabei entsteht die Problematik eines blinden Flecks der Forschenden:

> Würde dieses Konzept ausschließlich befolgt, so besteht sein Preis in einer Vernachlässigung der Reflexion eigener Konstruktionen. Da dieses *Sowohl-als-auch-Konzept* tendenziell in Richtung *starkes Dokumentieren* kippt, sind in der Folge auch dessen Orthodoxiekosten (s.o.) zu übernehmen.

Im Ethnographiekonzept (Amann und Hirschauer) wird für *Verfahrenswechsel in Abhängigkeit von Forschungsphasen* plädiert. Dass dies bisher allein auf einen Wechsel zwischen *starkem Dokumentieren* und *Anti-Dokumentieren* hin durchdacht wurde, spiegelt die zweipolige Debatte wieder, bei der *Anti-Dokumentieren* Ideologiekritik am *starken Dokumentieren* übt.⁷ Bei dieser Variante sind es die Forschenden selbst, die eine Oszillation zwischen Gegenstandsbezug und Autorschaftsbehauptung betreiben. Dies scheint eine pragmatische Lösung für das Dilemma des blinden Flecks zu sein: Beim *starken Dokumentieren* rutschen die eigenen Konstruktionen in den Bereich des blinden Flecks, beim *Anti-Dokumentieren* sind es die starken Dokumente bzw. der Gegenstandsbezug, die aus dem Blick geraten und an Stärke verlieren. Die jeweiligen Kosten orthodoxen *starken Dokumentierens* und orthodox betriebenen *Anti-Dokumentierens* können durch das Abwechseln dieser Konzepte gesenkt werden.

---

6 "Having no ground to stand on, no substance to convey, and no means of communicating the authentic, the radical postmodern project deconstructs itself" (Gubrium und Holstein 1997: 111).

7 Bei Amann und Hirschauer wird in zwei grobe Sequenzen eingeteilt: Annäherung/ Aufzeichnung unter Einsatz *starken Dokumentierens* versus Distanzierung/ Vertextung unter Einsatz anti-dokumentaristischer Strategien.

> Neue Kosten ergeben sich dann, wenn *Sowohl-als-auch* wie ein Tanz auf heißen Kohlen betrieben wird und jeder zu lange Aufenthalt auf einer der beiden Seiten als Gefahr gedeutet wird, sich die Füße zu verbrennen. Beherrscht von einem solchen Dilemma läuft Forschung Gefahr, die Oszillation halbherzig zu betreiben und die jeweiligen nützlichen Effekte nicht einspielen zu können. Dies würde alle Forschungsphasen beeinträchtigen.

Mögliche Kosten eines orthodoxen Gebrauchs dieses *paradoxen Dokumentierens* hängen mit einem *dilemmatischen Sowohl-als-auch* zusammen, was das Dazwischenbleiben gegenüber den Verfahrenswechseln überbetont.

Die *dokumentarische Methode der Interpretation* ist keine wählbare oder abwählbare Methode, sondern ein Wissenskonzept, das die Praxis eines *Gelingens von Verständigung* beschreibt. Deutungsprozesse finden im Moment ihrer Herstellung statt und haben eine durch den Situationsverlauf bestimmte Gültigkeit. Ein Versuch, die *DMI* in allen Phasen eines kulturanalytischen Wissensprozesses nicht nur gelten zu lassen, sondern als einzige Methode zu vertreten, würde jedoch enorme Kosten verursachen:

> Die Effekte aus Sinnstiftungsverzögerungen gehen verloren, Reflexion zu betreiben ist kein Anliegen mehr und der Versuch, Gegenstände nicht zu Dokumenten zu verschließen und den Forschungsprozess offen und am Laufen zu halten, misslingt. Die Erzeugung neuen Wissens wird zu einem Abfallprodukt der permanenten Anwendung des Gewussten. Diese rein hypothetische Variante entspricht dem Verlust der Differenz zwischen Alltagspraxis und Wissenschaft.

Nicht ohne Grund fühlen sich daher KulturwissenschaftlerInnen aller methodischen Varianten dazu aufgerufen, ihre Abstinenz gegenüber der *DMI* zu bezeugen. *DMI* bringt geteiltes Wissen mit einer Selbstverständlichkeit ins Spiel, die für professionelles Noch-nicht-wissen (*starkes Dokumentieren*) ebenso provozierend wirkt, wie für professionelle Kritik an jeglichen Geltungsansprüchen sogenannter Tatsachen (*Anti-Dokumentieren, paradoxes Dokumentieren*). Die *DMI* im Sinne methodologischer Reinheit zuzulassen, führt direkt zu Regelverstößen gegenüber diesen Spielarten, was fatale Folgen für das Anliegen empirischen Forschens hätte. Von einer unterschätzten Relevanz ist jedoch die Umkehrfrage: Welche Kosten entstehen, wenn ich mich konsequent bemühe, die *dokumentarische Methode der Interpretation* zu hintergehen? Wäre es möglich, die *DMI* erfolgreich zu verhindern, so entstünde ein absurdes Szenario:

> Forschende irren im Feld herum und können keine Entscheidungen mehr treffen, worauf sie ihre Blicke oder die Kamera richten sollten. Sie verste-

hen die Welt nicht mehr, kommen mit Materialien zurück an ihr Institut und scheitern bei dem Versuch, mit ihren KollegInnen das Material zu deuten und sich auf eine Sichtweise zu einigen. Die Entdeckung sozialer Konstruktion von Erkenntnis kann sich in der Praxis nicht mehr ereignen. Der Filmschnitt scheitert. Aus dem permanenten Hintergehen der *DMI* wird der sichere Bankrott des Forschungsvorhabens. Der Preis kann als *Verlust der Kommunizierbarkeit* kalkuliert werden. Bei der Vorführung eines solchen filmischen Produkts vor nichtwissenschaftlichem Publikum gibt es jedoch eine Überraschung: Die RezipientInnen sind unzufrieden, sehen aber trotz der chaotischen Präsentation dokumentarische Interpretationen!

Die Idee einer strategischen Überbietung der *DMI* durch *instrumentelle DMI* verspricht auf den ersten Blick, erfolgreich zu sein: Sie stellt sicher, *DMI* nutzen und ihr dennoch permanent entkommen zu können. Sie betreibt Reflexion, ohne Verlust der Gegenstandsebene (die sie ohnehin selbst entwirft). Dennoch hat auch *instrumentelle DMI* ihren Preis, wenn sie in Form einer orthodoxen Methode in allen Phasen eines Forschungsprozesses vertreten würde. Ausschließlich angewendet, erzeugt sie inadäquate Effekte:

Bereits die Aufzeichnungsphase im Feld wird mit ergebnisorientierten Zuschnitten von Blicken und Materialien begonnen. Alles Beobachtete wird sofort instrumentalisiert und es bleibt kein Spielraum mehr für asketische Entdeckungsstrategien. Zu früh wird über Deutungsmuster entschieden. Selbst noch im Visualisierungslabor wird ein sensibler Umgang mit der Materialbeobachtung zugunsten eines instrumentell festgelegten Zugreifens auf das Material verspielt. In der methodenorthodoxen Variante wird aus der Anwendung *instrumenteller DMI* eine Besserwisserei und das Infragestellen interpretativer Muster am Material misslingt aus Mangel an Zurückhaltung.

Was *instrumentellem dokumentarischen Interpretieren* demnach besonders schwer fällt, ist ein Nutzen der Effekte *starken Dokumentierens*, wodurch ein Empiriedefizit begünstigt wird. Die Überlegung, auch die anderen Spielarten instrumentell zu handhaben, sie also sowohl zu nutzen als auch genügend Reflexivität zu mobilisieren, um ihnen entkommen zu können, scheint mir eine vielversprechende Lösung zu sein, auf die ich noch zurückkommen werde.

Betrachtet man *Dokumentieren* als ein Phänomen, das sich aus unterschiedlichen Verfahrensanteilen zusammensetzt, so scheinen Pathologien aufzutreten, sobald nur einer dieser Anteile (eine Spielart) ausgeprägt wird und die anderen sublimiert werden. Als Orthodoxiekosten werden sie dann sichtbar und beeinträchtigen das Forschen.

Verpackung der Regelwidrigkeit

Eine auserwählte Methode nicht bloß zu vertreten, sondern sie auch tatsächlich ausschließlich anzuwenden, ist ein forschungspraktisch unwahrscheinlicher Fall. Statt dessen kann davon ausgegangen werden, dass es beim Forschen unvermeidlich zum Einsatz „regelwidriger" Verfahrenselemente anderer Konzepte kommt. Interessant wäre eine Überprüfung, inwiefern Regelwidrigkeit nicht nur *unter den Tisch gespielt* sondern regelrecht *unter dem Tisch* gespielt wird, während *auf dem Tisch* nur eine Methode Trumpf ist. Eine ethnographische Beobachtung von Forschungspraxis könnte dieser Vermutung nachspüren und die Differenzierung der Spielarten als Beschreibungswerkzeug dabei testen. Doch Hinweise darauf, dass auch beim Befolgen einer Forschungsideologie auf deren Regelwidrigkeiten zurückgegriffen wird, dies aber verdeckt geschieht, lassen sich bereits in den Konzepten aufspüren. So hat z.B. *starkes Dokumentieren* keineswegs die banalen Ergebnisse im Sinn, die bei einer ausschließlichen Orientierung auf ein *Jenseits-der-Idee* entstehen würden. Das Ziel eines überraschenden, ungewohnten Blicks erfordert veränderte Wahrnehmungen, die in einem konstruktivistischen Sinne auch veränderte Gegenstände hervorbringen. Schlüsselbegriffe für diese Form des Eingriffs in das vorgestellte „Jenseits" sind bei den beforschten Dokumentarfilmern *Emotionalität* oder *Intuition*. Diese Begriffe werden der *empfangsbereiten Haltung* hinzugefügt, leisten aber etwas anderes als die sinnasketischen Spielregeln. Sie sind bei genauem Hinsehen Platzhalter für Wissensformen, die nicht auf das eigene Noch-nicht-Wissen zielen. Sie erlauben ein Einfließen von Wissen über die Welt, geteiltem Wissen (Common Sense) oder professionellem Wissen. *Emotion* und *Intuition* sind Verpackungen für das Auftreten anderer Spielarten des Dokumentierens, die aus methodenorthodoxen Gründen - es geht um Regelverstöße - nur verdeckt gespielt werden. So betreten die Selbstverständlichkeiten der *dokumentarischen Methode der Interpretation* inkognito die Bühne.

DMI ist Ergebnis des momentanen Situationsverlaufs, ein Augenblicksprodukt sozusagen, das aber sinnstiftendes Wissen und nicht Leere (Noch-nicht-Wissen) ins Spiel bringt. Auf Leere zu zielen erfordert asketische Disziplin. Intuitiv oder emotional zu sein, erfordert die Hingabe der BeobachterIn an die Situation, eine Aufgabe der Disziplin also. Hinter Formulierungen wie *offen und emotional* verbergen sich widersprechende Spielarten: *starkes Dokumentieren* und *dokumentarische Methode der Interpretation*. Wenn Gabriele Voss über den Versuch schreibt, dem Material und nicht den eigenen Absichten gerecht zu werden, macht sie im nächsten Satz deutlich, dass dieser Versuch nur ein Versuch sein kann: „Doch die Absichten sind stark und mächtig, drängeln sich immer wieder vor, mischen sich ein – und werden verjagt, bekämpft, befragt. Am Ende bleiben sie doch, die Absichten des Monteurs, selbst das Absichtslose ist nicht absichtslos" (Voss 1998). Voss teilt aus ihren Erfahrungen heraus etwas über den Status des befolgten Konzeptes mit: Es sind Versuche, der Forschungspraxis eine Richtung zu geben. Diese Versuche reihen sich ein in ein Zusammenspiel von Praktiken, denen nicht völlig zu entkommen ist. Die Effekte *starken Dokumentierens* dienen dem Zugang zum unbekannten empirischen Forschungsgegenstand. Doch ist diese Leistung abhängig vom Zusammenwirken mit den anderen methodologischen Effekten. Wer seine bevorzugte Methode orthodox – also strenggläubig und dogmatisch – betreibt, gerät in Schwierigkeiten, sich auf die unterschiedlichen Anforderungen von Forschungssituationen und -phasen einzulassen. Wie bei einer religiösen Lehre scheinen sich Spielarten des Dokumentierens an den zwangsläufigen Verstößen gegen ihre eigene Konzeption zu konstituieren: "Du sollst nicht Aussagen treffen über deinen Gegenstand" ist eine unerfüllbare, stark wirkende Maxime. Ebenso der Ausspruch „Das Material schneidet sich selbst". Beim zwangsläufigen Verstoß gegen die Regel rufen Gläubige als SünderInnen die *dokumentarische Methode der Interpretation* auf den Plan.

Vermutlich hängt ein Forschungserfolg geradezu davon ab, in der eigenen Praxis unorthodox zu verfahren und alle Effekte der Spielarten des Dokumentierens schamlos – oder bloß intuitiv – zu nutzen. Zur Bewältigung forschungspraktischer Anforderungen steht eine Verweltlichung der Glaubenssysteme an. Zwei Beispiele erfolgreicher Dokumentarfilmer geben Hinweise auf die These, empirische Wissensprozesse seien in der Praxis Ergebnis multimethodischer Praxis.

Der Chronist

Im 2. Kapitel wurde Wildenhahn als ein Vertreter *starken Dokumentierens* vorgestellt. "Ich habe versucht, mich von allem wegzuhalten, das wie ein Deutschaufsatz ist. Wie eine Erklärung und ein analytisches Verfahren. Ich habe versucht, mich und das Team, mit dem ich gearbeitet habe, offen zu halten, jeden Tag eine neue Entdeckung zu machen" (Wildenhahn in Voss 1996: 161f.). Dennoch ist seinen Darstellungen über dokumentarisches Arbeiten zu entnehmen, dass er Verfahrensanteile anderer Konzepte zu nutzen weiß. Wildenhahn nennt sechs Punkte zum handwerklichen Können von Dokumentarfilmern. Sie klingen nicht asketisch:

> Montage während der Beobachtung, Montage nach der Beobachtung, Montage während der Aufnahme, Montage nach der Aufnahme, Augen-

maß (Jagd auf Montageteilstücke) und endgültige Montage.
(Wildenhahn 1975: 95)

Es geht demnach um ein permanentes Zuschneiden von Blicken und Materialien, um selektive Sinnschließungen, um *dokumentarische Methode der Interpretation* im Sinne ihrer professionellen Instrumentalisierung. Für den *paradoxen Dokumentaristen* Wildenhahn gehört es zu den Fähigkeiten von Dokumentaristen, ein permanentes Zögern auszuhalten, also ein *Weder-noch* zu spielen. Dokumentarischer Film sei seiner Arbeitsweise nach "ein dichterisches Produkt" (Wildenhahn 1975: 121f.). Diese Aussagen zusammen genommen erscheint Wildenhahn als jemand, der zwischen unterschiedlichen Methoden hin- und her pendelt. In seinem Dokumentarfilm *Heiligabend auf St.Pauli* (Wildenhahn 1968) entsteht eine faszinierende Nähe aus einer permanent gewahrten Distanz heraus. Kamera und Tonband werden nicht benutzt, um mit den Blicken der Beobachteten zu verschmelzen, sondern agieren situationsgeleitet und doch eigenwillig improvisierend. Der Film endet auch nicht, wenn nachts die Wirtin am Sicherungskasten den Musikautomaten endgültig abschaltet, sondern noch etwas später, wenn Wildenhahn einen Schlusspunkt setzt: „cut". Beim Filmemachen werde etwas dargeboten, über die Möglichkeit des Aufnehmens und des sich Produzierens. Dies sei eigentlich ein Prozess, der aufgedeckt werden müsse. Nicht als Selbstzweck, nur müsse dies en passant möglicherweise vermittelt werden (Wildenhahn 23.5.1994). Wildenhahn bejaht eine sichtbare Reflexivität des Verfahrens und seiner Ergebnisse. Er folgt in dieser Hinsicht Vorschlägen des *Anti-Dokumentierens*, die auf eine Authentizität des Verfahrens zielen.

Der Kinofilmemacher
Auch Thomas Imbach sehe ich als einen methodischen Jongleur. Er sagt, dass seine Filme teilweise dokumentarisch entstanden seien, dass er sich jedoch nicht ausschließlich als einen Dokumentaristen bezeichne.[8]

> *Man hat seine ganze Assoziationskette, die man mit sich rumschleppt und muss im richtigen Moment zuschlagen (...) . Wir wollen keinen Film über die Krippe machen, wie das da alles so läuft usw., die ganzen Abläufe in einer Krippe. Das hat uns nicht interessiert. Da war schon der Grund fürs ganz Nahe, dass man diese naturalistische Umgebung gleich mal weglässt, um sich für die Kinder und ihre Ausdrucksformen interessieren zu können.*

---

8 Im Gespräch mit Imbach, der auf der Dokumentarfilm-Woche in Duisburg seinen Film *Nano Babies* zur Diskussion stellte, erfuhr ich etwas darüber, wie er sich seine eigene Vorgehensweise vorstellt (Imbach 10.11.1998).

Anhand eines gerichteten Interesses soll im rechten Moment zugeschlagen werden. Dies klingt nach *instrumenteller DMI*. Auf die Frage, welche Rolle denn die ursprüngliche Aufnahmesituation bei der Materialbearbeitung spielt, antwortet Imbach als ein *Weder-noch-Spieler*, der mit neuen interpretativen Ordnungen spielt:

> *Überhaupt keine.... Es geht darum, die Chronologie und wie wir das Material vorgefunden haben, diese Ordnung - die wird eigentlich durch diesen Prozess gleich mal über den Haufen geworfen. (...) Es gibt die Imagination oder die Phantasie und es gibt das Material. Es gibt den Versuch, da möglichst viele verschiedene Verbindungen zu schaffen. (...) Also dass es möglichst viele Überraschungen gibt während der Arbeit, dass man nicht einfach irgendwie reproduziert, was man eh schon im Kopf hat.(...) Ich hab schon ein Gefühl, oder einen Schimmer, ein Interesse, aber es entspricht dann eher einer Expedition, dass man unterwegs ist und ständig in neue Welten kommt, die man sich gar nicht erträumen kann und so.*

Imbach greift auch auf *starkes Dokumentieren* zurück und liefert en passant die klassischen Legenden:

> *Es geht darum, das Material so gut zu untersuchen, bis es von alleine zu sprechen beginnt, oder? Man untersucht das Material wie eine Zwiebel, schält sie und holt so die Perlen heraus. Quasi man schneidet nicht, weil man eine Idee verwirklichen will, sondern man schneidet, um die Perlen im Material zu finden.*

Im nächsten Atemzug geht es wieder um Verfremdungstechniken. *Alles ist gemacht*:

> *Es bekommt erst ein besonderes Interesse, wenn man diesen naturalistischen Ablauf stört. Wenn man was wegnimmt oder wenn man etwas dazusetzt.*

Imbach und Wildenhahn sind auf ihre Weise erfolgreich durch eine unorthodoxe Praxis. Doch zurück zu den kulturwissenschaftlichen Wissensprozessen: Nicht nur gibt es unterschiedliches Dokumentieren, auch die Forschungsprozesse selbst sind heterogen. Weder scheint es zweckmäßig, sich für *eine* methodische Haltung zu entscheiden, noch Forschung als *eine* Einheit zu betrachten. Konzepte des Dokumentierens jeweils dort zu verorten, wo ihre Effekte passen, setzt voraus, Forschungsprozesse in Phasen oder sogar Mikro-Sequenzen zu denken.

Zerlegung von Forschungsprozessen

Eignet sich also keine der Spielarten für einen gesamten Forschungsprozess, so bleibt zu fragen, für welche Sequenzen des Prozesses sie mehr oder weniger taugen. Nebenbei wurde bereits von Aufzeichnungs- , Analyse- und Präsentationsphasen gesprochen. Diese drei grundlegenden Phasen betreffen die Durchführung eines wissenschaftlichen Produktionsprozesses, einer ‚Forschung'. Dazu gehören Provokation, Generierung und Formulierung neuer Erkenntnis. Versteht man Forschungsprozesse nicht allein als Produktion wissenschaftlicher Ergebnisse, sondern als Kommunikationsprozesse, die zu Auseinandersetzungen über neue Sichtweisen und über das Forschen selbst führen, so schließen sich zwei weitere Phasen an, die eine nach außen, die andere nach innen gerichtet: Rezeption und Kommunikation der Ergebnisse, z.B. bei Präsentationen und Feedback-Veranstaltungen; Reflektion der Forschung zur Überarbeitung der eigenen Methodologie. Dies als eine eigene Phase kulturwissenschaftlicher Forschungsprozesse ernst zu nehmen, trägt der Erkenntnis Rechnung, dass Wissenschaft grundlegend durch ihre eigenen Methoden bestimmt ist. Jede der fünf Phasen führt in eine spezifische Situation, die einen jeweils anderen Rahmen setzt und unterschiedliche epistemologische Strategien nahe legt.

Die *Zeit des Aufzeichnens* wird „vor Ort" durchgeführt, in leibhaftigen *face to face Situationen*, von ForscherInnen, denen ihr Gegenstand fremd sein soll, und Alltagsteilnehmern, denen die wissenschaftlichen Perspektiven vermutlich fremd sind. In einer Koproduktion dieser besonderen Interaktionspartner „in der Fremde" wird beobachtet, erlebt, aufgezeichnet, ausgetauscht, notiert, gefilmt. Der *Analyseprozess* – als Phase betrachtet – findet "daheim" statt, im wissenschaftlichen Labor. Dies bedeutet nicht, dass aus Menschen nun Versuchskaninchen werden, sondern dass anstelle der Situationsteilnahme im Feld die Situation nun geprägt ist durch wissenschaftliches Experimentieren und Kommunikationsstrukturen *wissenschaftlicher Zusammenarbeit*. Produziert werden Protokolle, Thesenpapiere, Beschreibungsversuche, Sequenzierungen und Arrangements von Materialien. Bei der *Erarbeitung einer Präsentation* „bevölkert" eine *virtuelle Anwesenheit von RezipientInnen* massiver als zuvor die wissenschaftliche Umgebung, was Raum und Kommunikationsstruktur verändert. Strukturierte Beobachtungen oder formulierte Erkenntnisse werden einem externen Publikum mehr oder weniger didaktisch vermittelt. Beim Rezipieren von Publikationen oder Präsentationen schließlich nehmen dann lesende, lauschende oder beobachtende RezipientInnen selbst eine forschende Haltung ein und machen ihre Entdeckungen. Mit jeder Phase eines Forschungsprozesses ändern sich Rahmen und Relevanzen, innerhalb deren die gewählte Methodologie Wirkungen hervorbringt: Interagierende sind jeweils andere, das konkrete Produkt der Interaktion ist ein jeweils anderes, der Status der Phasen im kulturwissenschaftlichen Wissensprozess ist ein jeweils anderer. Daher sind Spielarten des Dokumentierens in der Praxis als ein *situiertes Dokumentieren* zu betrachten, in Relation zu Situationen und ihrem Kontext. (Allzu) grob skizziert hat *starkes Dokumentieren* einen besonderen Bezug zur Aufzeichnungsphase, *paradoxes Dokumentieren* zur Analysephase, *DMI* zur Erstellung einer Präsentation und *Anti-Dokumentieren* zu einer reflexiven Überarbeitung eigener Methodologie. Zu berücksichtigen ist daneben der vermutete Gebrauch aller Spielarten in den Mikrosequenzen jeder Phase.

Wie könnte ein *situiertes Dokumentieren* funktionieren? Effekte *aller* vier Konzepte des Dokumentierens in Prozessverläufen zu nutzten, ohne dass dadurch ein Dilemma entsteht, erfordert einen Paradigmenwechsel vom Denken in *richtigen* Methoden zu einem Denken in *passenden* Methoden und einen Wechsel vom wahren Erkennen der Phänomene zum Wissen um den eigenen Erkenntnisprozess. Die konstruktivistische Maßgabe, Wissen habe nicht *wahr*, sondern lediglich *viabel* (passend) zu sein, wird auf die Verfahren im Wissensprozess angewendet. Ersetze ich den Ausdruck *Erklärung der Welt* durch *Methode*, so verändert sich z.B. das Zitat von Gergen (1994: 49) folgendermaßen: „Inwieweit eine bestimmte METHODE über die Zeit aufrechterhalten wird, hängt nicht von der objektiven Validität der METHODE, sondern von den Eventualitäten sozialer Prozesse ab."

6.2 Methodologische Registerwechsel als Methode: Instrumentelles Dokumentieren

Das vermutete Zusammenspiel der Konzepte des Dokumentierens in der Praxis kulturwissenschaftlicher Forschung ist eine methodentheoretische Herausforderung, denn will man die untersuchten Spielarten instrumentalisieren, so ist Abschied zu nehmen von der Vorstellung einer Einheit des Wissensprozesses und vom Glauben an eine einzige, richtige Methodologie. Hinter den Konzepten des Dokumentierens verbergen sich Forschungsideologien, die nun in die Rolle von *nützlichen Fiktionen* gebracht werden sollen - nützlich für die Gestaltung eines an Entdeckungen orientierten qualitativen Forschens. Dies macht es erforderlich, sie in Bezug auf ihren epistemologischen Status abzuschwächen. Konzepte gelten dann als bloße Vorstellungen, als Strategien, die bei dem Versuch ihrer Befolgung Effekte hervorbringen auf Inhalt, Form und Verlauf der Sequenzen eines Forschungsprozesses. „Richtige Methodologie" in *nützliche Fiktion* umzuwandeln, bedarf einer heuristischen Einstellung. Gefragt ist professionelles „So tun als ob".

Man braucht den Realismus als Leitfiktion, aber auch das Bewusstsein, dass es ne Fiktion ist, um arbeiten zu können. Sie können nicht durch die Welt gehen, ohne so zu tun, als ob der Realismus eine vernünftige Option wäre. Sie müssen einen heuristischen Realismus einsetzen, um überhaupt neugierig zu sein. Aber nicht als starke Position – Sie müssen immer noch schweben über dem Boden. (...) Die ganze Erkenntnistheorie hat ja immer so die Vorstellung, man müsse sich auf irgendwas gründen, es müsste irgendwie fest sein. Und was man bei so einer Art von Arbeit (die vorliegende Studie, E.M.) merkt, ist, dass es diesen festen Boden eigentlich nicht gibt. Dass man sich nur dadurch hält, dass man bestimmte schwache Seile, die aus ganz verschiedenen Richtungen kommen - man hält sich an denen fest, aber nicht in dem Sinne, dass man sich wirklich voll darauf verlassen könnte. Das ist so ein bisschen wie der Artist, oder wie der Münchhausen, der keinen Boden mehr unter den Füßen hat – es sind wirksame Fiktionen. Die Begründung muss auch anders sein als bei 'ner Erkenntnistheorie. (...) Dieser Fundierungsdiskurs ist irgendwie zum Ende gekommen. Man kann nur einen Fundierungsdiskurs gegen den anderen ausspielen. Dass man sozusagen auf diesen Trümmern trotzdem seine Städte bauen muss. (...) Man muss auch nicht untergehen in einem Sumpf, wenn man relativ schnell den Standpunkt wechselt. Es ist interessanter, Lernprozesse zu strukturieren, statt nach letzten Begründungen zu suchen. (Wolff 1.10.99)

Bei den hier besprochenen Spielarten des Dokumentierens geht es nicht um *ein* Realismuskonzept, das als angemessene Leitfiktion gelten könnte, sondern gleich um vier unterschiedliche epistemische Konzepte, sich Wirklichkeit vorzustellen. Sie markieren sozusagen die Standpunkte im Sumpf, die relativ schnell zu wechseln sind. Dieses Wechseln setzt eine leicht distanzierte, latent reflexive Haltung zu der momentan gewählten methodologischen Strategie voraus. Am Beispiel der *instrumentellen DMI* wurde bereits gezeigt: Alltagspraxis kann durch einen methodenreflexiven Habitus überboten werden. Dann „passieren" interpretative Muster nicht allein, sondern sie werden gewählt und abgewählt, es kann sogar mit ihnen gespielt werden. Im Sinne einer solchen Heuristik sollen auch die anderen Spielarten des Dokumentierens instrumentalisiert und dazu befähigt werden, Teil eines intermethodologischen Zusammenspiels zu werden.

Angenommen, die vier Spielarten des Dokumentierens seien allesamt tauglich, als strategische Realismen auf eine schwache Weise eingesetzt zu werden, so dass ein „Schweben über dem Boden" gewährleistet bleibt. Wie in einer Toolbox stünden dann folgende Vorstellungen zur Wahl:

Fiktion:	Effekt:
Noch-nicht-Wissen	Eröffnen
Alles-ist-gemacht	Reflektieren
Dazwischenbleiben	Analytisches Experimentieren
Immer-schon-Wissen	Schließen

Mit der folgenden Tabelle wage ich eine Hypothese über die von mir nicht untersuchte Praxis qualitativ-empirischen Forschens und sehe darin gleichzeitig ein Modell, das die Ergebnisse des Buches für die eigene Forschungspraxis nutzbar macht: Durch die Unterteilung des Forschungsprozesses in Phasen kann anhand unterscheidbarer Rahmungen beurteilt werden, wann welche konzeptuelle Vorstellung die gewünschten situationsadäquaten Effekte hervorbringt.

Tabelle 2: Zusammenhänge

Phase 1:
Aufzeichnen

Phase 2:
Analysieren

Phase 3:
Ergebnisse formulieren

Eröffnen	Eröffnen	Eröffnen
Experimentieren	**Experimentieren**	Experimentieren
Schließen	Schließen	**Schließen**
Reflektieren	Reflektieren	Reflektieren

Phase 4:
Ergebnisse rezipieren

Phase 5:
Methodologie überarbeiten

Eröffnen	Eröffnen
Experimentieren	Experimentieren
Schließen	Schließen
Reflektieren	**Reflektieren** (Wdh. Phasen 1'-4')

In der Tabelle wird die Vorstellung einer permanenten Kopräsenz aller Spielarten entworfen, die sich jedoch wechselnden Leitfiktionen (fettgedruckt) unterordnen. Was zur Leitfiktion wird, ändert sich von Phase zu Phase.⁹ Dadurch entstehen verschiedene methodologische Register. Jedes Register entsteht durch die besondere Anordnung eines intermethodologischen Zusammenspiels und bezieht sich auf eine spezifische Phase („Spielwiese") des Forschens. Auch wenn sozusagen immer auf derselben Tastatur (aller Konzepte) weitergespielt wird, ändert sich doch mit jeder Phase das Klangbild, indem jeweils andere Effekte eine Priorität erhalten.

Partitur lesen

Von Registern zu sprechen, dies spielt auf Klangfarben an, die durch den Wechsel von Leitfiktionen unterscheidbar werden. Tabelle 2 kann als eine Partitur gelesen werden, die nur vage Angaben darüber macht, welches Stück eigentlich wie zur Darstellung gebracht werden könnte. Vorgaben scheinen darin zu bestehen, eine Komposition in fünf Sätzen zu spielen (es geht um die Gestaltung des gesamten Forschungsprozesses) und dabei Satz für Satz das Klangregister zu wechseln, indem die Melodie von wechselnden Instrumenten übernommen und ein bestimmter Akkord – ein Zusammenklingen von genau vier Tönen – systematisch variiert wird. Auf einen zweiten Blick – hinter die Tabelle – ist das zu spielende Stück komplexer strukturiert: So wird z.B. im 1. Satz in langsamem Tempo improvisiert, während der 2. Satz durch wiederholt abgebrochene Melodien und permanente Taktwechsel eher avantgardistisch wirkt. Der 3. Satz ist ausdrücklich einer Erweiterung der Hörgewohnheiten des Publikums gewidmet. Im 5. Satz gibt es ein reflexives Vorzeichen und neben der Klangfarbe ändert sich auch die Tonart, in der sich dann die bereits gehörten Sätze zu wiederholen scheinen. Beim 4. Satz findet etwas Ungewöhnliches statt: Das Orchester spielt überhaupt nicht mehr, legt eine CD der Generalprobe des 3. Satzes auf und bittet das Publikum, eine Partitur des Gehörten zu notieren.

---

9 Die Nummerierung der Phasen ist insofern willkürlich, als jede Phase die erste in einem als zirkulär gedachten Prozess sein kann (die Tabelle ist eigentlich als ein sich spiralförmig höher schraubendes Kreismodell umzudenken). Die Wahl der Aufzeichnungsphase als optischer „Beginn" der Tabelle schlägt vor, mit dem Noch-nicht-Wissen als einer Fiktion zu starten. Wer beispielsweise mit einer Hypothese beginnt, startet mit seinem Wissen – mit einer Schließung. Dies ist möglich, verändert aber die Erkenntnischancen. Behauptet werden soll mit der Tabelle allein ein Aufeinanderfolgen unterschiedlicher Phasen beim kulturwissenschaftlichen Forschen. Auch unterscheidet sich die Struktur der Tabelle von der bisherigen Erzählstruktur des Buches, in der *Anti-Dokumentieren* im Anschluss an *starkes Dokumentieren* zur Sprache kam. Dies spiegelte die Diskurslogik. Betrachtet man jedoch anstelle einer Debatte Forschungsverläufe, so wandern die Leitfiktionen konventioneller Weise von Spalte zu Spalte nach rechts und von Zeile zu Zeile nach unten. Dies ist bloß ein Modell und keine Behauptung – es kann mit jedem seiner Faktoren experimentiert werden. Die Zeile *Reflektieren* kann als Leitfiktion einer eigenen Phase angesetzt werden, auch wenn sie in jeder Phase nebenbei zum Einsatz kommt.

Rezeptionsphasen

Die Rezeptionsphase stellt eine Besonderheit in diesem 5 -Phasenmodell dar. Bei einem prozess- statt produktorientierten Forschen endet Forschung nicht mit der Fertigstellung einer Publikation, sondern mit der Wirkung der Ergebnisse in relevanten Kontexten und der Wirkung dieser Kommunikation auf die Ergebnisse. Ziel ist es, weitere Wissensprozesse auszulösen und den eigenen nicht enden zu lassen. Ziel ist Kommunikation.

Welche Rezeptionschancen durch eine kulturwissenschaftliche Darstellung angeboten werden, entscheidet sich insbesondere während der Phase, die an der Formulierung und Vermittlung von Ergebnissen orientiert ist. Hier geraten RezipientInnen vehement in ein virtuelles Blickfeld und fordern die Wahl eines Registers, bei dem Materialien auf eine andere Art Verwendung finden als in der Analysephase. Aus analytischem Öffnen und Befragen von Materialien wird präsentierendes Zeigen, auch wenn für dieses Zeigen eine Form des Befragens der Materialien gewählt würde.[10] Insofern rückt *dokumentarisches Interpretieren* in den Vordergrund, wobei sich die Leitfiktion *Common Sense* diesmal nicht allein auf das Forschungsteam, sondern insbesondere auf die um das potentielle Publikum bzw. die Leserschaft erweiterte Situation richtet. Es geht um die Vermittlung von Erkenntnissen und dies verändert den Rahmen. Tendenziell wird in dieser Phase aus Forschung Didaktik und aus Effekten auf den Forschungsprozess werden ästhetische Varianten der Darstellung, die den RezipientInnen spezifische Chancen bieten.

Die Kriterien der Nützlichkeit ändern sich: Aus der im Forschungsprozess nützlichen Fiktion vom *Jenseits der Idee* kann schnell eine unangemessene Autorität der Darstellung werden. Es geht jedoch darum, RezipientInnen in eine Offenheit der Betrachtung zu führen und ihnen eigene Wissensprozesse zuzugestehen. Dabei bleibt die Vermittlungsästhetik wählbar, bewegt sich aber in einem Rahmen der Leitfiktion *Verständlichkeit*. Sie ist keineswegs an die Leitfiktionen vorheriger Phasen gebunden. So gibt es auch keine zwangsläufigen Rückschlüsse von filmischen Endversionen auf die zuvor im Forschungsprozess eingesetzten Verfahren. Die Frage also, ob ein ethnographischer Dokumentarfilm entsprechend der Spielarten des Dokumentierens klassifiziert werden könnte, ist nicht

---

10 RezipientInnen sind auch in den anderen Phasen latent mitgedacht, geht es doch um das Ziel, eine auch nach innen und außen kommunizierbare Forschung durchzuführen. Do ch werden sie aus gutem Grunde nicht in Form einer Leitfiktion für die Durchführung des Wissenspr ozesses mobilisiert. Dies geschieht jedoch zwangsläufig in der sogenannten 3. Phase. Bei Dokumentarfil mprojekten wird in der Regel viel zu früh diese produktor ientierte Phase eingeleitet und der Wissensprozess vernachlässigt, durch den sich aber gerade ein dokumentarisches Filmen vom Dre hbuchfilm unterscheidet.

einfach zu beantworten. Filmische Endprodukte lassen nur insofern Rückschlüsse auf den Forschungsprozess zu, als methodenorthodoxe ForscherInnen am Werk waren und man von der ästhetischen Vorliebe zurückschließen könnte auf in allen Phasen gleichermaßen bevorzugte Konzepte. Das ist jedoch keinesfalls automatisch der Fall. Wie gezeigt wurde, kann in jeder Forschungsphase ein anderes Register gezogen werden. Dies bedeutet, dass z.B. in der Präsentationsphase einer visuellen Forschung durchaus die Möglichkeit besteht, SchauspielerInnen einzusetzen, um Entdeckungen, die anhand der nützlichen Fiktion *unreine Komposition* erarbeitet wurden, in Form einer *reinen Komposition* vorzuführen.[11]

Kollegiaten bei der Video-Rezeption   aus: *Gesture*, Mohn 1996
                                             Kamera: Patrick Gericke

---

11 Wildenhahn verweist auf einen Zusammenhang zwischen einem funktionierenden Dokumentarfilmschaffen und dem Entstehen realistischer Spielfilme (siehe Wildenhahn 1973, *Über synthetischen und dokumentarischen Film*). Mitte der 70er Jahre planten Wildenhahn, Gisela Tuchtenhagen und Egon Netenjakob ein Projekt *Vom dokumentarischen zum synthetischen Film* (siehe Netenjakob 1994: 11ff.). Ein Drehbuchautor sollte an einem Dokumentarfilmprojekt teilnehmen und während der Montagezeit des Dokumentarfilms in Kooperation mit einem Spielfilmregisseur das Drehbuch für den Spielfilm entwerfen. "Also: Dokuarbeit – Story als Skizze einer Legende – weitere Dokuarbeit plus Realisation der Story durch Spielfilmer" (21.2.75, Brief von Wildenhahn an Netenjakob). Dieses „realistische Spiel" habe die dokumentarischen Momente des "dokumentarischen Fernsehspiels" nicht mehr nötig, da diese in der empirischen Beobachtung der Dokumentarfilme schon erfasst wurden. (vgl. Netenjakob 1994: 52). Eine Realisierung des Projekts scheiterte leider.

Umgekehrt nutzt z.B. eine Filmemacher-Vereinigung wie *Dogma* bei ihren Spielfilmproduktionen eine Rhetorik *starken Dokumentierens*. Auch kann in der Analysephase mit postmodernen Verfahren gespielt werden, obwohl am Ende ein klarer, verständlicher Film produziert wird, der sich nicht darum bemüht, *dokumentarische Interpretationen* permanent zu unterlaufen. Selbstverständlich ist die Entscheidung legitim, BetrachterInnen einen Film mit Beobachtungschancen anzubieten. Es gibt jedoch weder einen Zwang zur Langsamkeit, noch zu Unverständlichem oder zur Dauerselbstbespiegelung. Es gibt keinen überzeugenden Grund, eines der vier Konzepte des Dokumentierens in allen Phasen der Forschung und bis in die Darstellung hinein dogmatisch zu befolgen.

Indem also aus methodologischen Forschungskonzepten des Dokumentierens in der Präsentationsphase Darstellungsstile werden, zielen die Effekte hier nicht mehr auf den eigenen Erkenntnisprozess, sondern auf Rezeptionschancen, die es abzuwägen gilt: Eine Ästhetik der Langsamkeit als Chance, Entdeckungen zu machen. Eine Ästhetik der Reflexivität als Chance, etwas über den Konstruktionsprozess der Forschungsergebnisse zu erfahren. Eine Ästhetik des Oszillierens als Chance, Forschungsergebnisse trotz Reflexivität oder Reflexion trotz Gegen-standsbezug in den Blick zu bekommen. Eine dekonstruktivistische Ästhetik als Chance, die Komplexität der (Bild-)Informationen gegenüber linearen Interpretationen zu erhalten und als Chance der RezipientInnen, eigene Sichtweisen am Material zu erproben. Eine Ästhetik relativer Eindeutigkeit als Chance, am Film oder Buch überhaupt etwas zu verstehen.[12]

Wie auch immer das Zusammenspiel von Darstellungseffekten in Texten oder Filmen gehandhabt wird, sie unterliegen als ästhetische Varianten einem Register, das auf die Kommunikation von Sichtweisen zielt. Anhand der Leitfiktion *Übereinstimmung* kann dieses Ziel verfolgt werden. Es geht nicht darum, dass alle RezipientInnen am Produkt „dasselbe" sehen/lesen würden oder könnten, sondern darum, dass in der Rezeptionssituation Inhalte, die gezeigt werden sollen, auch rezipiert werden können.

---

12 Weder eigenwillige Forschungsstile noch Präsentationsästhetiken sollen durch die Wahl eines Registers zum Verschwinden gebracht werden. Beim Filmschnitt z.B. ein Zögern zu kultivieren, kann einen besonderen ästhetischen Effekt erzeugen, der sanften Widerstand gegenüber Dokumentarischen Interpretationen an die RezipientInnen weitergibt. „Obwohl jeder Film an sich schon eine Form des Anordnens und Abschließens darstellt, kann jeder Schluss seinem einzigen Schluss widerstehen und sich für andere Schlüsse öffnen, um so das Intervall zwischen den Öffnungen zu betonen und damit einen Raum zu schaffen, in dem die Bedeutung fasziniert bleibt von dem, was ihr entgeht und über sie hinausgeht (Trinh 1998: 322f.)."

Rezeption einer Autoradiographie. Mohn u. Amann 1993, Video *Sehstörung*

Unten links: Nachspielen einer Video-Rezeption. Graduiertenkolleg *Authentizität*, Hildesheim 19.1.1996, Kamera Jochen Philipp

Über das Gelingen einer Präsentation entscheidet die konkrete Situation der Rezeption, bei der die Betrachtenden ihrerseits Spielarten des Dokumentierens zum Einsatz bringen. Rezeption ist nichts anderes als selbst ein Wissensprozess, bestehend aus Beobachtungen, Analysen und Darstellungen.

Retrospektive

Was die Reflektion eigener Praxis angeht ist z.B. dieses Buch Ergebnis einer retrospektiven Phase, die für mich im Anschluss an die Forschungspraxis zur *Visuellen Soziologie* und vor dem Beginn neuer Projekte stattfand. Bei einer retrospektiven Forschungssituation geht es um *Rückbezüge* auf Materialien, Orte und soziale Situationen. Anstelle eines Feldaufenthaltes können Aktenschränke, Videokassetten oder Bibliotheken Orte der Retrospektion sein, sowie Tische auf denen ein PC steht oder das Notizbuch liegt. Arbeitsbesprechungen, Kolloquien, Mensa-Talk und Gedankenaustausch im Bekanntenkreis werden zum sozialen Rahmen retrospektiven Forschens.

Auf den Platz einer eigenen Phase verwiesen, kann die Leitfiktion *Alles-ist-gemacht* kulturanalytischen Ertrag abwerfen. Die Überarbeitung der eigenen Methoden wird zum vorrangigen Thema und aus der retrospektiven Phase ein neues Forschungsvorhaben, das dann wieder unterschiedliche Phasen durchläuft. Im Falle dieses Buches wird soeben die Phase der Rezeption und Kommunikation der Ergebnisse erreicht. Zuvor wurden die Konzepte des Dokumentierens anhand der Fiktion, eine *Noch-nicht-Wissende* zu sein, einer Neubetrachtung zugänglich gemacht. Lange Zeit waren die Ergebnisse vage und immer wieder offen für neue analytische Ansätze. Das Schreiben und Besprechen jedes Kapitels veränderte die vorherigen und nachfolgenden Teile der Studie. Ausgiebig wurde *Weder-noch* und *Sowohl-als-auch* gespielt. Die Präsentationsform bedient sich unterschiedlicher rhetorischer Effekte: Materialien werden als starke Dokumente gerahmt und verschriftlichte O-Töne scheinen die Stimme der Autorin abzulösen. Im nächsten Moment wird mit Zitaten Collage gespielt, erscheint Wissenschaft als ein selbstverständlich fiktives Unterfangen. Es werden Behauptungen getroffen, aber auch ansatzweise versucht, deren Entstehungsprozess transparent zu halten. Das Buch möchte in der Auseinandersetzung um seine Inhalte Verständigung wahrscheinlich werden lassen.

Forschungsprozesse erscheinen als ein permanentes Durchlaufen methodischer Zirkel: Sich entfernend vom Alltagsverständnis werden neue Sichtweisen erarbeitet, die schließlich auch wieder in die Alltäglichkeit zurückgebunden werden. „Durch die Phase einer retrospektiven Reflexion ist ein Element in den Prozess eingebaut, durch das nun neben den neuen Sichtweisen auch Wissen über die Methoden ihrer Generierung in einen erweiterten Common Sense überführt werden können" (Mohn und Strub 14.12.2000).

Registerwechsel

Tabelle 2 soll als Modell verstanden werden, nicht als Handlungsanleitung. Es kann als Orientierungshilfe zur methodischen Selbstkontrolle beim empirischen Forschen dienen und liefert Kriterien für die Wahl von Registern. Situationsadäquate Registerwechsel sollen die aufgeführten Orthodoxiekosten reduzieren helfen. Das Modell formuliert eine implizite Regel: Jede Leitfiktion dann und dort befolgen, wo sie sich als nützlich erweist! Ein solches *instrumentelles Dokumentieren* stellt streng genommen keine weitere Spielart dar, sondern umschreibt eine Art und Weise, mit den anderen vier Konzepten neu zu verfahren: Es handelt sich um eine Heuristik oder Praxeologie, durch die es denkbar wird, mit den praktischen Effekten epistemologischer Konzepte reflektiert umzugehen. Aus diesem Grunde ist *instrumentelles Dokumentieren* auch kein Bestandteil des Modells, sondern steht für die Tabelle selbst.

Wer eine neue Regel formuliert, macht sich angreifbar und Wissenschaftlerfreunde warnen mich: „*Pass auf, dass Du nicht von einer methodologischen Anarchistin zu einem methodischen Obermufti wirst, der neue normative Vorschläge in die Welt setzt, nachdem doch gerade erfolgreich Orthodoxien aufgestöbert und entmachtet worden sind.*" Verstrickt in das eigene Modell bin ich geneigt, mich einer neuen Orthodoxie beschuldigen zu lassen. Die Aussage des Modells besteht schließlich gerade darin, auch das Öffnen und Offenhalten von Wissensprozessen nicht jederzeit aufrecht erhalten zu müssen. Ein Registerwechsel hin zu momentanen Schließungen von Entdeckungsprozessen provoziert die (eigene) konstruktivistische Forschungsideologie. Bei einer radikalen Orientierung des Forschens an kommunikativen Prozessen ist allerdings eine phasenweise Schließung kein erkenntnistheoretisches Dilemma, sondern vorübergehend der erwünschte Effekt: Wissen soll im Bewusstsein seiner Unbeständigkeit als streitbare Behauptung bis auf weiteres in die Welt gesetzt werden.

Das Modell der Registerwechsel ist relativ grob und spekulativ. Es kann im Hinblick auf jede Spielart nuanciert werden und im gesamten Forschungsprozess mehr zu Öffnungen, Schließungen, einem Schweben dazwischen oder zur Reflexivität tendieren. Doch bleibt es bei aller Variation bei einer Vermutung:

- Die Praxis qualitativer Kulturforschung besteht in permanenten methodologischen Wechseln, zu denen auch das alltagspraktische Dokumentieren gehört.

Klangfarben

Inwiefern sich eine Methodologie *instrumentellen Dokumentierens* in der kulturwissenschaftlichen Praxis als hilfreich erweisen könnte, müssen Versuche einer praktischen Umsetzung zeigen. Wie „klingen" diese Register wohl im Einzelnen? Wie lassen sie sich professionell wechseln?

> Die Supervisorin verabschiedet sich von den anwesenden Forschungsideologien, um sie gleich darauf eine nach der anderen als nützliche Fiktionen zu umarmen. Dann outet sie sich als Mitspielerin und tritt zurück in die mittlerweile entspannte Runde (anfangs gab es häufig ein aussichtsloses Gerangel um den besten Platz im Kreis).
>
> Nach einigen Minuten allgemeinen Gemurmels verdunkelt sich der Raum und der lindgrüne Vorhang an der Seitenwand öffnet sich langsam. Überraschend wird klar, dass der Workshop schon die ganze Zeit direkt neben einer Bühne stattgefunden hat, auf der gerade eine Art Vorstellung oder Probe ihren Lauf nimmt.
>
> Hoch oben hängt eine große Leinwand, auf die eine Partitur projiziert wird. Die Notation lässt eine Art Akkord erkennen, daneben in einer unleserlichen Handschrift ein Vermerk, vermutlich zur instrumentalen Besetzung. Mehrere Wesen huschen über die Bühne und einige legen ihre Brillen in ein Schließfach. Sie scheinen ein unbekanntes Spiel miteinander zu spielen. Der Boden ist mit Sand bedeckt. Aus den Lautsprechern strömt leise eine Improvisation aus Didgeridoo-Klängen, unterbrochen von ein- und ausgeschalteten Tonaufzeichnungsgeräten. Ein wenig John Cage, ein wenig Fernweh. Die Partitur auf der Leinwand verblasst langsam und es entsteht der Eindruck eines unbeschriebenen Blattes. All dies scheint in einem Bezug zur Bühnenhandlung zu stehen, die weit davon entfernt ist, eine Geschichte zu erzählen.
>
> Eine Regisseurin betritt die Bühne und unterbricht die Vorführung – oder gehört das zur Handlung? „Auch wenn Jede von euch ihren unverwechselbaren Charakter zur Darstellung bringen soll – es muss deutlich werden, was den ersten Akt ausmacht. Anti, du z.B. solltest in dieser Szene eher mit Spiegel und Tagebuch ausgerüstet sein und Notizen schreiben, die wir dann auf die Leinwand projizieren können, anstatt mit einem

> Scheinwerfer deinen MitspielerInnen in die halb-geschlossenen Augen zu leuchten und ihnen zuzurufen: Ihr spielt doch bloß Verstecken!"
>
> „Eine Reflexion des eigenen Vorgehens und Erlebens wird in dieser Phase zu einer auf das Feld gerichteten Datenquelle", notiert sich die Autorin und denkt an Astrid Jacobsen und Herbert Kalthoff.[13] Wo sitzt sie überhaupt? Aha, unter den ZuschauerInnen.

Eine Leitfiktion zu bedienen, verändert das Auftreten der komplementären Spielarten innerhalb der verschiedenen Register. Am Beispiel der Reflexivität z.B. könnten sich unterschiedliche Akzentuierungen ergeben: Sie kann der Öffnung dienen, indem sie zu einem Instrument der Erfahrung des Feldes wird. Sie kann dem analytischen Spiel dienen, indem sie jede Formulierung eines Ergebnisses in Frage stellt und alternative interpretative Muster vorschlägt. Sie kann die Darstellungsarbeit unterstützen, indem sie ästhetische oder rhetorische Stile zur Wahl stellt und ihre Wirkung kalkuliert. Sie kann selbst zu einer Leitfiktion werden und in diesem Fall einen radikalen Perspektivenwechsel auf die Untersuchung der eigenen Forschungspraxis organisieren. In diesem Sinne ist jedes der Konzepte im konkreten Zusammenspiel anhand einer Leitfiktion ausgerichtet und wird methodisch überboten, indem es nicht befolgt wird, sobald in Bezug auf die aktuelle Forschungsphase Orthodoxiekosten entstehen würden.

> Die Regisseurin der Performance wendet sich überraschend an alle, die im dunklen Zuschauerraum sitzen: „Sechs Methodenworkshops liegen hinter Ihnen. Sie haben frische Luft verdient. Wir verlegen die weiteren Proben ins Freie. Ich bin mir sicher, Sie entdecken tausend Unzulänglichkeiten in meinen Inszenierungsbemühungen. Daher meine Bitte: Beteiligen Sie sich nach einer kurzen Pause an der Regiebesprechung - (jemand murmelt: Ich hab es ja geahnt. Wir bleiben nicht verschont.) oder treten Sie doch unter www.elisabethmohn.de mit mir in einen Visulog!"

---

13 Kalthoff (1997) benutzt sein Eintreten in das Feld als Spiegelungsfläche. Er analysiert, was die Beobachtung des Ethnographen durch das Feld über das Feld aussagt. Jacobsen (1995) thematisiert ihre Enkulturation in das Feld. Wie das Sicherheitspersonal im Schwimmbad (die „watcher") beginnt auch sie, als Watcher-Forscherin nach „action" Ausschau zu halten.

Schluss

Wenn qualitative Forschung als ein Wechseln methodologischer Register beschrieben werden kann, so lässt sich dies auch professionalisieren. Professionell wäre eine latente Reflexivität, die gewährleistet, dass gewählte Forschungshaltungen überprüft und gewechselt werden können. Dies eröffnet ein weiteres Mal eine Differenz zur Alltagspraxis: Zu den Forderungen nach *disziplinierter Subjektivität* (Forschungshabitus der Offenheit gegenüber dem anvisierten Gegenstand) oder *disziplinierter Objektivität* (konstruktionsbewusste anti-naturalistische Haltung gegenüber Resultaten) gesellt sich eine dritte asketische Vorgabe: *disziplinierte Methodizität*. Konzepte sollen besonnen und bewusst, reduziert auf ihre praktischen Effekte und bezogen auf Forschungsphasen eingesetzt werden. *Disziplinierte Methodizität* erfordert einen selbstreflexiven Habitus, durch den nun auch die Wie-Frage eigener Praxis einem methodenorthodoxen kulturwissenschaftlichen Paradigma entrissen werden kann. Nicht Ziele oder Ergebnisse von Forschung, sondern die Wege des Forschens selbst werden professionalisiert. Durch einen solchen Sprung zu einem Meta-Konzept gerät zweierlei in Bewegung: Erstens wird auf der Ebene der untersuchten Konzepte behauptet, dass sie nützlich sind, aber nichts über die Dinge an sich aussagen können.

> Wissenschaft ist kein Bereich objektiver Erkenntnis, sondern ein Bereich subjektabhängiger Erkenntnis, der durch seine Methodologie definiert wird, die die Eigenschaften des Erkennenden festlegt.
> (Maturana in Schmidt 1991: 477)

> In a world without gods or absolutes, attempting to be reflexive takes one no closer to a central source of illumination than attempting to be objective. (Lynch 2000: 47)

Zweitens wird jedoch auf der Ebene des Meta-Konzeptes mit der Annahme einer „Prozessnatur" von Forschung gespielt. Werner Vogd, der Parallelen zwischen radikalem Konstruktivismus und Buddhismus herausarbeitet, schreibt über den buddhistischen Erkenntnisweg:

> Zunächst erscheint dem Praktizierenden die Wirklichkeit auf der relativen Ebene. In seinen meditativen Übungen erlebt er sich als Beobachter. Er sieht sich als das Subjekt, dem die Gegenstände des Erlebens in seinem Bewusstsein erscheinen. Wenn mit fortgeschrittener Praxis die Anhaftungen an die Objektwelt aufgegeben werden, verschwindet die Spaltung in Subjekt und Objekt zunehmend. Anstelle der festen Zuordnung in Gegenstände des Erkennens wird der Prozess der Wirklichkeitsentfaltung

deutlich: Erkenntnis zeigt sich als ein Werden, welches durch die Kette des kammischen Wirkens bedingt ist. Dabei zeigen sich die universellen Gesetzmäßigkeiten (dhamma) dieses Werdeprozesses. (Vogd 1996: 210f.)

Die Quantentheorie, die in der Einbeziehung des Beobachters wie der Radikale Konstruktivismus und die buddhistische Lehre eine selbstreferentielle Universaltheorie darstellt, ist eine der erfolgreichsten empirischen Theorien. Obwohl diese Erklärungssysteme die Relativität und Subjektabhängigkeit unserer Erkenntnis postulieren, zeigt sich in ihnen eine implizite Ordnung. In den Relationen und Bedingungen für die Entstehung unserer Wirklichkeit offenbaren sie eine verborgene Wahrheit. Diese Theorien sind allerdings nicht beliebig, sondern müssen mit der empirischen Erfahrung zusammenpassen. In ihrem Geltungsbereich erfordern sie deshalb eine strenge methodische Disziplin. Diese Theorien begründen sich radikal auf unsere empirische Erfahrung. (...) Alle diese Systeme laden uns ein, sie in ständiger Überprüfung zu erfahren. Gerade in der Einladung zum Erfahrung machen, zeigen diese Theorien eine fundamentale Wahrheit, der, wenn einmal verstanden, eine das menschliche Bewusstsein transformierende Kraft innewohnt: Die Erfahrung, im schöpferischen Potential des Seins zu leben. (Vogd 1996: 255f.)

Indem sich die verlorene Stabilität wissenschaftlichen Wissen als eine Stabilität von Wissensprozessen annehmen lässt, gibt es gute Gründe, eine Professionalisierung kulturwissenschaftlicher Methodik auch an diesen Prozessen auszurichten. Erlernt und geübt werden können:

- ein Verständnis der grundlegenden Konzepte des Dokumentierens, ihrer Forschungsideologien und Praxiseffekte
- die Differenzierung von Forschungsphasen
- eine heuristische Grundhaltung des „so tun, als ob..."
- Register zu wählen und methodische Registerwechsel zu beherrschen
- das Auskosten methodischer Spielräume

Dieses *Auskosten* kann darin bestehen, das „So-tun-als-ob" in jedem Register auszureizen und die Leitfiktionen unterschiedlicher Forschungsphasen regelrecht als methodische Kulturen zu zelebrieren. Dies zu erproben möchte ich die LeserInnen des Buches anregen. Es ist zweckmäßig, die einzelnen Effekte der Konzepte des Dokumentierens nicht allein zu kennen, sondern auch deren Hervorbringung zu beherrschen, sich also zu üben in asketischen Strategien, analytischem Spielen, der Kunst des Umgangs mit Darstellungsrhetoriken und reflexiven Ebenenwechseln. Darüber hinaus hängt wohl ein Gelingen *instrumentellen*

Dokumentierens davon ab, keinem der Konzepte anzuhaften und prozessorientiert zu arbeiten. Es wird vorstellbar, von Klaus Wildenhahn, Jörg Bergmann und Niklas Luhmann, von Ivo Strecker, Stephen Tyler und Minh-ha Trinh, von Harold Garfinkel, David MacDougall und Stephan Wolff, von Klaus Amann, Stefan Hirschauer und den vielen hier nicht genannten Spielartenverfechtern zu lernen, **weil** – und nicht obwohl – sich diese „Schulen" voneinander unterscheiden und die qualitative Forschung in den Genuss ihrer Effekte kommen sollte. Auf dieser Grundlage kann eine audiovisuelle Kulturwissenschaft entfaltet werden, ohne dass sie vor ihren eigenen Realismuseffekten und Reflexivitätserwartungen kapituliert.

Quellenverzeichnis

Literatur

Amann, Klaus und Karin Knorr Cetina 1988: The Fixation of (Visual) Evidence. In: M. Lynch und S. Woolgar (Hg.) Human Studies II (2-3), Special Issue on: Representation in Scientific Practice, 133-169.

Amann, Klaus 1990: Natürliche Expertise und Künstliche Intelligenz – eine Untersuchung naturwissenschaftlicher Laborarbeit. Dissertation, Universität Bielefeld.

Amann, Klaus 1994: Menschen, Mäuse und Fliegen. Eine wissenssoziologische Analyse der Transformation von Organismen in epistemische Objekte. Zeitschrift für Soziologie 23 (1), 22-40.

Amann, Klaus 1997: Ethnographie jenseits von Kulturdeutung. Über Geigespielen und Molekularbiologie. In: Ders. und S. Hirschauer (Hg.): Die Befremdung der eigenen Kultur. Zur ethnographischen Herausforderung soziologischer Empirie. Frankfurt am Main, 298-330.

Amann, Klaus und Stefan Hirschauer 1997: Die Befremdung der eigenen Kultur. Ein Programm. In: Dies. (Hg.): Die Befremdung der eigenen Kultur. Zur ethnographischen Herausforderung soziologischer Empirie. Frankfurt am Main, 7-25.

Astruc, Alexandre 1948/1964: Die Geburt einer neuen Avantgarde: Die Kamera als Federhalter. In: T. Kotulla (Hg.): Der Film. Manifeste, Gespräche, Dokumente (2): 1945 bis heute. München, 111-115.

Barthes, Roland 1981: Das Reich der Zeichen. Frankfurt am Main.

Bateson, Gregory und Margaret Mead 1942: Balinese Character: A Photographic Analysis. New York Academy of Sciences, Special Publication No. 2.

Bateson, Gregory und Margaret Mead 1976: For God´s Sake, Margaret! Conversation with Gregory Bateson and Margaret Mead. The CoEvolution Quarterly 10, 32-44.

Bazin, Andre 1959/1975: Ontologie des fotographischen Bildes. In: Ders.: Was ist Kino. Bausteine zur Theorie des Films 21. Köln.

Berg, Eberhard und Martin Fuchs 1993 (Hg.): Kultur, soziale Praxis, Text. Die Krise der ethnographischen Repräsentation. Frankfurt am Main.

Berg, Eberhard und Martin Fuchs 1993: Phänomenologie der Differenz. Reflexionsstufen ethnographischer Repräsentation. In: E. Berg und M. Fuchs

(Hg.): Kultur, soziale Praxis, Text. Die Krise der ethnographischen Repräsentation. Frankfurt am Main, 11-108.

Bergmann, Jörg 1985: Flüchtigkeit und methodische Fixierung sozialer Wirklichkeit. Aufzeichnungen als Daten interpretativer Soziologie. In: W. Bonß und H. Hartmann (Hg.): Entzauberte Wissenschaft. Soziale Welt, Sonderheft 3. Göttingen, 299-320.

Bergmann, Jörg 1993: Alarmiertes Verstehen: Kommunikation in Feuerwehrnotrufen. In: T. Jung und S. Müller-Doohm (Hg.): „Wirklichkeit" im Deutungsprozess. Verstehen und Methoden in den Kultur- und Sozialwissenschaften. Frankfurt am Main, 283-328.

Bergmann, Jörg 1999: Zur Analyse der Formen moralischer Kommunikation: Konzepte, Methoden, Daten, Transkriptionssymbole. In: Ders. und T. Luckmann (Hg.): Kommunikative Konstruktion von Moral, Band 1. Wiesbaden, 33-52.

Bergmann, Jörg 2000: Konversationsanalyse. In: U. Flick, E. v. Kardoff und I. Steinke (Hg.) Qualitative Forschung. Ein Handbuch. Hamburg, 524-537.

Bohnsack, Ralf 1997: Dokumentarische Methode. In: R. Hitzler und A. Honer (Hg.): Sozialwissenschaftliche Hermeneutik. Opladen, 191-212.

Brecht, Berthold 1963: Schriften zum Theater 4 1933-1947. Frankfurt, 154f..

Ceruti, Mauro 1991: Der Mythos der Allwissenheit und das Auge des Betrachters. In: P. Watzlawick, und P. Krieg (Hg.): Das Auge des Betrachters. Beiträge zum Konstruktivismus. München, 31-59.

Clifford, James 1983/1988: Über ethnographische Autorität (On Ethnographic Authority) In: Trickster 16: Flahertys Erben. Die Stunde der Ethnofilmer. München, 4-35.

Clifford, James und George Marcus (Hg.) 1986: Writing Culture. The poetics and politics of ethnography. Berkeley, Los Angelos, London.

Clifford, James 1993: Über ethnographische Allegorie. In: E. Berg und M. Fuchs (Hg.): Kultur, soziale Praxis, Text. Die Krise der ethnographischen Repräsentation. Frankfurt am Main, 200-239.

Crawford, Peter I. und David Turton (Hg.) 1992/1993: Film as Ethnography. Manchester University Press.

Crawford, Peter I. 1992/1993: Film As Discourse: The Invention of Anthropological Realities. In: P. Crawford und D. Turton (Hg.): Film as Ethnography. Manchester University Press, 66-82.

Eickelpasch, Rolf 1982: Das ethnomethodologische Programm einer ‚radikalen' Soziologie. Zeitschrift für Soziologie 11 (1), 7-27.

Engelbrecht, Beate 1995: Film als Methode in der Ethnologie. In: E. Ballhaus und B. Engelbrecht (Hg.): Der Ethnographische Film. Berlin, 143-186.

Fabian, Johannes 1990/1993: Präsenz und Repräsentation. Die Anderen und das anthropologische Schreiben. In: E. Berg und M. Fuchs (Hg.) Kultur, soziale Praxis, Text. Die Krise der ethnographischen Repräsentation. Frankfurt am Main, 335-364.

Farocki, Harun 2001: Bilderschatz (7.12.1999). In: Vilem-Flusser-Archiv (Hg.): 3rd International Flusser Lecture, Köln.

Fellini, Frederico 1981: Vorwort zu "Fellinis Faces". Zürich.

Flick, Uwe, Ernst v. Kardoff, Heiner Keupp, Lutz v. Rosenstiel und Stephan Wolff (Hg.) 1991: Handbuch Qualitative Sozialforschung. München.

Flick, Uwe, Ernst v. Kardoff, Ines Steinke (Hg.) 2000: Qualitative Forschung. Ein Handbuch. Hamburg.

Foucault, Michel 1976: Die Geburt der Klinik. Eine Archäologie des ärztlichen Blicks. Frankfurt am Main, Berlin, Wien.

Friedrich, M., A. Hagemann-Doumbia, R. Kapfer, W. Petermann u.a. (Hg.) 1984: Die Fremden sehen. Ethnologie und Film. München.

Gadamer, Hans-Georg 1990: Wahrheit und Methode. Grundzüge einer philosophischen Hermeneutik. Tübingen.

Garfinkel, Harold 1967: Common Sense Knowledge of Social Structures. The Documentary Method of Interpretation in Lay and Professional Fact Finding. In: H. Garfinkel: Studies in Ethnomethodology. New Jersey, 76-103 (auch in: Scheer, J. M. (Hg.) 1962: Theories of the Mind. New York, 689-712).

Garfinkel, Harold 1973: Das Alltagswissen über soziale und innerhalb sozialer Strukturen. In: Arbeitsgruppe Bielefelder Soziologen (Hg.): Alltagswissen, Interaktion und gesellschaftliche Wirklichkeit. Reinbek, 189-260.

Garfinkel, Harold und Harvey Sacks 1976/1979: Über formale Strukturen praktischer Handlungen. In: E. Weingarten und F. Sack (Hg.): Ethnomethodologie. Die methodische Konstruktion der Realität. Frankfurt am Main, 130-175.

Garfinkel, Harold und Michael Lynch, Eric Livingston 1981: The Work of a Discovering Science Construed with Materials from the Optically Discovered Pulsar. Philosophy of the Social Sciences 11 (2), 131-158.

Garz, Detlef und Klaus Kraimer 1994: Die Welt als Text. Zum Projekt einer hermeneutisch-rekonstruktiven Sozialwissenschaft. In: D. Garz und K. Kraimer (Hg.): Die Welt als Text: Theorie, Kritik und Praxis der objektiven Hermeneutik. Frankfurt am Main, 7-22.

Geertz, Clifford 1983: Dichte Beschreibung. Beiträge zum Verstehen kultureller Systeme. Frankfurt am Main.

Geertz, Clifford 1988/1990: Die Künstlichen Wilden. Anthropologen als Schriftsteller. München, Wien.
Gergen, K. J. 1994: Realities and Relationships. Soundings in Social Construction. Cambridge.
Glasersfeld, Ernst von 1991: Abschied von der Objektivität. In: P. Watzlawick und P. Krieg (Hg.) Das Auge des Betrachters. Beiträge zum Konstruktivismus. München, 17-30.
Glasersfeld, Ernst von 1992: Aspekte des Konstruktivismus: Vico, Berkeley, Piaget. In: G. Rusch und S. J. Schmidt (Hg.): Konstruktivismus: Geschichte und Anwendung. Frankfurt am Main, 20-33.
Goodwin, Charles 1993: Recording human interaction in natural settings. Pragmatics 3, 181-209.
Goodwin, Charles 1994: Professional Vision. American Anthropologist 96, 606-633.
Greverus, Ina-Maria 1990: Neues Zeitalter oder Verkehrte Welt. Anthropologie als Kritik. Darmstadt.
Griesecke, Birgit 2001a: Japan dicht beschreiben. Produktive Fiktionalität in der ethnographischen Forschung. München.
Griesecke, Birgit 2001b: Zwischenglieder (er)finden. Wittgenstein mit Geertz und Goethe. In: W. Lütterfelds und D. Salehi (Hg.): ‚Wir können uns nicht in sie finden' - Pobleme interkultureller Verständigung und Kooperation. Frankfurt am Main.
Griesecke, Birgit 2001c: Mehr Aufhebens machen. Wittgensteins Beschreibungsmaxime. Journal Phänomenologie 16, 12-19.
Gubrium, Jaber F. und James A. Holstein 1997: The New Language of Qualitative Method. New York, Oxford.
Haus des Dokumentarfilms (Hg.) 1999: Der Dokumentarfilm als Autorenfilm. Eine Umfrage des Hauses des Dokumentarfilms. Stuttgart.
Heritage, John C. 1984: Garfinkel and Ethnomethodology. Cambridge.
Hitzler, Ronald und Honer, Anne (Hg.) 1997: Sozialwissenschaftliche Hermeneutik. Opladen.
Hockings, Paul (Hg.) 1975/1995: Principles of Visual Anthropology. Berlin, New York.
Hohenberger, Eva 1988: Die Wirklichkeit des Films. Dokumentarfilm, Ethnographischer Film, Jean Rouch. Hildesheim, Zürich, New York.
Jacobsen, Astrid 1995: Ordnungs-Kräfte. Eine ethnographische Studie zur Arbeit einer privaten Sicherheitsfirma. Diplomarbeit, Universität Bielefeld.
Jordan, Brigitte und Austin Henderson 1995: Interaction Analysis: Foundations and Practice. The Journal of the Learning Sciences 4 (1), 39-103.

Kalthoff, Herbert 1997: Fremdenrepräsentation. Über ethnographisches Arbeiten in exklusiven Internatsschulen. In: K. Amann und S. Hirschauer (Hg.): Die Befremdung der eigenen Kultur. Zur ethnographischen Herausforderung soziologischer Empirie. Frankfurt am Main, 138-153.

Knorr Cetina, Karin 1981/1984: Die Fabrikation von Erkenntnis. Zur Anthropologie der Naturwissenschaft. Frankfurt.

Knorr Cetina, Karin 1988a: Kulturanalyse: Ein Programm. Soziale Welt, Sonderband 6: Kultur und Alltag, 27-31.

Knorr Cetina, Karin 1988b: Das naturwissenschaftliche Labor als „Verdichtung" von Gesellschaft. Zeitschrift für Soziologie 17 (2), 85-101.

Knorr Cetina, Karin 1989: Spielarten des Konstruktivismus. Soziale Welt 40, 86-96.

Knorr Cetina, Karin 1994: Primitive Classification and Postmodernity: Towards a Sociological Notion of Fiction. Theory, Culture & Society 11, 1-22.

Knorr Cetina, Karin 1997: Sociality with Objects: Social Relations in Postsocial Knowledge Societies. Theory, Culture & Society 14 (4), 1-30.

Knorr Cetina, Karin 1999: Epistemic Cultures. How the sciences make knowledge. Cambridge: Harvard University Press.

Koepping, Klaus Peter 1987: Authentizität als Selbstfindung durch den anderen: Ethnologie zwischen Engagement und Reflexion, zwischen Leben und Wissenschaft. In: H. P. Duerr (Hg.): Authentizität und Betrug in der Ethnologie. Frankfurt am Main, 7-38.

Kreimeier, Klaus 1980: Darstellen und Eingreifen. Filmfaust 20, 17-18.

Kreimeier, Klaus 1981: Plädoyer für das politische Subjekt. Offener Brief an Klaus Wildenhahn. Filmfaust 21, 40-49.

Latour, Bruno 1979: An Anthropologist Visits the Laboratory. In: Latour, B. und S. Woolgar: Laboratory Life. The Social Construction of Scientific Facts. London, Beverly Hills, 43-90.

Latour, Bruno und Steven Woolgar 1979: Laboratory Life: The Social Construction of Scientific Facts. Beverly Hills.

Loizos, Peter 1993: Innovation in Ethnographic Film. From Innocence to Self-Consciousness, 1955-1985. The University of Chicago Press.

Luhmann, Niklas 1981: Kommunikation mit Zettelkästen. In: H. Baier, H.M. Kepplinger und K. Reumann (Hg.): Öffentliche Meinung und Sozialer Wandel. Opladen, 222-228.

Lynch, Michael, Eric Livingston und Harold Garfinkel 1983/1985: Zeitliche Ordnung in der Arbeit des Labors. In: W. Bonß und H. Hartmann (Hg.): Soziale Welt, Sonderband 3: Entzauberte Wissenschaft, 205-238, übersetzt von K. Fischer. (Im Original: Temporal Order in Laboratory Work. In: K. Knorr Cetina und M. Mulkay (Hg.) 1983: Science Observed. London).

Lynch, Michael 1985: Art and Artifact in Laboratory Science: A Study of Shop Work and Shop Talk in a Research Laboratory. London.

Lynch, Michael und Steve Woolgar 1990: Representation in Scientific Practice. Cambridge, London.

Lynch, Michael 1993: Scientific practice and ordinary action. Cambridge University Press.

Lynch, Michael 2000: Against Reflexivity as an Academic Virtue and Source of Privileged Knowledge. Theory, Culture & Society 17 (3), 26-54.

MacDougall, David 1978: Ethnographic Film: Failure and Promise. Annual Review of Anthropology 7, 405-425.

MacDougall, David 1982: Jenseits des beobachtenden Films. In: Freunde Der Deutschen Kinemathek, 14-27.

MacDougall, David 1984: Ein nichtprivilegierter Kamerastil. In: M. Friedrich u.a. (Hg.): Die Fremden sehen. Ethnologie und Film. München, 73-83.

MacDougall, David 1992: Complicities of style. In: P. I. Crawford und D. Turton (Hg.): Film as Ethnography. Manchester University Press.

MacDougall, David 1998: Transcultural Cinema, Princeton.

Maturana, Humberto R. und Francisco Varela 1984/1987: Der Baum der Erkenntnis. Die biologischen Wurzeln des menschlichen Erkennens. Bern und München.

Mannheim, Karl 1964/1921: Beiträge zur Theorie der Weltanschauungsinterpretation. In: Mannheim: Wissenssoziologie. Neuwied, 91-154.

Mannheim, Karl: On the Interpretation of Weltanschauung. In: Essays on the Sociology of Knowledge, 53-63.

Mehan, Hugh und Houston Wood 1976: Fünf Merkmale der Realität. In: E. Weingarten und F. Sack (Hg.): Ethnomethodologie. Die methodische Konstruktion der Realität. Frankfurt am Main, 29-63.

Mohn, Elisabeth 1990: Die Bühne im Öffentlichkeitsloch. Der Umgang mit dem öffentlichen Raum der Stadt anhand einer Videobeobachtung des studentischen Streiks im November/Dezember 1988. In: H. Schilling (Hg.): Urbane Zeiten. Schriftenreihe des Instituts für Kulturanthropologie, Notizen 43, 85-114.

Mohn, Elisabeth 1993: Ethnographische Visualisierung. Reflexionen anhand eines Videoprojektes in einem molekularbiologischen Labor. Magisterarbeit, Universität Frankfurt am Main.

Mohn, Elisabeth 1997: Paradoxien der Ethnographie. Ein Versuch, unmittelbar zu vermitteln, welche Methoden Ethnographie einsetzt, um vermittelt und unmittelbar zu wirken. In: J. Berg, H.-O. Hügel und H. Kurzenberger (Hg.) Authentizität als Darstellung. Hildesheim, Medien und Theater 9, 18-42.

Mohn, Elisabeth und Klaus Amann 1998: Forschung mit der Kamera. In: Anthropolitan: Visuelle Anthropologie. Mitteilungsblatt der GeFKA, 6, 4-20.

Mohn, Elisabeth, Christian Strub und Geesche Wartemann 1998: Authentizität: Konzepte - Strategien - Gegenstandsfelder. Unveröffentlichtes Thesenpapier des Graduiertenkollegs *Authentizität als Darstellungsform*, Universität Hildesheim.

Moore, Henrietta 1990: Anthropology and others. Visual Anthropology Review 6 (2), 73-79.

Nassehi, Armin 1992: Wie wirklich sind Systeme? Zum ontologischen und epistemologischen Status von Luhmanns Theorie selbstreferentieller Systeme. In: W. Krawietz und M. Welker (Hg.): Kritik der Theorie sozialer Systeme. Auseinandersetzungen mit Luhmanns Hauptwerk. Frankfurt am Main, 43-70.

Nassehi, Armin 2000: Die Paradoxie der Sichtbarkeit. In: U. Beck und A. Kieserling (Hg.): Ortsbestimmungen der Soziologie: Wie die kommende Generation Gesellschaftswissenschaften betreiben will. Baden-Baden.

Netenjakob, Egon 1984: Liebe zum Fernsehen. Berlin.

Ohngemach, Gundula 1989: Gespräch mit Hanna Schygulla. „Die Phantasie wie einen Muskel spielen lassen." In: George Tabori. Regie im Theater. Frankfurt am Main, 106.

Petermann, Werner 1988: Einstellungswechsel. Überlegungen zu einigen Grundfragen des ethnographischen Films. Trickster 16. München, 74-83.

Pörksen, Bernhard 2001: Abschied vom Absoluten. Gespräche zum Konstruktivismus. Heidelberg.

Richardson, Laurel 1992: The Poetic Representation of Lives: writing a postmodern sociology. Studies in Symbolic Interaction 13, 19-27.

Rouch, Jean 1974: The Camera and Man. In: Studies in the Anthropology of Visual Communication 1 (1), 37- 44.

Russell, Bertrand 1940: An Inquiry into Meaning and Truth. London.

Sacks, Harvey 1984: On Doing 'Being Ordinary'. In: J. M. Atkinson und J. Heritage (Hg.): Structures of Social Action. Cambridge, 413-429.

Sanjek, Roger (Hg.) 1990: Fieldnotes. The making of anthropology. Ithaca, New York: Cornell University Press.

Schändlinger, Robert 1998: Erfahrungsbilder. Visuelle Soziologie und dokumentarischer Film. Konstanz: UVK Medien.
Schmidt, Siegfried J. (Hg) 1991: Der Diskurs des radikalen Konstruktivismus. 4. Auflage. Frankfurt am Main.
Schütz, Alfred 1971: Gesammelte Aufsätze. Bd.1 – Das Problem der sozialen Wirklichkeit. Den Haag. (Original 1962: Collected papers, Bd.1. The Problem of Social Reality. Den Haag).
Shostak, Marjorie 1981/1982: Nisa, The Life and Words of a !Kung Woman. Cambridge. (Übersetzt 1982: Nisa erzählt. Das Leben einer Nomadenfrau in Afrika. Hamburg).
Silverman, David 1999: The Pleasures of Slowness. In: B. Glassner und R. Merz (Hg.): Qualitative Sociology as Everyday Life. London.
Sontag, Susan 1977/1995: Über Fotografie. München/ Wien.
Spradley, James P. 1980: Participant Observation. New York/ Chicago/ San Francisco u.a..
Stocking, George W. (Hg.) 1983: Observers observed: Essays on ethnographic fieldwork. Madison/Wisc.: University of Wisconsin Press.
Strecker, Ivo 1984: Die kurze Einstellung. In: M. Friedrich, A. Hagemann-Doumbia, R.. Kapfer, W. Petermann u.a. (Hg.): Die Fremden sehen. Ethnologie und Film. München, 85-90.
Strecker, Ivo 1995: Ton, Film und polyphone Ethnographie. In: E. Ballhaus und B. Engelbrecht (Hg.): Der ethnographische Film. Einführung in Methoden und Praxis. Berlin, 81-103.
Streeck, Jürgen 1996: How to Do Things with Things. Human Studies 19. Kluwer Academic Publishers, Niederlande, 365-384.
Strub, Christian 1997: Trockene Rede über mögliche Ordnungen der Authentizität. In: J. Berg, H.-O. Hügel und H. Kurzenberger (Hg.): Authentizität als Darstellung. Medien und Theater 9. Hildesheim, 7-17.
Trinh, Minh-ha 1984: Mechanical Eye, Electronic Ear and the Lure of Authenticity. Wide Angle 6 (2), 58-63.
Trinh, Minh-ha 1995: Texte, Filme, Gespräche. München, Wien.
Trinh, Minh-ha 1993/1998: Die verabsolutierende Suche nach Bedeutung. In: E. Hohenberger (Hg.): Bilder des Wirklichen. Texte zur Theorie des Dokumentarfilms. Berlin, 304-324.
Tyler, Stephen 1987/1991: Das Unaussprechliche. München.
Tyler, Stephen 1993: Zum 'Be-/Abschreiben' als 'Sprechen für'. Ein Kommentar. In: E. Berg und M. Fuchs (Hg.): Kultur, soziale Praxis, Text. Die Krise der ethnographischen Repräsentation. Frankfurt am Main, 288-296.
Vertow, Dziga 1973: Schriften zum Film. W. Beilenhoff (Hg.), München.

Vogd, Werner 1996: Radikaler Konstruktivismus und Theravada Buddhismus. Ein systematischer Vergleich in Erkenntnistheorie und Ethik. Ulmer Kulturanthropologische Schriften 7.

Voss, Gabriele 1996: Dokumentarisch Arbeiten. Berlin

Voss, Gabriele 1998: Der Monteur als Platzanweiser oder die Verteidigung der Ungewissheit. In: N. Nikitin (Hg.): Schnitt – Special zum Dokumentarfilm, 8f..

Wagner, Hans-Josef 1999: Rekonstruktive Methodologie. In: R. Bohnsack, C. Lüders und J. Reichertz (Hg.): Qualitative Sozialforschung Bd. 2, Opladen.

Wartemann, Geesche 1997: Authentische Darstellung nicht-professioneller Schauspieler: Das Berliner Obdachlosentheater RATTEN 07. Medien und Theater 9. Hildesheim, 86-105.

Watzlawick, Paul und Peter Krieg 1991 (Hg.): Das Auge des Betrachters. Beiträge zum Konstruktivismus. München.

Weingarten, Elmar und Fritz Sack 1976/1979: Ethnomethodologie. Die methodische Konstruktion der Realität. In: Dies. und J. Schenkein (Hg.): Ethnomethodologie. Beiträge zu einer Soziologie des Alltagshandelns, Frankfurt am Main, 7-26.

Weizenbaum, Joseph 1977: Die Macht der Computer und die Ohnmacht der Vernunft. Frankfurt am Main.

Whyte, William Foote 1943: Street Corner Society. Chicago.

Wildenhahn, Klaus 1973/1975: Über synthetischen und dokumentarischen Film. Frankfurt am Main.

Wildenhahn, Klaus 1980: Industrielandschaft mit Einzelhändlern. Nachtrag zu den Debatten um den Dokumentarfilm. Filmfaust 20, Frankfurt am Main, 3-16.

Wolff, Stephan 1987: Rapport und Report. Über einige Probleme bei der Erstellung ethnographischer Texte. In: Werner von der Ohe (Hg.) Kulturanthropologie. Beiträge zum Neubeginn einer Disziplin Bd. 15. Berlin, 333-364.

Wolff, Stephan 1991: Gregory Bateson & Margaret Mead: „Balinese Character" (1942) – Qualitative Forschung als disziplinierte Subjektivität. In: Flick u.a. (Hg.): Handbuch für Qualitative Sozialforschung, 135-141.

Wolff, Stephan 1992: Die Anatomie der Dichten Beschreibung. Clifford Geertz als Autor. In: J. Matthes (Hg.) Zwischen den Kulturen? Sonderband 8 Soziale Welt. Göttingen, 339 ff..

Wolff, Stephan 1999: Subjektivität für alle praktischen Zwecke. Methodologische und forschungspraktische Grenzen des ethnomethodologischen (Des-) Interesses an der subjektiven Perspektive. Österreichische Zeitschrift für Soziologie 24, 4-25.

Woolgar, Steven und Malcolm Ashmore (Hg.) 1988: Knowledge and Reflexivity. London.

Wortmann, Volker 1999: Authentisches Bild und authentisierende Form. Eine Bildgeschichte von der kultischen bis zur technischen Medialisierung. Dissertation, Universität Hildesheim.

Mündliche Quellen

Zitiert nach Vortragsmanuskript

Amann, Klaus 15.6.1991: Vortrag *Die Reflexivitätsdebatte in der Wissenschaftsforschung*, Sommertagung der DGS-Wissenschaftsforschung. Berlin.

Amann, Klaus und Elisabeth Mohn 6.-7.6.97: Vortrag *Kontextsensitives Filmen*, Sektion *Sprachsoziologie*. Bielefeld. Siehe auch die mit der Audioaufzeichnung des Vortrags vertonten Videobeispiele (Mohn, 1997).

Amann, Klaus 16.7.1999: Vortrag *Sociological research with the camera. Methodological considerations*, Conference *Visual Cultures and Visual Literacies* der International Visual Sociology Association (IVSA). Antwerpen.

Hahn, Alois 3.7.1999: Vortrag *Über die Inszenierung von Unabsichtlichkeit*, Graduiertenkolleg *Authentizität als Darstellung* an der Universität Hildesheim. Hildesheim.

Hockings, Paul 21.6.2001: Vortrag The Core Period for Visual Anthropology, Konferenz Origins of Visual Anthropology. Putting the Past Together am IWF, Göttingen 20. - 25.6.2001.

MacDougall, Judith 24.6.2001: Vortrag Colin Young, Ethnographic Film and the Film Culture of the 1960s, Konferenz Origins of Visual Anthropology. Putting the Past Together am IWF –Knowledge & Media. Göttingen 20. - 25.6.2001.

MacDougall, David 24.6.2001: Vortrag *Colin Young and Running Around with a Camera*, Konferenz *Origins of Visual Anthropology. Putting the Past Together* am IWF – Knowledge & Media. Göttingen 20. - 25.6.2001.

Mohn, Elisabeth 8.5.1992: Arbeitspapier zur Diskussion der ersten Beobachtungen im Labor. Kolloquium *Empirische Kultursoziologie*. Bielefeld.

Postma, Metje 24.9.1999: Vortrag LUCTOR, ET EMERGO, from description to narration, what's left of ethnography? Conference Evaluating Visual Ethnography. Leiden.

VISULOG 19.8.1997: Protokoll einer Teamsitzung (nach Audioaufzeichnung)

VISULOG 29.9.1998: Manuskript einer Präsentationen im Unternehmen.

Wolff, Stephan 7.6.1997: Vortrag Disziplinierte Subjektivität - Strategien der Enthaltsamkeit in der qualitativen Forschung, Kolloquium Empirische Kultursoziologie. Bielefeld.

Zitiert nach Audioaufzeichnung

Amann, Klaus 5.3.1992: Gespräch mit Mohn zur Vorbereitung auf das Feld, Universität Bielefeld.

Amann, Klaus und Elisabeth Mohn 1992: Videoaufzeichnungen im Biologielabor, Universität Bielefeld und Max-Planck-Institut, Freiburg.

Amann, Klaus 23.1.1996: Kolloquium *Empirische Kultursoziologie*, Universität Bielefeld.

Amann, Klaus 28.1.1997: Kolloquium *Empirische Kultursoziologie*, Universität Bielefeld.

Balling, Rudi 21.5.1993: Diskussion nach Vorführung des Videos *Sehstörung* am Max-Planck-Institut, Freiburg.

Greverus, Ina Maria 11.5.1993: Diskussion nach Vorführung des Videos *Sehstörung* am Institut für Kulturanthropologie und Europäische Ethnologie, Universität Frankfurt am Main.

Hirschauer, Stefan 12.5.1992: Beobachtungsprotokoll und Transkription einer Audioaufzeichnung im Schneideraum, bei der Amann, Mohn, das Videomaterial und Hirschauer als Beobachter der Beobachter im Gespräch sind.

Hirschauer, Stefan 11.3.1993: Diskussion nach Vorführung des Videos *Sehstörung* im Kolloquium *Empirische Kultursoziologie*, Universität Bielefeld.

Hirschauer, Stefan 23.1.1996: Kolloquium *Empirische Kultursoziologie*, Universität Bielefeld.

Hirschauer, Stefan 28.1.1997: Kolloquium *Empirische Kultursoziologie*, Universität Bielefeld.

Hirschauer, Stefan 19.11.1999: Kolloquium *Empirische Kultursoziologie*, Universität Bielefeld.

Imbach, Thomas 10.11.1998: Duisburger Dokumentarfilmwoche, im Gespräch mit Elisabeth Mohn. Duisburg.

Johann, der Schwede im Biologenteam, 21.5.1993: 3f.: Diskussion nach Vorführung des Videos *Sehstörung* am Max-Planck-Institut, Freiburg.

Kalthoff, Herbert 23.1.1996: Kolloquium *Empirische Kultursoziologie*, Universität Bielefeld.

Scheffer, Thomas 23.1.1996: Kolloquium *Empirische Kultursoziologie*, Universität Bielefeld.

Schlüpmann, Heide 11.5.1993: Diskussion nach Vorführung des Videos *Sehstörung* am Institut für Theater-Film-Fernseh-Wissenschaften, Universität Frankfurt am Main.

VISULOG 24.9.1997: Teambesprechung über die Video-Versuchsanordnung *Blicke zum Flipchart*.

Wildenhahn, Klaus 23.5.1994: Fernsehsendung *Der dokumentarische Blick*. In: N3 *Horizonte*.

Wolff, Stephan und Elisabeth Mohn 8.6.1999: Dissertationsbesprechung, Hannover.

Wolff, Stephan und Elisabeth Mohn 1.10.1999: Dissertationsbesprechung, Hannover.

Zitiert nach Notizen

Lydall, Jean 20.5.1996: Workshop *Voices in Ethnographic Film*, IWF (Institut für den wissenschaftlichen Film), Göttingen.

Mohn, Elisabeth 1992: Projekttagebuch.

Streeck, Jürgen 20.5.1996: Workshop *Mikro-ethnographische Gestik-Analyse*. Graduiertenkolleg *Authentizität als Darstellungsform*, Universität Hildesheim.

Voss, Gabriele und Elisabeth Mohn 15.11.2000: Telefonat über die Dissertation (Mohn 2000).

Videos und Filme

Asch, Timothy 1975: The Ax Fight.

Connor, Linda 1981: Jero on Jero: A Balinese Trance Seance Observed.

Imbach, Thomas 1998: Nano Babies.

Keifenheim, Barbara und Patrick Deshayes 1984: Naua Huni - Indianerblick auf die andere Welt.

Komers, Rainer 1994: Ofen aus.

Lydall, Jean und Joanna Head 1991: Two Girls Go Hunting.

Lydall, Jean und Joanna Head 1994: Our Way of Loving.

MacDougall, David und Judith MacDougall 1977: The Wedding Camels.
Nigg, Heinz 1992: Views from an Urban Native.
Postma, Metje 1999: Van Mannen en Maares.
Reek, van den, Peter: Kanaal
Tavernier, Bertrand: L327.
Trinh, Minh-ha 1982: Reassemblage.
Wildenhahn, Klaus 1967/68: Heiligabend auf St.Pauli.
Wildenhahn, Klaus 1967: 498, Third Avenue.
Wildenhahn, Klaus 1967: In der Fremde.
Wildenhahn, Klaus 1981: Bandoneon I.
Wildenhahn, Klaus 2000: Ein kleiner Film für Bonn.

Filme und videographische Studien der Autorin
(chronologisch geordnet)

Arbeit Und Film (AUF) 1977 und IG-Metall Vertrauensleute (VFW-Fokker): *Wachsam Tag und Nacht*. 16mm s/w Dokumentarfilm, 45 Min.. (*Arbeit Und Film* wurde 1974 von Petra Vasile, Elisabeth Mohn, Enzio Edschmid und Gernot Steinweg gegründet mit dem Ziel, das Medium Film für die politische Bildungsarbeit zu erschließen.)

Arbeit Und Film (AUF) 1978: Wohin? Angestellte und Arbeiter im Kampf für die Sicherung ihrer Arbeitsplätze. 16mm s/w Dokumentarfilm, 51 Min..

Mohn, Elisabeth u. Klaus Amann 1993: *Sehstörung*. S-VHS, 59 Min.. Universität Bielefeld und Max-Planck-Institut Freiburg (Videographische Studie über Visuelle Ethnographie in einem „fremden" molekularbiologischen Labor)

Mohn, Elisabeth 1996: *Gesture. Scientists waiting, working and getting weary*. S-VHS/ Beta-SP, 16 Min.. Universität Hildesheim (mikroethnographische Studie über Gestik und Wissenschaftler)

Mohn, Elisabeth 1997: *Kontextsensitive Kameraführung*. S-VHS/ Beta-SP, 12 Min.. Universität Bielefeld und AMI der Universität Hildesheim (mit der Audioaufzeichnung eines Vortrags vertonte Videobeispiele zur Organisation beobachtender Kameraführung).

Amann, Klaus u. Elisabeth Mohn 1998: *Alltag im Labor. Eine ethnographische Collage*. S-VHS/ Beta-SP, 20 Min.. Mit Unterstützung des Max-Planck-Instituts Freiburg und des AMI der Universität Hildesheim (Auftragsproduktion für die Ausstellung "Genwelten" des Deutschen Hygiene Instituts Dresden).

VISULOG (Klaus Amann, Georg Jongmanns, Elisabeth Mohn) 1998: *Papier Kommunikation*. S-VHS, 12 Min.. Universität Bielefeld (eine objekt-soziologische Studie zur Kommunikation im Management, die in eine mündliche Präsentation eingebaut wird).

Mohn, Elisabeth und Robert Bausch (Projektleitung) 1999: *Über 75 – Blicke von 14-jährigen*. S-VHS, 37 Min.. Schülervideoprojekt im Rahmen eines Projektmonats *Der fremde Blick* an der Anne-Frank-Gesamtschule, Gütersloh (eine Pilotstudie zum forschenden Lernen mit der Kamera anhand des Themas *Alter*).

Soziologische Zeitschriften bei Lucius & Lucius

Zeitschrift für Soziologie
Jahresabopreis ☐ 79,-/sFr 134,-
(Studenten ☐ 39,-).Einzelheft ☐ 19,50
(jew. zzgl. Versandkosten)
Erscheinungsweise: 6 Hefte jährlich

Die Zeitschrift veröffentlicht Beiträge aus allen Bereichen der Soziologie und ihren Randgebieten einschließlich methodologischer und forschungstechnischer Arbeiten.

Zeitschrift für Rechtssoziologie
Jahresabopreis ☐ 52,-/sFr 89,-
(Studenten ☐ 38,-).Einzelheft ☐ 29,-
(jew. zzgl. Versandkosten)
Erscheinungsweise: 2 Hefte jährlich

Seit 1980 bildet die Zeitschrift für Rechtssoziologie ein Forum der Diskussion über die Wirklichkeit des Rechts. Empirisch informiert und theoretisch innovativ hat sie eine Tradition der Forschung aufrecht erhalten, deren Kernthemen von Klassikern wie Karl Marx, Max Weber und Emile Durkheim geprägt wurden, und die in der gegenwärtigen Diskussion über europäische Entwicklungen und Globalisierung, über Verfassungsrechte und Sicherheitspolitik immer wieder zentral stehen. Die Zeitschrift bringt frischen Wind in die oft normativ verhärteten und juristisch dogmatisierten Festlegungen. Sie beschreibt und analysiert, sie vergleicht die Perspektiven der Akteure und die der Institutionen des Rechtsbetriebs, und sie wirft damit immer wieder die Frage auf: was ist die Wirklichkeit des Rechts?

Forschungsjournal Neue Soziale Bewegungen
Jahresabonnementpreis ☐ 36,-/sFr 62,-
(Studenten ☐ 27,-).Einzelheft ☐ 13,50
(jew. zzgl. Versandkosten)
Erscheinungsweise: 4 Hefte jährlich

Das Forschungsjournal erscheint seit 1988. Besonderes Augenmerk gilt der ganzen Bandbreite der Akteurskonstellationen sowie den Konfliktfeldern von Bewegungsakteuren, Verbänden und Parteien. Die Analysen erfolgen unter dem Blickwinkel der Demokratieentwicklung und der Erweiterung von Partizipationschancen.

Feministische Studien
Jahresabopreis ☐ 30,-/sFr 53,30
(Studenten ☐ 20,-).Einzelheft ☐ 18,-
(jew. zzgl. Versandkosten)
Erscheinungsweise: 2 Hefte jährlich

Die Feministischen Studien sind ein interdisziplinäres Forum für Frauen- und Geschlechterforschung. Sie thematisieren und analysieren das Geschlechterverhältnis, das alle Lebensbereiche, Denkgewohnheiten, gesellschaftlichen Prozesse und wissenschaftliche Erkenntnisse strukturiert. Die Auseinandersetzung mit der Kategorie Geschlecht umfaßt die Analyse der konkreten Geschlechterdifferenzen und ihre soziale Konstruktion; sie beinhaltet die Untersuchung sozialer Ungleichheiten und kultureller Deutungen.

Arbeit
Zeitschrift für Arbeitsforschung,
Arbeitsgestaltung und Arbeitspolitik
Jahresabopreis ☐ 58,-/sFr 96,-
(Studenten ☐ 42,-).Einzelheft ☐ 18,-
(jew. zzgl. Versandkosten)
Erscheinungsweise: 4 Hefte jährlich

ARBEIT präsentiert arbeitsbezogene Forschung und versteht sich als Forum für den Dialog und Austausch zwischen Wissenschaft und Praxis, Ingenieurwesen und Sozialwissenschaft, Psychologie und Ökonomie und zwischen Industriesoziologie und Frauenforschung

Analyse + Kritik
Zeitschrift für Sozialtheorie
Jahresabopreis ☐ 52,-/sFr 87,-
(Studenten ☐ 36,-).Einzelheft ☐ 29,-
(jew. zzgl. Versandkosten)
Erscheinungsweise: 2 Hefte jährlich

Analyse & Kritik erörtert Grundfragen empirischer und normativer Theorien der Gesellschaft und entwickelt sozialwissenschaftliche Theorien in Auseinandersetzung mit der analytischen Philosophie und Wissenschaftstheorie.

Erwägen Wissen Ethik
(früher: **Ethik und Sozialwissenschaften**)
Streitforum für Erwägungskultur
Jahresabopreis ☐ 72,-/sFr 122,-
(Studenten ☐ 52,-).Einzelheft ☐ 22,-
(jew. zzgl. Versandkosten)
Erscheinungsweise: 4 Hefte jährlich

Soziale Systeme
Zeitschrift für soziologische Theorie
Jahresabopreis ☐ 45,-/sFr 79,-
(Studenten ☐ 24,-).Einzelheft ☐ 25,-
(jew. zzgl. Versandkosten)
Erscheinungsweise: 2 Hefte jährlich

 *Stuttgart*

Qualitative Soziologie
hrsg. von K. Amann, Bielefeld, J. R. Bergmann, Gießen, u. S. Hirschauer, Bielefeld.

Die Reihe "Qualitative Soziologie" präsentiert ausgewählte Beiträge aus der qualitativen Sozialforschung, die methodisch anspruchsvolle Untersuchungen mit einem dezidierten Interesse an der Weiterentwicklung soziologischer Theorie verbinden. Ihr Spektrum umfasst ethnographische Feldstudien wie Analysen mündlicher und schriftlicher Kommunikation, Arbeiten zur historischen Sozialforschung wie zur Visuellen Soziologie. Die Reihe versammelt ohne Beschränkung auf bestimmte Gegenstände originelle Beiträge zur Wissenssoziologie, zur Interaktions- und Organisationsanalyse, zur Sprach- und Kultursoziologie wie zur Methodologie qualitativer Sozialforschung und sie ist offen für Arbeiten aus den angrenzenden Kulturwissenschaften. Sie bietet ein Forum für Publikationen, in denen sich weltoffenes Forschen, methodologisches Reflektieren und analytisches Arbeiten wechselseitig verschränken. Nicht zuletzt soll die Reihe "Qualitative Soziologie" den Sinn dafür schärfen, wie die Soziologie selbst an sozialer Praxis teilhat.

Band 1:
Thomas Scheffer, Asylgewährung
Eine ethnographische Verfahrensanalyse
2001. 249 S. kt. ☐ 23,- / sFr 41,20.
(ISBN 3-8282-0165-2)

Aus rechtssystematischen wie verfahrenspraktischen Gründen gilt der Asylzugang als souveränitätsfeindlich. Die hier vorgelegte ethnographische Verfahrensanalyse zeigt anhand der Praktiken zur Fallherstellung (Dolmetschen, Verschriftlichen, Befragen), wie der drohende Souveränitätsverlust in der Asylanhörung methodisch bearbeitet und aufgefangen wird.

in Vorbereitung Band 2:
Richard Rottenburg, Weit hergeholte Fakten
Eine Parabel der Entwicklungshilfe
2002. ca. 240 S. kt. ☐ 25,- / sFr 43,80
(ISBN 3-8282-0213-6)

Entwicklungskooperation lebt vom Mitteltransfer aus den reichen Ländern des Nordens in die armen Länder des Südens. Der Autor seziert die Anatomie dieses Transfers auf der Grundlage umfangreichen ethnographischen Materials. Er konfrontiert uns mit der zentralen Aporie des offiziellen Entwicklungsdiskurses, die mit großem Aufwand unsichtbar gehalten wird: Um den Erfolg der Förderung berechenbar kontrollieren zu können, werden zusammen mit den Mitteln unvermeidbar Zwecke, Verfahren und Modelle transferiert, die in einen unauflösbaren Widerspruch zum politischen Ziel eigenverantwortlicher Entwicklung geraten. Beide Seiten der Kooperation suchen kommunikative Übereinstimmung auf der Ebene objektivierungsfähiger technischer und organisatorischer Lösungen, die überall gelten sollen. Jenseits dieser 'weit hergeholten Fakten' versuchen sie ihre kulturelle Heterogenität als politisch heikles Thema auszuklammern. Die Studie zeigt, daß dieses Lösungsmuster zu einer selbstgeschaffenen Falle wird. Was gemeinhin als kleinster gemeinsamer Nenner einer partnerschaftlichen Zusammenarbeit gilt, entpuppt sich als Hauptursache ihres Scheiterns.

Band 4:
Carolin Länger, Ein Spiegel von Blindheit
Eine Kultursoziologie des Sehens
2002. ca. 200 S., kt. ☐ 28,- / sFr 51,-
(ISBN 3-8282-0223-3)

  *Stuttgart*

Niklas Luhmann, Vertrauen
Ein Mechanismus der Reduktion sozialer Komplexität
4. Aufl. 2000. 140 S., kt. □ 12,90 / sFr 24,-. UTB 2185, ISBN 3-8252-2185-7)
Luhmann analysiert Funktion, Bedingungen und Taktiken des Vertrauens sozialwissenschaftlich, vor allem das Bestreben, den Bereich der rationalen Handlungen nach Möglichkeit zu erweitern, durch persönliches Vertrauen oder Vertrauen in das Funktionieren gesellschaftlicher Systeme auch höhere Risiken einzugehen.

Niklas Luhmann, Macht
2., durchgesehene Aufl.
1988. 156 S., kt. □ 12,- / sFr 22,20.ISBN 3-8282-4549-8
Macht wird von Luhmann als symbolisch generalisiertes Kommunikationsmedium analysiert. Dieser Gesichtspunkt bietet die Möglichkeit, verschiedene Machtkonzepte sowie verschiedene symbolisch generalisierte Kommununikationsmedien (vor allem Geld, Wahrheit, Liebe) miteinander zu vergleichen.

Gunther Teubner (Hrsg.), Die Rückgabe des zwölften Kamels
Niklas Luhmann in der Diskussion über Gerechtigkeit
(Sonderausgabe aus der Zeitschrift für Rechtssoziologie Bd. 21/H1/2000)
2000. 245 S. kt. □25,- / sFr 43,80,-. ISBN 3-8282-0130-X
"Die Soziologie hat etwas von der Art des Teufels, und der Jurist sollte sich hüten, ihr seine Seele zu verkaufen". Trotz (oder gerade wegen) dieser Warnung schlägt Niklas Luhmann dem Recht einen Pakt mit der Wissenschaft vor. Für den Umgang mit dem eigenen Paradoxien könne das Recht lernen, wie unter bestimmten Randbedingungen verschiedene Formen der Entparadoxierung sich zueinander verhalten. Zur zentralen Frage wird damit, welche Bedeutung dieser Reflexionsstil und die daraus gewonnenen Begriffe und Einsichten für die Praxis des Rechts gewinnen kann. Luhmanns brillanter Essay zur Rückgabe des zwölften Kamels, einer Rechtsparabel aus dem islamischen Raum, ist der Ausgangspunkt für eine lebhafte Diskussion über die Paradoxien von Recht und Gerechtigkeit, die in diesem Bande von theologischen, philosophischen, soziologischen und rechtstheoretischen Perspektiven aus geführt wird.

Detlef Krause, Luhmann-Lexikon
Eine Einführung in das Gesamtwerk von Niklas Luhmann
3., neu bearbeitete und erweiterte Auflage
2001. VII/293 S., 29 Abb., 500 Stichworte, kt. □ 16,90 / sFr 31,50
ISBN 3-8282-0147-4 (UTB 2184, ISBN 3-8252-2184-9)
Dieses sehr erfolgreiche Einführungs- und Nachschlagewerk versteht sich als ein Wegweiser durch die gegenwärtig wohl reichhaltigste, eigenwilligste und anregendste Landschaft disziplinübergreifenden Denkens. Vermittelt wird ein Überblick zur gesamten systemtheoretischen Gedankenwelt Niklas Luhmanns. Dies geschieht in Form eines grafisch unterstützten konzentrierten Einführungstextes und in der Form von Stichworten zu Luhmanns begrifflichen Werkzeugen sowie zu dem, was mit diesen Werkzeugen alles bearbeitet wird.

  Stuttgart

Niklas Luhmann, Vertrauen
Ein Mechanismus der Reduktion sozialer Komplexität

Liste Korrekturbedarf
in den Dateien von 2002, Mohn, Filming Culture

- S. 9   erster Absatz erster Satz: ein **„werden" zu viel**, bei: inszeniert **werden** oder ... gebracht werden.)
- S. 13   **schreibt** (statt screibt) über Mannheim
- S. 21   untere Mitte, es fehlt das Wort „über": Gehe davon aus ... **über** einen gemeinsamen Wissensvorrat verfügen
- S. 33   bei Koep 118: **Man** (statt 2Man) und bei Keuk95: Trennstrich bei **in**-stabile
- S. 84   2. Absatz: **wer-den** (Trennstrich zu viel)
- S. 88   1. Absatz: das fett Markierte im folgenden Satz komplett streichen, da Nonsens: Footage (ungeschnittenes **bei der audiovisuellen Aufzeichnung die Videokamera geführt wird anstatt das Gesehene** Filmmaterial) ist mehr ...
- S. 91   Ende erster Absatz, Klammer weg bei: *tail (kink)* bezeichnen
- S. 106 FN 35 (Ende): Leerzeichen zuviel bei: **ihres Lebens** und ein s zu viel beim letzten Wort: ... beherrschen *starkes Dokumentieren* (statt *Dokumentierens*).
- S. 140 letzter Absatz: *DokumentaristInnen* (statt *Dokumentariststl2nnen)*
- S. 172 Ende zweiter Ansatz, Trennung falsch: **Ex-plizieren** (statt Exp-lizieren)
- S. 209 = Erratum /4. Zeile von unten): Wildenhahn **zitiert Dsiga Wertow, der** sechs Punkte zum handwerklichen Können von Dokumentarfilmern **nennt**.
- S. 224 Letzter Absatz letzte Zeile; Nennung der Webseite ist unleserlich (da nicht schwarz) und nicht aktuell: www.kamera-ethnographie.de (statt www.elisabethmohn.de)

Bei Fragen zur Produktsicherheit wenden Sie sich bitte an:
If you have any questions regarding product safety,
please contact:

Walter de Gruyter GmbH
Genthiner Straße 13
10785 Berlin
productsafety@degruyterbrill.com